PAYSAGES FRANÇAIS
SUR FOND D'AMÉRIQUE

PAYSAGES FRANÇAIS
SUR FOND D'AMÉRIQUE

Françoise Dupuy-Sullivan

The Edwin Mellen Press
Lewiston/Queenston/Lampeter

Library of Congress Cataloging-in-Publication Data

Dupuy-Sullivan, Françoise.
   Paysages français sur fond d'Amérique / Françoise Dupuy-Sullivan.
      p.   cm.
   ISBN 0-7734-1945-4 (pbk.)
   1. United States--Civilization--1970- 2. France-
-Civilization--1945- 3. United States--Foreign public opinion,
French. 4. Public opinion--France. 5. Intellectuals--Fance-
-Interviews. 6. United States--Relations--France. 7. France-
-Relations--United States. I. Title.
E169.12.D865 1995
973.92--dc20   94-41995
                                                                      CIP

A CIP catalog record for this book is available from the British Library.

Copyright © 1995 Françoise Dupuy-Sullivan

All rights reserved. For information contact

The Edwin Mellen Press   The Edwin Mellen Press
Box 450   Box 67
Lewiston, New York   Queenston, Ontario
USA 14092-0450   CANADA L0S 1L0

The Edwin Mellen Press, Ltd.
Lampeter, Dyfed, Wales
UNITED KINGDOM SA48 7DY

Printed in the United States of America

Toutes les interviews ont été réalisées avec la collaboration d'Eveline Donard.

Table des matières

Degré de difficultés du chapitre:
*peu de difficultés
** quelques difficultés

Introduction

TABLEAUX

Photos de France   Eva Sanz

La trouvaille

Photographie © Eva Sanz

Introduction

> L'éducation consiste et demande à
> épouser l'altérité la plus étrangère, à
> renaître métis.
> Michel Serres

Le choix de l'Amérique comme fil conducteur d'interviews visant à faire connaître la culture française peut tout d'abord surprendre. Le contenu de ces interviews également. En effet, l'Amérique évoquée par nos interlocuteurs diffère quelque peu de l'Amérique que connaît bien l'étudiant américain. Elle est de l'ordre de l'imaginaire, basée sur des mythes, peu ancrée dans le réel.

Pourquoi donc un tel recueil?

En parlant de l'Amérique, c'est de la France et d'eux-mêmes que parlent les Français. Ils décrivent leurs contextes socioculturels, définissent leurs valeurs, expliquent leurs visions de la société française et de son évolution. Ils nous font part de leurs peurs et de leurs rêves, ils évoquent des paysages français sur un fond d'Amérique. **L'objet de ce recueil est donc l'ouverture d'un dialogue entre deux cultures.**

La présente sélection d'interviews aborde divers sujets présents dans les débats de société en France ainsi qu'aux Etats-Unis : les arts, le féminisme, les sciences, l'écologie, l'éducation, les médias, les jeunes, le paysage, la violence, l'histoire, les institutions, l'antiaméricanisme. Autant que possible dans toutes les interviews, nous avons posé des questions comparatives France/Etats-Unis. Nous avons sollicité d'une part des personnes appartenant à l'intelligentsia française, d'autre part des jeunes.

Le principe de l'interview est de structurer un discours par rapport à des questions auxquelles le locuteur est sensé répondre. A la différence de l'écrit où toute trace peut être corrigée, l'interview enregistre des propos sur le vif. Son avantage est de permettre des glissements éventuels du locuteur par rapport à la question posée, un vagabondage par rapport au contenu supposé de son propos. Au savoir et à la connaissance de chaque locuteur s'ajoutent ainsi des énoncés plus spontanés. Dans la transcription des interviews, nous avons tenu à respecter le caractère oral de la langue afin d'exposer l'étudiant à une variété de styles.

Comprendre une interview (ou tout autre discours) consiste à pouvoir donner une interprétation qui démontre la bonne compréhension des éléments du monde réel, virtuel ou imaginaire auquel le locuteur se réfère. Comprendre un Français qui parle de l'Amérique revient donc à définir un certain nombre de faits sur l'Amérique et sur la France, à saisir le mode de raisonnement du locuteur ainsi que les représentations qu'il se fait de son monde quotidien (social ou culturel) et de l'Amérique.

Les interviews sont annotées en matière de **vocabulaire** : une note en bas de page donne pour tous les mots difficiles un synonyme ou une explication simple en français. Des informations quant au style oral ou familier sont apportées lorsque nécessaire.

Des sujets précis de réflexion sont proposés sous forme de **questions** à la fin de chaque interview. Ils peuvent être traités soit comme préparation à la discussion en classe, soit comme sujets de devoir. L'étudiant, guidé par ces questions , parviendra à dégager le système argumentatif du locuteur ainsi que le système de valeur qui sous-tendent son discours.

Conscients du fait que les locuteurs des interviews et les lecteurs ne partagent pas la même culture, nous avons aidé le lecteur à acquérir les connaissances nécessaires pour éviter des erreurs d'interprétation. Pour ce faire, nous avons ajouté au sein même des interviews et **en annexe, des tableaux**

présentant des données sur la société française. De plus, nous avons mis, pour tous les noms propres ou institutions françaises, un système de renvoi signalé par un * à un **index culturel** en fin de livre.

Nous proposons à la suite des interviews, sous la rubrique **"idées à développer"**, des textes complémentaires extraits de livres ou de magazines par lesquels nous demandons aux étudiants de pousser un peu plus loin la réflexion. Ces extraits, de différents niveaux, ont été délibérément choisis pour proposer une variété de styles et de contenus. Ils visent à élargir les connaissances des étudiants sur divers points de civilisation française et à les familiariser avec des sujets de réflexion en français. A la fin de chaque section, une courte **bibliographie** sera un premier guide pour l'étudiant qui voudrait entreprendre une recherche plus personnelle.

La tâche de l'étudiant sera de mettre à jour dans la lecture des interviews :
- **l'argument**: le sujet de l'interview
- **le contexte**: les composantes du contexte socioculturel du locuteur
- **les faits**: les informations culturelles, sociales ou autres données par le locuteur
- **le système de valeur**: les valeurs et idéologies qui sous-tendent le témoignage et les opinions plus individuelles du locuteur.

Ce recueil présente un outil intéressant :
1. pour des **classes avancées de conversation.**
2. pour des **classes de Français fin de seconde année, troisième année**. Il peut être utilisé comme livre de lecture permettant une solide introduction à la civilisation française. La diversité des sujets abordés ainsi que le dynamisme interne créé par la mise en rapport France-Amérique assurera des discussions vivantes et de qualité en classe.
3. pour un cours d'**introduction à la civilisation française**. Les débats de sociétés soulevés reflètent les préoccupations des Fançais, leur mentalité, leurs valeurs. Des questions sociologiques, politiques et historiques y sont ouvertes. De plus, pour qui veut s'intéresser à une autre culture, ce recueil propose une réflexion indispensable sur les moyens conceptuels que nous avons pour parler d'une culture 'autre'.

Les photographies d'Eva Sanz, photographe à Bordeaux, ajoutent aux propos recueillis dans les interviews la force d'un regard sur la France.

viii

Tout doucement

Photographie © Eva Sanz

Première partie

De la passion pour l'Amérique à la critique

Les quatre interviews regroupées dans cette partie mettent en évidence deux types de commentaires au sujet des Etats-Unis:

1. L'Amérique, c'est le Nouveau Monde : "Ce sont des arbres, des fleurs, des animaux, des composantes de ce que l'on trouve dès que l'on parle du paradis terrestre" nous dit Yves Berger, romancier.

2. "Les Américains deviennent le danger mondial" en ce qui concerne le cinéma et peut-être même la culture affirme Jean-Louis Leutrat, professeur d'esthétique et de cinéma. Il faut résister à l'Amérique.

Comment comprendre la disparité de ces propos et parfois leur coexistence au sein d'un même discours? Y a-t-il lieu d'adhérer à l'un ou à l'autre? Y a-t-il lieu de prendre chaque discours à la lettre et de se sentir offensé par certaines remarques si l'on est américain? Pour qui connaît bien l'Amérique, il deviendra vite apparent que l'image que se fait le Français de l'Amérique ne correspond pas toujours à la réalité mais à sa perception personnelle et culturelle de ce pays.

Comment donc lire ces interviews? Pour le chapitre qui nous intéresse ici plus particulièrement, c'est-à-dire les arts, il faut noter que les Français ont toujours été très fiers de leur culture. Or, dès le dix-neuvième siècle, les Etats-

Unis deviennent en France la métonymie de la modernité, d'une modernité qu'il faut dénoncer. Baudelaire* déclare en 1867, à propos de la seconde Exposition Universelle : "L'Exposition universelle, le dernier coup à ce qui est l'américanisation de la France, l'Industrie primant l'Art, la batteuse à vapeur rognant la place du tableau... - en un mot, la Fédération de la Matière". Dans les années 50, l'Amérique sera pour Sartre et Simone de Beauvoir symbole d'une idéologie capitaliste et impérialiste à laquelle il faut réagir. Sartre invite cependant à ne pas confondre le système américain et les hommes qui l'affrontent. Avec Simone de Beauvoir il s'est ainsi, durant les années 30-40, passionné pour le jazz et les films hollywoodiens, pour la littérature de Dos Passos, Faulkner, Hemingway, Steinbeck, Caldwell : "Nous pensions à l'Amérique comme au pays où triomphait le plus odieusement l'oppression capitaliste; nous détestions en elle l'exploitation, le chômage, le racisme, les lynchages. Néanmoins, par delà le bien et le mal, la vie avait là-bas quelque chose de gigantesque et de déchaîné qui nous fascinait (...). Paradoxalement, nous étions attirés par l'Amérique dont nous condamnions le régime, et l'U.R.S.S., où se déroulait une expérience que nous admirions, nous laissait froids." (Simone de Beauvoir, La Force de l'âge, I, p.160). Aujourd'hui, à l'heure de l'implantation d'Euro-Disney en France et de la dernière Exposition Universelle du siècle, alors que l'engagement idéologico-politique des intellectuels n'est plus marqué par le communisme et le marxisme, on retrouve, dans le discours de certains intellectuels, de vieux réflexes critiques à l'égard du système américain: la distinction entre le "système" et "les hommes" n'est pas toujours prise en compte. Mais de tout temps et quoi qu'il en dise, le Français reste intrigué par l'Amérique. Le plus souvent, il tâtonne, cherchant à cerner la spécificité américaine pour définir la sienne. Ainsi par exemple l'intérêt suscité récemment en France par le *politically correct* : "... le corps d'idées qui constitue la *political correctness*, s'il vient du fond commun de civilisation que partagent les Etats-Unis et l'Europe, constitue une version typiquement américaine des passions démocratiques. La musique philosophique est, il est vrai, germano-française, mais le texte et les acteurs nous parlent encore de l'*American dream* dans sa dernière manière" (François Furet, Le Débat, n. 69, 1992).

L'interview de Jean-Louis Leutrat fait ressortir le vieux débat entre l'Europe, terre de vieille culture et l'Amérique, à peine sortie de l'état de nature, terre dont la jeunesse explique sa brutalité comme l'indiquera plus tard Michel

Maffesoli. Daniel Buren aborde plus personnellement son rapport à l'Amérique par ses difficultés à y exposer son travail d'artiste. Il explique la différence des deux systèmes artistiques. Yves Berger, ce "fou d'Amérique", souligne le lien entre biographie et fiction. La force de son écriture est d'avoir fait sienne ces grands espaces porteurs de mythes.

Nous citerons pour guide à la lecture de ces interviews les propos forts judicieux de Théodore Zeldin : "Juger l'Amérique, c'est se juger soi-même. Aussi, ce qu'il nous faudrait chercher à définir dans les jugements des Français sur l'Amérique, ce n'est pas tant dans quelle proportion ils sont pour ou contre, mais quel est le pourcentage de ceux qui ont compris, en exprimant leur accord ou leur désaccord, le sens de leur propos." (L'Amérique dans les têtes, Paris, Hachette, 1986.)

4

Là, coule une rivière

Photographie © Eva Sanz

Chapitre 1

L'Amérique : écriture, espace

Yves **B**erger *est l'auteur du Sud (Prix Fémina), du Fou d'Amérique, des Matins du Nouveau Monde, de La Pierre et le saguaro (Grand Prix de la Langue de France) et de L'Attrapeur d'ombres (Prix Colette).*

L'Amérique d'Yves Berger, ce "fou d'Amérique", est bien particulière : née d'un goût de l'ailleurs, elle se matérialise dans l'imaginaire et à travers l'écriture. Yves Berger en célèbre l'espace dans tous ses romans. Il narre son cheminement dans son Amérique en soulignant à travers ses propos son attachement à une langue littéraire malgré le caractère oral de l'interview.

Argument
L'espace américain est la plus grande approximation du paradis terrestre. Par sa grandeur, il échappe à la durée et engendre une sorte d'ivresse, une frénésie d'écriture.

Interview

Comment est née votre passion pour l'Amérique, comment a-t-elle évolué?

Yves Berger : Je vais commencer par dire quelque chose qui n'a pas trait[1] à l'Amérique. Vous savez que tout être humain est constitué de milliards de cellules. Je pense que parmi mes milliards de cellules, il y en a une que j'appellerai une *cellule romantique.* C'est-à-dire que je suis né avec des traits[2] de caractères qui relèvent[3] de l'esprit romantique. Le trait le plus évident est le goût de l'ailleurs[4]. Ce goût de l'ailleurs était, au début de ma vie consciente, modeste. Quand en Avignon, dans ma ville natale, je voyais passer une voiture avec des plaques[5] belges ou suisses, c'était déjà une première senteur d'exotisme. Cela me faisait songer[6], cela provoquait en moi des images. Voilà donc cette disposition, ce hasard que seule la génétique pourrait expliquer. Là-dessus, arrive la guerre perdue de 1939 et l'occupation allemande qui ont eu sur ma vie, sur ma formation, de grandes conséquences. Sans elles, j'eusse eu une adolescence, une enfance différentes. Il se peut que ce qui va venir après, c'est-à-dire ma découverte de l'Amérique, ne se fût pas produit. La suite de cette guerre perdue et l'occupation allemande m'ont révélé la souffrance, la solitude, la peur, la mort, la faim. Je me suis donc trouvé véritablement prisonnier et comme tous les gens de cette époque, dans les années 42,43,44, nous savions que si un jour la liberté et le bonheur qui nous avaient été enlevés par les Allemands devaient revenir, ce serait par le biais[7] des Américains qui auraient débarqué. Cette occupation allemande, bouleversant mon esprit prédisposé à l'exotisme, m'a précipité sur l'Amérique avec force. Ce

---

1 **avoir trait à** : avoir un rapport avec.

2 **trait** n.m. : élément caractéristique.

3 **relever de quelque chose** : être du domaine de, appartenir à.

4 **ailleurs** n.m. : pays étrangers ou lointains.

5 **plaque** n.f. : plaque d'immatriculation : pièce de métal qui porte le numéro d'une voiture.

6 **songer à** : penser à.

7 **biais** n.m. : moyen indirect, détour.

n'était pas un sentiment fugitif[1]. J'ai, comme dirait Stendhal*, cristallisé[2] sur l'Amérique.

Dans ma bibliothèque familiale qui venait de ma mère, il y avait beaucoup de livres traduits de l'américain. J'ai tendance à penser que c'est un aïeul[3], qui était revenu fou d'Amérique, qui est à l'origine de cette bibliothèque. Par ces livres, j'ai été dans l'Amérique de Jack London, du Canadien-Anglais James Oliver Curwood, de Mark Twain. Un livre sur la guerre de Sessession va avoir une importance énorme en moi et devenir un véritable élément de ma vie intérieure : le Général Lee m'est aussi présent qu'un membre de ma famille. Autant en emporte le ventt est un livre pour lequel j'ai un véritable culte. J'ai l'habitude de dire que c'est the book of the books , équivalent profane de la Bible. Je raconte dans La Pierre et le saguaro avec humour mais aussi avec beaucoup de sérieux, que j'ai pris des dispositions pour que, quand je serai enterré[4], j'aie plusieurs exemplaires[5] d'Autant en emporte le vent... On ne sait jamais, puisque je veux l'éternité, j'aurai peut-être le temps de lire dans l'éternité.

Je suis par mystère biologique porté vers l'ailleurs. L'occupation allemande fait que cet ailleurs est l'Amérique et, à une époque où ou pouvait lire, époque tout à fait différente de celle-là où on ne peut plus lire, où on n'a plus le temps de lire car l'image a condamné le mot, je me suis inséré dans le monde, j'ai appelé le monde à moi par le biais du langage et donc par le biais du livre, qui incarne évidemment[6] le langage.

Pour montrer à quel point l'Amérique pénètre en moi profondément, m'occupe et constitue une véritable patrie intérieure, je vais prendre l'exemple de mon premier livre, Le Sud. Je ne me suis pas dit un jour "tu es un écrivain". Je ne me suis pas mis à chercher le sujet. Il est venu en moi, je ne sais pas pourquoi. Je ne connais que les raisons que je viens d'évoquer qui peuvent expliquer la genèse

---

[1] **fugitif** adj. : très bref. Se dit de quelque chose qui vient puis disparaît, qui passe.

[2] **cristalliser sur** : se fixer sur quelque chose.

[3] **aïeul,eule** n.: grand-père, grand-mère, ancêtres.

[4] **enterrer** : déposer le corps d'un mort dans la terre, dans une sépulture.

[5] **exemplaire (d'un livre)** n.m. : une copie d'un livre, un livre.

[6] **évidemment** : d'une manière évidente, certaine.

de ce livre. Son sujet illustre mes propos[1] et donne un complément intéressant à la définition du romantisme. Il se trouve que, lorsque je me suis mis à ce premier livre, l'histoire que j'ai voulu spontanément raconter peut être résumée[2] ainsi : l'histoire d'un adolescent et de sa sœur Virginie que leur père, dans le sud de la France en 1960, essaie d'élever[3] comme s'ils vivaient en Virginie en 1842. Ce père, qui veut élever ses enfants cent ans en arrière et ailleurs, a une grandeur incontestable[4]. Le romantisme, c'est le goût de l'ailleurs mais dans l'ailleurs, le goût de passé. Je suis donc inscrit[5] dans ce livre puisque mon goût de l'ailleurs, c'est l'Amérique et que ce qui m'intéresse est la vieille Amérique...

Tous les livres sont autobiographiques mais l'autobiographie peut aller à de très grands niveaux[6] de profondeur et n'est pas reconnaissable dans l'existence. Si on veut donner de l'autobiographie une définition complète, il faut penser à tout le mystère de soi. Quand je raconte un faucon pèlerin[7], c'est autobiographique bien que je n'aie jamais voyagé sur les ailes d'un faucon pèlerin. Dans Les Matins du nouveau monde, au contraire, ce que je raconte de l'arrivée des Allemands dans la ville d'Avignon, de leur fuite, de l'arrivée des Américains, de ce premier char[8] que je vois, tout cela est vrai. Par la suite, j'ai lu toute l'Amérique. A vingt cinq ans, nourri de westerns, de musique américaine, de livres, je suis touché par la civilisation américaine. J'écris en 1960 mon premier livre, je fais mon premier voyage en Amérique en 1962. Depuis, j'en ai fait cent vingt.

Quelles ont été vos impressions lors de votre tout premier contact avec l'Amérique? Vous l'aviez toujours imaginée puis vous la voyez...

---

1 **propos** n.m. : les paroles, le discours.

2 **résumer** : présenter en plus court, brièvement.

3 **élever (des enfants)** : les amener à un plein développement physique et moral.

4 **incontestable** adj. : que l'on ne peut pas mettre en doute.

5 **inscrit** adj. : personne dont le nom est marqué dans la liste constitutive d'un groupe.

6 **niveau** n.m. : degré.

7 **faucon pèlerin** n.m. : oiseau rapace.

8 **char** n.m. : automobile blindée et armée dont on se sert pour faire la guerre.

Je la connaissais tellement avant que je ne pouvais que la trouver comme je l'avais imaginée, comme je savais qu'elle était. Car, je suppose qu'on découvre un pays, quand on ne le connaît pas, par mouvements successifs qui doivent se corriger entre eux. Je suis allé en Amérique vers ce vers quoi je tendais, sans d'ailleurs[1], à cette époque-là, très bien le savoir. J'ai d'instinct évité[2] l'Amérique des ghettos, l'Amérique du tiers monde, l'Amérique des noirs. J'allais vers l'Amérique qui était tout à fait incarnée dans le rêve américain et ses composantes naturelles. Autrement dit, je n'ai pas été déçu[3]. Il eût été impensable que je fusse déçu, j'étais armé pour ne pas l'être.

Je suis frappé[4] de voir que les gens ne savent pas quelque chose qui est vraiment d'une importance capitale: jusqu'à l'arrivée des Indiens, il y a vingt mille ans environ, jamais un être humain n'a foulé le sol de ce qu'on appellera le Nouveau Monde. C'est quelque chose de prodigieux. Il y a vingt mille ans, l'homme était déjà partout depuis des dizaines de milliers d'années. Par quoi, dès lors, faut-il définir le Nouveau Monde? Le Nouveau Monde, ce sont des arbres, des fleurs, des animaux, des composantes[5] de ce que l'on trouve dès que l'on parle du paradis terrestre. Lorsque les Indiens arrivent, ils arrivent dans ce qui, sur la terre, représente la plus grande approximation par rapport au paradis terrestre. Comme je pense que tous les êtres humains ont besoin, sinon de croire, du moins de se figurer[6] le paradis terrestre, l'Amérique est devenue très importante puisque c'est là que l'on peut le mieux se le figurer. Lorsque les Indiens arrivent, ils seront en si petite quantité, si peu nombreux qu'ils ne vont pas abîmer[7] ce paradis. Lorsque les premiers blancs, eux vrais prédateurs[8] arrivent, ils vont pénétrer dans un paradis : c'est le premier mot de Christophe Colomb.

Cette vision de l'Amérique comme paradis va être portée par des hérauts

---

[1] **d'ailleurs** loc. adv. : d'autre part. Introduit une restriction ou une nuance nouvelle.

[2] **éviter** : faire de façon à ne pas rencontrer qqn, qch.

[3] **déçu** adj. : désenchanté.

[4] **frappé** adj. : étonné.

[5] **composante** n.f. : élément constitutif.

[6] **se figurer** : se représenter.

[7] **abîmer** : détériorer.

[8] **prédateur** n.m. : homme qui vit de ce qu'il a volé violemment.

comme Rousseau*, Châteaubrian*. Mais la culture n'est pas prisonnière des livres. Au contraire, elle s'évade des livres, des tableaux, de la musique, des sculptures pour être dans l'air et toucher chacun. Je crois que nous sommes tous, à des degrés divers, touchés par l'Amérique.

Les narrations que l'on fait de l'Amérique sont pourtant souvent loin de la représenter comme paradis.

Ce n'est pas parce qu'il y a eu des morts à South Central que cela ruine la vision de l'Amérique comme paradis. Contre cela, je cite[1] tous ces Albanais pour qui l'Amérique, c'est le paradis. Je raconte que la ville de Nairobi, capitale du Libéria, ville martyre dans le monde d'aujourd'hui, a par miracle un quartier où les factions rivales ne se livrent[2] pas à d'atroces combats[3]. Cette espèce de paradis s'appelle Amérique. Toute l'histoire des rapports[4] entre l'Europe et l'Amérique, l'Amérique et d'autres parties du monde nous apprend qu'au fil des siècles, l'Amérique est vue comme un paradis. Tous ceux que le pouvoir politique poursuivait, que le pouvoir religieux emprisonnait, que la faim taraudait[5], tous ces gens-là n'avaient espoir qu'en l'Amérique comme le montre bien les mouvements migratoires puisqu'à partir de la fin de la guerre de Sessession, c'est par dizaines et dizaines de millions qu'une humanité va déferler sur l'Amérique, une humanité qui est dans le droit fil de la lettre de Christophe Colomb. Lorsque sous l'occupation allemande j'attendais les Américains, je suis exactement un personnage qui s'incarne dans cet immense mouvement de fascination que l'Amérique exerce.

On peut dire que l'Amérique est en train de se perdre, qu'elle est en danger. Peut-être. Je me demande avec inquiétude si le cauchemar[6] n'est pas plus fort que le paradis et je me rassure quand même en observant que depuis son origine, la société américaine a toujours été traversée de convulsions, de tragédies. On a vu

---

1 **citer** : mentionner, évoquer, nommer.

2 **se livrer à** : se laisser aller à quelque chose.

3 **combat** n.m. : action de se battre.

4 **rapport** n.m. : relation.

5 **tarauder** : faire souffrir.

6 **cauchemar** n.m. : mauvais rêve.

après les émeutes[1] récentes de Los Angeles des choses nouvelles : des scènes de fraternisation entre blancs et noirs qui semblaient prendre conscience de la tragédie et tenter des mouvements de reconstruction afin d'éloigner le spectre de cette tragédie.

Vous décrivez beaucoup de paysages dans vos textes. Y a-t-il pour vous un *paysage américain*?

Le paysage américain a la grandeur, la beauté, la diversité, les couleurs, les reliefs qu'avec beaucoup de partisanerie je ne trouve pas ailleurs. Je les déclare donc uniques. Je veux tout simplement ignorer que cela peut exister ailleurs. Je serai prêt à me faire couper la tête en déclarant que ça ne peut pas exister ailleurs. Je vous accorderai qu'évidemment, lorsqu'on a fait 120 voyages en Amérique à 57 ans, on n'est pas allé beaucoup ailleurs. Je ne connais pas la Russie. Est-ce que, au cœur de la taïga, on peut avoir cela? Il y a cette chose prodigieuse qui engendre une ivresse particulière, comme sous l'effet d'une drogue ou d'un alcool, qui est l'espace sans fin de l'Amérique. Dans Le Fou d'Amérique, j'ai eu le bonheur d'une formule à laquelle je tiens[2] fort. Je dis qu'en Amérique, l'horizon n'est pas la fin du ciel. Le ciel, en Amérique, ne tombe pas, ne tombe jamais, de sorte que l'horizon n'est pas un élément du cosmos, mais une infirmité de l'œil. Je veux dire par là que l'espace américain donne très précisément le sentiment d'être absolument sans fin. L'espace est devenu un élément du temps qui est éternel. Il est l'espace et il échappe[3] à la durée. Je ne connais pas un témoignage[4] de voyageur qui exprime cela ailleurs.

Il semble par vos écrits que l'Indien est le seul habitant que vous pouvez vraiment imaginer en ces terres d'Amérique. Pourquoi?

L'Indien avait assuré un équilibre avec la nature. On peut résumer toute l'histoire

---

[1] **émeute** n.f. : soulèvement populaire, agitation du peuple généralement non organisée.

[2] **tenir à** : être attaché à.

[3] **échapper à** : ne plus être pris dans qch, ne plus être retenu par qch.

[4] **témoignage** n.m. : narration, récit.

du monde, dont la nôtre, par le grand antagonisme entre la nature et la culture. Il y a la nature et la culture, c'est-à-dire tout ce que l'homme fabrique, du plus petit au plus grand pour lutter[1] contre la nature. Lorsque l'homme apparaît, la nature est toute puissante, elle est même terrorisante. L'homme va la domestiquer, la réduire, puis la dépasser. Le danger, c'est maintenant l'homme. J'ai lu il y a vingt cinq ans un livre de Rachel Carson Quand nature se meurt. Nous en sommes là. L'Indien, lui, nous apparaît comme celui qui a réussi son intégration avec la nature, son alliance avec elle.

C'est cette Amérique-là qui m'intéresse, qui a sa beauté, sa grandeur, sa sauvagerie et qui permet ce mariage avec l'Indien, qui permet une vie que je vois, avec partialité évidemment, comme harmonieuse entre la nature et l'Indien. Je suis tellement intéressé par l'idée d'un antagonisme entre nature et culture que lorsque j'ai écrit Le Sud, j'ai situé la tentative de ce père en 1842 car c'est une vingtaine d'années avant la guerre de Sessession. J'ai imaginé que la culture ralentissait[2] à cette époque son pas, sa marche et qu'il y avait là une espèce d'équilibre entre nature et culture.

On a cette image d'une vie harmonieuse entre la nature et l'humanité alors que bien sûr, le regard que les Occidentaux portent sur l'Indien est un regard faux mais de ce regard faux nous avons besoin. De la même façon que l'Amérique est la plus grande approximation par rapport au paradis, l'Indien est la plus grande approximation par rapport à un idéal de vie dans la nature, c'est-à-dire à un idéal d'accord entre l'homme et le monde, entre la nature et la culture. Ceci explique que l'Indien perdure[3] dans notre mythologie, dans notre imagerie.

Qu'est-ce qui, dans l'histoire de l'Amérique, fait jouer votre imaginaire?

A propos du Sud, c'est la cause perdue. C'est aussi que le Sud est infiniment plus agréable à imaginer que ne l'est le Nord. Le Sud s'incarne dans des réalités auxquelles on tient et que le Nord, en gagnant la guerre civile, va ruiner. La

---

1 **lutter** : se battre.

2 **ralentir** : rendre plus lent.

3 **perdurer** : durer toujours.

victoire du Nord c'est la victoire de l'usine[1] et de la banque. Le Sud incarne des réalités d'une vision rurale du monde dans laquelle l'esprit trouve du bonheur. L'esprit de trouve pas de bonheur dans l'univers des mines de Zola*. Il trouve du bonheur dans l'univers terrien de Georges Sand*. Lorsqu'on lit l'oeuvre de Faulkner, on trouve que la nature du Sud est une nature extraordinaire jusque dans ses éléments les plus désolés, les plus rudes, les plus caniculaires[2].

Vous avez écrit que lorsque vous êtes en France, l'Amérique vous manque. En quoi vous manque-t-elle?

Elle me manque parce que j'aime la nature américaine par tous les éléments par le biais desquels j'ai défini l'Amérique. D'une certaine façon, je suis un exilé en France. Pourquoi n'être alors jamais allé vivre en Amérique? Je crois que lorsqu'on aime un être d'une passion dévorante, un homme une femme, une femme un homme, il vaut mieux ne pas faire de mariage. On sait bien que la vie commune, les habitudes, ne peuvent pas s'accorder avec la passion. Eussè-je vécu en Amérique du Nord, dans ce pays que j'aime passionnément, d'amour fou, *fou d'Amérique,* mon regard, fatalement se fut alangui[3], usé, habitué. C'est là une réaction vitale d'écrivain qui ne veut pas voir mourir son rêve, donc son oeuvre. Mon Amérique est une Amérique écrite, une Amérique d'écrivain transformée, sublimée, transcendée à partir d'éléments du réel. C'est une Amérique vraie mais dans laquelle j'ai tellement apporté d'éléments subjectifs que, fût-ce dans l'agacement[4], j'admets que ce n'est pas l'Amérique, que c'est quelque chose qui est en marge de l'Amérique. C'est vrai qu'elle me manque. J'éprouve en moi quelquefois un désir fou d'Amérique et si j'en avais le temps, les moyens[5], je voyagerais sans cesse du vieux monde au nouveau et l'inverse.

---

[1] **usine** n.f. : manufacture, industrie.

[2] **caniculaire** adj. : torride.

[3] **alanguir** : perdre son excitation, perdre ses forces et son énergie.

[4] **agacement** n.m. : irritation.

[5] **avoir les moyens** : avoir assez d'argent pour faire qch.

Avez-vous écrit sur un autre sujet que l'Amérique?

Pas vraiment. Actuellement, j'ai deux textes en train. L'un très avancé, un gros roman que j'appelle Immobile dans le courant du fleuve qui est la simple histoire d'un homme très ambitieux parce qu'il tente d'être heureux avec une femme et la petite fille qu'ils ont ensemble. Le mot Amérique n'est jamais prononcé et jamais un Indien n'apparaît. Mais tout le paysage extérieur est l'incarnation d'une multiréalité américaine qui relève de la géographie, de tous les éléments qui font l'Amérique géographique. Ce livre va certainement dérouter puisqu'aucune de mes obsessions évidentes n'est là à part la haine[1] de la mort et le regret du temps qui passe. J'ai presque terminé aussi le livre qui va faire une trilogie avec La Pierre et le saguaro et L'Attrapeur d'ombres. C'est une célébration des plaines : Minnesota, Dakota du Nord, Dakota du Sud et Nebraska. Après le désert, après la Sierra Nevada et les Montagnes Rocheuses, ce sont les plaines. Je ne sais pas ce que je vais publier en premier.

Pouvez-vous imaginer que votre écriture épuisera un jour l'espace américain?

Elle n'épuisera[2] pas l'espace américain mais quand elle sera épuisée, elle ne pourra plus dire l'espace américain. Il y aura un jour fatalement en moi, même si je dois vivre, comme j'en fais le voeu[3], encore beaucoup d'années, une fatigue, une lassitude, une perte de l'inspiration, un assèchement de l'inspiration. A partir de ce moment-là, je ne pourrai plus dire l'Amérique. Ce que je ne peux pas dire c'est si cette perte viendra de l'Amérique ou du pouvoir créateur de l'écrivain en moi.

Questions

1. Yves Berger décrit sa bibliothèque "intérieure". Décrivez la vôtre.

2. Quels sont les éléments qui structurent la vision paradisiaque d'Yves Berger sur l'Amérique?

---

1 **haine** n.f. : horreur, répulsion.

2 **épuiser** : vider.

3 **vœu** n.m. : souhait, prière.

Idées à développer

I. L'ECRITURE AMOUREUSE

Dans Le Fou d'Amérique, Yves Berger évoque sa grande passion pour l'Amérique:

O l'Afrique, de l'Asie et puisque je dis tout, aussi de l'Océanie. De même l'adolescent, puis l'homme. Loin de toi, à l'étroit partout. Les pays du monde me serraient aux épaules et aux coudes, qui sont de vieilles chemises. Alors je te cherchais dans les journaux et les atlas. J'écoutais, je lisais ce grondement, comme d'une cataracte, que tu alimentes sans cesse et dont l'écho, quelquefois, passe en ampleur et en durée le bruit qui l'a fait naître. Il s'est trouvé des gens pour essayer de me décourager, disant qu'il était trop tard et que j'avais trop attendu, qu'il n'y avait plus rien à dire d'elle, à écrire sur elle et que, en outre, elle était devenue putain, se donnant au premier venu avec une frénésie où, très avertis, ils pensaient reconnaître l'esprit de ce temps et, chez mon amour, la radicale absence de tout sens moral. Rien n'a pu entamer ma détermination. Je ne flatte aucune illusion quant à ses coucheries, où j'ai reconnu quelquefois sa façon, qui est somptueuse. Au nom de quel principe eût-elle résisté, je le demande, aux prétendants, souvent doués, qui ont attendu d'elle la faveur d'une inspiration? J'ai lu quelques milliers de lettres que, des coins du monde, on a voulu lui adresser. Je fais cas, ici, d'une seule, de Sergio Leone, et d'une double phrase seulement qui dit, tout à fait comme il le faut: "Nous autres, Européens avons grandi dans une mythologie fabuleuse. L'Amérique, pour des gens comme moi, fut une véritable religion."

O Amérique... Je t'ai trouvée femme dans les cartes, avec tes grandes surfaces de ventre, le creux de tes gorges et de tes rivières, dans le repli de la terre qui sont les fossettes de ta peau (...) comme je t'aime. (pp.21-22).

Question

Yves Berger parle de l'Amérique comme il parlerait d'une femme dont il serait amoureux. Analysez les éléments de ce passage (style, émotions, thèmes).

II. L'ESPACE AMERICAIN

Dans L'Attrapeur d'ombre, *l'exaltation du voyageur qui découvre les paysages américains touche à la frénésie :*

C'était un jour où, plus que les autres, l'Amérique me manquait, au point que je me sentais dans le Vieux Monde où je suis né et où je vis, en manque du Nouveau. En exil. Des merveilles depuis le matin entraient en moi, sortaient de moi, revenaient, rapides à la façon des nuages que le vent prend en chasse, merveilles fiévreuses puisées à mes voyages américains et que la mémoire, qui les avait retenues, activait, là dans la forge des souvenirs dont elle poussait soudain les feux mais je reconnaissais d'autres images, à venir et à vérifier celles-là, toutes issues de mes lectures, de mon savoir, de ma voyance, de ma méditation, appréhension et impatience des choses d'Amérique. Faucon pèlerin a surgi à ce moment où tant de richesses eussent pu me submerger.

De toutes les images qui me font une vie intérieure, le faucon pèlerin celle peut-être que j'aime le plus... Celle dont j'ai le plus besoin, en Europe. Un jour, voici longtemps, mon esprit happa l'oiseau, qui depuis lors, ne cesse de m'habiter. En moi son nid, ses serres, ses pinces. Il m'arrive de me demander : pourquoi lui et non pas l'aigle royal ou le cygne trompette, grands voyageurs eux de même, de plus de poids et plus voyants, de plus vaste volume dans le ciel quand, les yeux fermés, tu les regardes et les écoutes s'ébrouer dans ta tête? Mystère. (...)

Faucon pèlerin envolé dans l'exil achevé, je ne me retrouve pas seul. Shadow Catcher lui succède. L'attrapeur d'ombres. D'aucun pays au monde plus que des Etats-Unis d'Amérique ne montent des lumières mais aucun n'abrite plus d'ombres. Ces ombres en Amérique, celles des morts. Aussi vivantes que les vivants. Quelquefois davantage. Le plus ignorant, le moins sensible des voyageurs les pressent, le plus averti les ressent, sans qu'il ait même besoin, celui-là, de les chercher. Le voyant les voit. Elles courent, se cachent, surgissent, accusent, gémissent. Entre autres. Elles ont beauté et grandeur toujours, force et sauvagerie souvent. Elles auraient pu, au fil du temps, s'effilocher puis s'évanouir tel un vieux souvenir fatigué ou, par rancune, quitter une terre à massacres qui de chacune d'elles a fauché le corps dont elle était, silencieuse et indéfectible, l'ombre. Non. Non et pourquoi? Parce que quelque chose se cache derrière l'ombre, la porte, la propulse et, paradoxe, pourrait se dire l'ombre de cette ombre quand elle en est l'origine : un corps, un tronc, une tige. Ceux-là, dans notre mémoire bien racinés par les écrivains et les peintres qui, les célébrant ou magnifiant ou condamnant, ont ajouté du volume à l'ombre. A cause, aussi, de l'espace. Ailleurs inexistant ou de dimensions par comparaison ridicules, ou encore en marge des ombres, qui malgré sa vastitude ne le fréquentent pas, l'espace semble fait pour elles, en Amérique, de la même façon qu'à merveille il s'accordait à la multitude du vivant. A la vie foisonnante. (...)

Le voyageur en Ouest, où l'espace et le ciel vont au bout, en tirant jusqu'à peur de la déchirure sur le tissu aérien et sidéral qui les constitue, ce voyageur de l'Ouest américain vit l'incomparable bonheur de se sentir habité de cela même qu'il parcourt, entré en lui moins par effraction que par contagion et qui le pousse entre jubilation et extase dans un espace sans fin, sous un ciel démesuré...(pp. 11-17).

Questions

1. Relevez dans le vocabulaire d'Yves Berger tout ce qui marque la frénésie de son style. Voyez-vous un rapport entre l'appel de l'espace américain tel que le ressent Yves Berger et le foisonnement de son écriture?

2. Essayez d'écrire un passage en vous laissant emporter par et dans un lieu qui a fait jaillir en vous un "incomparable bonheur".

Bibliographie

Yves Berger, Le Sud, Grasset, Paris, 1962.

Le Fou d'Amérique, Grasset, Paris, 1976.

Les Matins du Nouveau Monde, Grasset, Paris, 1987.

La Pierre et le saguaro, Grasset, Paris, 1990.

Chapitre 2

Cinéma, culture

Jean-Louis Leutrat *est professeur d'esthétique et d'histoire du cinéma à l'Université de Paris III. Auteur de deux livres sur Julien Gracq*, il a publié des ouvrages sur le western, sur John Ford, Jean-Luc Godard * et sur l'analyse de films.*

Le grand public est très fervent [1] de films américains . Les intellectuels, par contre, sont beaucoup plus sévères à leur égard comme le montre Jean-Louis Leutrat.

Argument
Par la grande diffusion de leurs films, les Américains imposent au cinéma mondial des règles esthétiques. De ce fait, on constate en France un appauvrissement [2] du cinéma français. Il faut résister aux Américains!

---

[1] **fervent** adj. : admirateur, fanatique.

[2] **appauvrissement** n.m. : action de rendre pauvre. Contraire d'enrichissement.

Interview

Peut-on parler de traits caractéristiques du cinéma américain par rapport au cinéma français?

Jean-Louis Leutrat : Bien sûr, il existe des traits caractéristiques mais il faudrait savoir de quelle période on parle. Si on parle de la période contemporaine, je crois que ce qui caractérise le cinéma français, c'est sa volonté de rester un cinéma à dimension artistique. Du moins, un certain nombre de cinéastes continuent à le vouloir alors que le cinéma américain, dans sa grande majorité, a choisi d'être un cinéma commercial, un cinéma de consommation[1].

Si l'on prend une perspective plus historique, peut-on tracer des parallèles et des points de divergences dans l'évolution de ces deux cinémas?

Si l'on prend une période historique, c'est l'histoire d'un siècle, pas plus. Au départ, les cinémas français, américains et ceux d'autres nationalités jusqu'à la fin des années vingt, ont été des cinémas à caractéristiques nationales assez fortes et autonomes. Le cinéma français et le cinéma américain étaient très distincts. A partir des années trente, il va se produire un phénomène mondial : les Américains vont s'imposer, pour diverses raisons, en particulier la venue du son[2]. Techniquement parlant, ils étaient plus prêts que les autres pays. Ils avaient les moyens[3]. D'une certaine façon, ils ont donc imposé leurs lois au marché mondial. Avec leurs lois, ils ont imposé des règles esthétiques. Le cinéma américain devient prépondérant dans le monde et du coup, la part d'originalité des cinémas nationaux va s'en trouver diminuée. En simplifiant un peu, on pourrait dire qu'en France, il va falloir attendre la fin des années cinquante avec la venue de la Nouvelle Vague*, de ce que l'on a appelé le cinéma moderne, pour voir resurgir une réponse, une

---

1 **consommation** n.f.: type de cinéma où le système économique pousse à consommer.

2 **son** n.m. : audition.

3 **avoir les moyens** : avoir les capacités financières.

alternative au cinéma américain. Les Italiens ont commencé un peu plus tôt avec le néo-réalisme. Il y a eu des cas individuels : Bergman en Suède. En France, il y avait évidemment Bresson*, Tati*. Ce sont les contre-exemples mais en gros[1], le cinéma français qu'on a appelé le cinéma du réalisme poétique jusqu'à la fin des années cinquante est un cinéma esthétiquement parlant pas très différent de ce qu'est le cinéma classique hollywoodien. Il est sûr que pendant toute cette période, jusqu'à la fin des années cinquante, le cinéma américain, c'est le grand cinéma, le modèle. Il a effectivement été un cinéma d'une très grande qualité. Mais à partir de la destruction du système hollywoodien à la fin des années cinquante, et la montée des cinémas nationaux en Europe et ailleurs dans le monde (Inde, Japon), le cinéma américain va s'enliser[2] de plus en plus dans des formules répétitives, dans des 'remakes', dans des séries. Le danger, c'est qu'actuellement, on est dans une situation polémique et politique dans le monde où il n'y a plus de répondants[3] face aux Etats-Unis qui ont l'air d'avoir le monde entier à leur disposition. Ils sont en train de finir de détruire toutes les particularités culturelles qui peuvent exister, en France notamment. On est un des derniers pays en Europe à freiner des quatre fers[4] mais, à mon avis, on ne tiendra pas longtemps.

Vous semblez dire que les cinéastes américains ont largement influencé le cinéma français. L'inverse est-il vrai aussi?

Non, les Américains sont assez imperméables[5]. Les Etats-Unis vivent de façon très autarcique. Le seul type d'influence qu'ils reconnaissent, c'est lorsqu'ils font venir quelqu'un chez eux et qu'ils l'assimilent. Dans la génération des Arthur Penn, c'est-à-dire des gens qui ont travaillé disons entre 58 et 68, il y a un certain nombre de metteurs-en-scène américains qui reconnaîtront avoir été influencé par des cinéastes de la Nouvelle Vague*. Actuellement, on pourrait parler de Jarmush qui, lui, est très européen en fait, très marqué par des gens comme Wenders. Mais

---

[1] **en gros** : en abrégé, pour dire l'essentiel.

[2] **s'enliser** : s'enfoncer, se placer dans une position qui manque d'ouverture.

[3] **répondant,ante** n. : personne qui peut répondre en faisant des objections.

[4] **freiner des quatre fers** : freiner autant que possible. Ralentir, arrêter un processus avec force.

[5] **imperméable** adj. : inaccessible.

c'est presque un cas exceptionnel. Casavetes est une autre exception. Il a fait un cinéma personnel qui se rapprochait beaucoup de certaines formes de cinéma européen. Un autre exemple évidemment, c'est Welles. Mais Welles était à la fois très américain et l'éternel étranger. Il connaissait très bien ce qui se faisait en Europe. Je crois que l'influence européenne sur les Etats-Unis, enfin, de la France puisqu'il s'agit de la France ici, est très mince[1].

Il y a pourtant des films français qui sont distribués aux Etats-Unis. Quels sont les critères qui font qu'un film français perce aux Etats-Unis?

C'est le côté exotique. Ce sont des films comme <u>Cousin Cousine</u>, des choses comme ça. Ce ne sont jamais les bons films. Il y a ici des sortes de zones d'aveuglement. Je crois que les Américains ne peuvent pas percevoir ce qui fait l'intérêt d'un film français. Ils sont d'abord complètement marqués par un certain type de cinéma qu'ils ont l'habitude de consommer. Ils ne connaissent rien d'autre. Il leur semble donc que le cinéma, c'est ce qu'ils font et pas autre chose. C'est assez méchant pour les Etats-Unis mais je crois que les Etats-Unis sont très dominateurs et en même temps très fermés sur eux-mêmes. Les Américains acceptent beaucoup les apports de l'étranger mais à condition de les assimiler.

Tout à l'heure, vous avez parlé d'une destruction du cinéma français par le cinéma américain. Par quels moyens?

Les moyens sont simples. Il suffit de voir les feuilletons qui passent à la télévision et la proportion de téléfilms américains. Les premières choses que font les Américains lorsqu'ils arrivent dans un pays et qu'ils concluent un contrat, un accord économique, c'est d'établir un quota de films. Ils imposent un certain nombre de films relativement à la production locale. Ils l'ont fait dans à peu près tous les accords mondiaux qu'ils ont conclus. Dans un permier temps ça a été pour eux un moyen d'imposer l'idée d'un mode de vie... que 'l'*American way of life*', c'était vraiment l'idéal. Le cinéma était pour eux un moyen de propagande

---

[1] **mince** adj. : négligeable, insignifiant.

extraordinaire. Maintenant, ils ont réussi à créer le produit le plus proche du niveau zéro intellectuellement parlant, c'est-à-dire le téléfilm américain. Un produit sans saveur, inodore et qui peut passer dans le monde entier. Les productions locales partout dans le monde sont obligées de s'aligner sur ce modèle-là si elles veulent avoir une chance, elles aussi, d'être exportées. Cela devient une sorte de contrainte. Il ne s'agit plus à présent de prouver que 'l'*American way of life*' est le meilleur, que Coca Cola et Mc Donald sont les deux mamelles de la culture mondiale. Maintenant, ce qui les intéresse, c'est d'arriver à une sorte de société mondialiste faite sur le même modèle, avec les mêmes valeurs. Entre autre, ces valeurs passent par les produits audio-visuels qui sont toujours un moyen formidable de propagande. Je crois qu'ils s'attaquent, ici, aux racines esthétiques du cinéma. Ça se voit par l'appauvrissement, depuis maintenant dix, quinze ans, des produits français. La semaine dernière, je lisais un compte rendu d'un voyage de Godard en Russie où Godard a dit aux Russes: "Résistez!". A mon avis, ils ne pourront pas. On est dans une situation, non pas de guerre froide mais de guerre sur des choses fondamentales qui sont du domaine de la culture, de l'intellect. Il faut reconnaître que les Américains deviennent le danger mondial... Je tiens un discours un peu amer[1] à l'égard des Etats-Unis alors que c'est un pays qui m'intéresse beaucoup et que j'ai beaucoup aimé. Mais actuellement, je crois que c'est une nécessité pour nous, si on veut garder un certain nombre de choses, de lui résister.

Lorsque les étudiants américains parlent du cinéma français, ils le qualifient de lent, cérébral, parfois même ennuyeux. Que dites-vous à vos étudiants américains lorsqu'ils abordent[2] le cinéma français?

Ce qu'ils n'acceptent pas, c'est la diversité. Il faut qu'ils travaillent, qu'ils acceptent l'étranger, qu'ils acceptent d'autres modes de fonctionnement intellectuel. Tout n'est pas question de vitesse. Il est vrai que, même à des étudiants français, il y a cinq-six ans, il était difficile de montrer des films d'Antonioni parce qu'ils les jugeaient trop lents. Aujourd'hui, en 92, je ne sais pas du tout quelle serait leur

---

[1] **amer** adj. : dur, blessant (conséquence d'une humiliation).

[2] **aborder** : arriver à (un lieu inconnu ou qui présente des difficultés).

attitude car il y a actuellement en France un retour très fort vers la cinéphilie. Mais c'est vrai qu'on est dans une sorte d'intolérance. Il faudrait que tout soit sur un rythme trépidant[1], qu'on aille tout de suite à l'essentiel. Vous voyez pourquoi en littérature, maintenant, on en arrive à faire des versions de Balzac où on supprime toutes les descriptions!

Comment la critique française reçoit-elle le cinéma américain?

Je suis très frappé[2] par l'absence de point de vue critique à l'égard des films américains dans les revues de cinéma françaises. Je pense à des films comme le dernier ou l'avant dernier Scorsese qui sont des films d'une assez rare violence quand même. On prend ça comme un fait acquis. Cela ne pose de problèmes à personne. On pourrait se demander pourquoi cette violence parce qu'après tout, le cinéma français reste différent. Il y a des gens comme Rohmer*, Godard*, qui sont assez âgés mais qui continuent à faire le cinéma qu'ils ont toujours aimé faire. Même ceux qui produisent des films franchouillards[3] de qualité médiocre comme Claude Berri*, Tavernier*, résistent dans le sens où ils ne font pas de trucs[4] violents. Ils apparaissent à un public moyen comme en retrait[5], comme ayant un savoir faire moindre par rapport à Scorsese. Et c'est vrai, on peut dire objectivement que Scorsese est incontestablement un meilleur cinéaste que Tavernier ou Claude Berri. Mais la question que je me pose c'est pourquoi ces gens qui sont de bons cinéastes investissent autant de leur talent dans des sujets assez étranges, des études de cas psychopathologiques. C'est frappant dans tout le cinéma américain. Là-dessus, ce n'est pas un jugement esthétique, c'est un jugement sociologique que j'aimerais qu'on porte. Pourquoi cette obsession de ce côté-là? Je crois qu'il y a une perte des réflexes critiques en France.

---

1 **trépidant** adj. : agité.

2 **être frappé** : être étonné.

3 **franchouillard** adj. : familier : français de goût médiocre.

4 **truc** n.m. : chose quelconque que l'on ne veut ou ne peut pas désigner.

5 **en retrait** : moins avancé, moins important.

Y a-t-il, aux Etats-Unis, une interrogation en ce domaine?

Je connais mal la critique américaine actuelle. Elle n'a jamais fonctionné de la même façon que la critique française. La critique française a toujours été, bien que ce soit de moins en moins vrai, une critique plus intellectuelle que la critique américaine au sens où il y a une tradition cinéphilique en France très forte qui remonte vraiment aux années 20. Ainsi c'est en France que certains cinéastes américains ont été appréciés avant même de l'être aux Etats-Unis. Ceci fait force de loi rétrospectivement. Maintenant, à part Jerry Lewis que les Américains ne peuvent pas avaler[1], tous les metteurs-en-scène dont on leur a dit qu'ils étaient de grands metteurs-en-scène, ils ont fini par le croire mais ils ne s'en étaient pas aperçu tout de suite.

Il faudrait apporter des nuances. Il y a eu de bons critiques aux Etats-Unis. En travaillant sur le western dans les années 70, je me suis aperçu que, quand on lisait des textes sur le western en France et aux Etats-Unis, on avait parfois l'impression que les gens ne parlaient pas de la même chose... et c'était vrai d'ailleurs. Les Américains avaient vu des films que nous n'avons jamais vus en Europe et le point de vue sur la notion de genre n'était pas le même des deux côtés. Je ne dis pas qu'en Europe on avait forcément raison par rapport à eux. Ce qui m'intéresse, c'est le double jugement par rapport à ces objets-là. Le point de vue américain m'a personnellement servi à remettre en question le point de vue français. En sens inverse, cela transparaît peut-être à travers mes propos, il y a quand même une sorte d'arrogance du Français relativement à l'Américain. C'est la revanche[2] du faible! On se dit qu'après tout, si eux sont plus forts que nous, nous nous sommes plus malins[3]... il y aurait beaucoup à dire là-dessus!

Questions

1. Jean-Louis Leutrat avoue, à la fin de son interview, que le Français est souvent arrogant à l'égard des Américains. Relevez dans l'interview tout ce qui montre

---

[1] **avaler** : sens figuré ici: accepter, apprécier.

[2] **revanche** n.f. : vengeance.

[3] **malin, igne** adj. : fin, habile, rusé; qui arrive à réussir en utilisant sa finesse, son intelligence.

effectivement cette arrogance. Répondez à Jean-Louis Leutrat par une arrogance similaire à l'égard des Français et de leur cinéma.

2. *Jean-Louis Leutrat est sévère à l'égard des Américains : les Américains "sont en train de finir de détruire toutes les particularités culturelles qui peuvent exister en France notamment". Après avoir lu le tableau sur les recettes faites par les films américains en France (voir annexe) et l'article dans "Idées à développer" de Jean-François Revel, expliquez ce qui pousse Jean-Louis Leutrat à ainsi condamner les Américains.*

3. *"Les Américains ne peuvent pas percevoir ce qui fait l'intérêt d'un film français".*

J-L Leutrat parle bien sûr du grand public, pas des universitaires. Etes-vous d'accord? Quels films français avez-vous appréciés? Pourquoi?

4. *A votre avis, le cinéma peut-il, par sa grande diffusion, contribuer à faire parvenir comme le suggère Jean-Louis Leutrat, à une sorte de "société mondialiste faite sur le même modèle, avec les mêmes valeurs"? Quel est, selon vous, l'impact du cinéma sur la société?*

5. *Jean-Louis Leutrat ne sait comment expliquer la violence présente dans de nombreux films américains. Que pourriez-vous lui répondre?*

Idées à développer

I. NE CRAIGNONS PAS L'AMERIQUE

Jean-François Revel, sociologue et auteur de nombreux ouvrages dont Sans Marx ni Jésus (Laffont, 1970), analyse ici la crainte de certains "prophètes culturels" face à la culture américaine qui, selon eux, envahit la France. Il analyse le phénomène et montre les faiblesses et les forces du système culturel français.

Sur ces cimes comme dans ses plaines, toute histoire culturelle est circulation et compénétration afin que reparte l'invention. Il n'y aurait pas eu de comédie latine sans modèles grecs ni d'école de la Pléiade* sans poésie italienne. Edgar Poe a été reconnu comme grand écrivain par Baudelaire* et Mallarmé* alors qu'il ne l'était pas encore aux Etats-Unis. Aurions-nous dû avoir un ministre de la Culture sous Henri II pour prescrire à Ronsard* des "quotas", en ne l'autorisant à imiter Pétrarque qu'une fois par semaine, et jamais le samedi soir? Qu'eût été le cinéma des Etats-Unis sans les Européens, sans Chaplin, sans Stroheim, sans Lubitsch, sans Capra? Leur musique sans le génie africain? Les voies paradoxales de l'interaction des civilisations mènent parfois du Mal au Beau, de l'esclavage au jazz.

(...) Certes, le miracle n'est pas toujours sûr. Ce n'est pas de gaieté de cœur que je tombe parfois sur les abjects dessins animés japonais que notre télévision inflige à nos enfants. L'art japonais nous a jadis donné mieux. Mais je ne vois pas que le tri puisse être fait de façon autoritaire. Le mauvais goût du client est ici coupable, autant et plus que la cupidité du fournisseur. Le seul remède est, en l'espèce, l'éducation du public par les oeuvres et les progrès de son discernement. Après tout, c'est l'insignifiant Paul de Kock qui, au XIXe siècle, a ouvert au roman français dans toute l'Europe, en Russie notamment, l'accès au grand public international où sont passés à sa suite Balzac*, Stendhal*, Flaubert* et Zola*. Prétendre détourner le cours des fleuves culturels, ou au contraire le grossir à volonté, ou en filtrer l'eau, c'est une risible fanfaronnade. Le roman américain a exercé une profonde influence sur les littératures et les lecteurs européens durant l'entre-deux-guerres, période d'isolationnisme des Etats-Unis.

Au contraire, les romanciers de l'après-guerre, période réputée "impérialiste", ont été et sont fort peu lus, et encore moins imités de ce côté-ci de l'Atlantique.

En revanche, le roman européen, allemand, français, italien, ainsi que le roman latino-américian, a été très prisé depuis 1945 aux Etats-Unis par le public, et très étudié dans les universités. (...) Ces constatations amènent à trois remarques :

La première : nous rageons surtout en ce moment de voir les producteurs américains réussir à transposer mieux que nous dans le langage des médias de masse les recettes millénaires du grand spectacle populaire, le mélodrame, le féerique, l'épouvante, le mystère, la farce, la violence, les vices et les vertus élémentaires. Le Rocambole* moderne, c'est Rambo, Le Sherlock Holmes actuel, c'est Columbo. Bien sûr, nous avons Cyrano[1], Maigret* et Manon des Sources[2] : mais ce sont là des adaptations, non des créations. Pour nous consoler de notre infériorité dans l'invention de nouveaux mythes, nous décrétons que les feuilletons américains sont le fruit de basses opérations commerciales.

Deuxième remarque : les films et les feuilletons télévisés américains ne se limitent pas aux mélos et aux polars. Ils traitent aussi, avec plus de courage que les nôtres, des vices et des scandales de la politique, de la société, de la presse, de la justice. Et pas dans l'abstrait, mais en mettant en scène des épisodes réels et récents. Pourquoi exploitons-nous beaucoup moins qu'eux ce filon? Pourquoi n'avons-nous pas déjà un téléfilm sur l'affaire Pechiney? Parce que la vie culturelle française, depuis le début de la Ve République, a une tendance croissante à s'officialiser. Entre la subvention et la liberté, il faut choisir. Et une proportion élevée de nos producteurs ont choisi la subvention. (...) La véritable culture constitue le territoire par excellence où les créateurs et le public doivent se sentir affranchis de toute pression de la propagande et de toute autorité autre que celle du talent. (...)

Troisième remarque : la culture, fût-elle américaine, ne se réduit pas au cinéma et à la télévision. (...) Ces voraces de l'oscar césarisé et du "Sept d'or" gaulois semblent perdre de vue que la culture, c'est aussi la recherche scientifique, la musique, les arts, la littérature, la musique, les idées. Laissons aux spécialistes

---

1 **Cyrano de Bergerac** : film réalisé en 1990 par Jean-Paul Rappeneau avec Gérard Depardieu d'après la pièce d'Edmond Rostand.

2 **Manon des Sources** : film de Claude Berri (1990) d'après le roman de Marcel Pagnol.

le soin d'évaluer les poids respectifs de l'Europe et des Etats-Unis dans la recherche scientifique. Dans les autres domaines, la culture européenne, loin d'être anémique et subordonnée, face à l'américaine, a des joues de pomme d'api. Elle n'est en rien colonisée. Tout au contraire, les deux cultures, qui, d'ailleurs, sur bien des points, n'en font qu'une seule, me paraissent entretenir entre elles des relations fort équilibrées et des plus fécondes. S'il faut à tout prix en faire des rivales, je dirai que c'est la culture américaine, et non la nôtre qui me semble aujourd'hui souffrir d'une crise. Parmi les intellectuels de l'establishment académique et de la presse, la vieille garde "libérale" aux Etats-Unis (c'est-à-dire hostile au libéralisme, dans le sens où nous entendons ce mot) s'accroche à ses vieux poncifs et n'a même pas ébauché l'aggiornamento que l'intelligentsia européenne a quasi terminé. De surcroît, les universités américaines sont rongées par un étrange virus, le "politiquement correct". (...) Le grand débat d'idées moderne, le débat compétent, imaginatif, innovateur et international, c'est en Europe et en Amérique latine, de nos jours, qu'il se déroule. Y compris à la télévision! Car l'Europe bat de loin l'Amérique dans le domaine des émissions culturelles et du débat télévisé de haut niveau. Il faut bien se rendre compte que les penseurs américains qui nous ont le plus intéressés au cours de toutes ces dernières années, Allan Bloom, Francis Fukuyama, sont chez eux à la fois très lus par le grand public et quasiment mis en quarantaine par leurs confrères intellectuels. Voilà ce que devraient méditer nos prophètes culturels...
© Le Point, 21 mars 1992.

Questions

1. Résumez en un paragraphe l'argument développé par Jean-François Revel.
2. Etes-vous d'accord avec lui lorsqu'il dit que la culture américaine souffre actuellement d'une crise?

II. DISNEYLOVE

On ne peut réduire les feuilletons télévisés (américains) à un pur projet d'exploitation capitaliste et impérialiste dont, en tout état de cause, il faudrait d'abord expliquer pourquoi il réussit. Pour ce faire, c'est le contenu des récits et la symbolique des personnages qui importent" (P. Bourdieu et J.C.Passeron). Eric Fassin cherche ici à examiner la pratique du sens dans les dessins animés de Disney et leur ré-appropriation culturelle en France.

Que les profits de Walt Disney Company montent en flèche depuis quelques années (malgré un temps mort au moment de la guerre du Golfe) nous donne l'indice de l'influence croissante de cette entreprise de "divertissements" dont on ne saurait ignorer l'importance proprement pédagogique : la Belle et la Bête a remporté en salle 141 millions de dollars, record de tous les temps pour un dessin animé. Songeons que ces dernières années sont aussi celles de la diffusion des vidéo-cassettes. Les films de Disney, sortis un à un par la nouvelle équipe depuis 1984, sont visionnés par des millions d'enfants, et d'adultes, un nombre incalculable de fois. On mesure mal l'impact de cette nouvelle technologie sur l'inculcation de valeurs. Notons-le tout au moins : que, moins d'un an après sa sortie en salle, la Petite Sirène ne soit vendue en cassette à plus de neuf millions d'exemplaires ne paraît pas devoir rester sans incidence.

(...) Si les mythes américains, et tout particulièrement ici les films d'animation produits par Disney, renvoient à une réalité proprement américaine, si donc leur interprétation requiert une approche anthropologique, comment expliquer la diffusion d'objets culturels américaine? Et si la différence culturelle creuse un fossé d'incompréhension infranchissable, qu'en est-il de l'américanisation dont nous serions menacés?

(...) Il est frappant de constater que les symboles mêmes de l'impérialisme culturel américain sortent transformés de la traversée de l'Atlantique : qu'on songe au hamburger, dont l'image prolétaire américaine s'anoblit en France d'un chic étudiant. Comme les jeans, il connaît en arrivant en France une appréciation sociale qu'indique l'élévation du prix. En sens inverse, et pour rester dans le registre alimentaire, qu'on pense au sort du *wine and cheese*, objet réputé "français" promu au rang d'institution américaine.

Un exemple illustrera notre propos. Dans son livre Homère et Dallas, Florence Dupont propose une analyse anthropologique comparée de ces deux épopées, moderne et antique. On en a surtout retenu l'opposition explicite à l'universalisme abstrait d'un Finkielkraut, oubliant la conclusion paradoxale : "On peut préférer l'ascèse ethnologique et ne pas adhérer au type de culture dans lequel s'enracine Dallas, cette culture de consommation planétaire, conséquence de la création d'un marché mondial regroupant de gré ou de force toutes les nations-mais nous avons l'épopée que nous méritons." Sans doute l'universalisme est-il tenu pour responsable de l'universalisation culturelle : "La mort des cultures quotidiennes et des cultures minuscules, de tous les particularismes traditionnels, méprisés par l'humanisme universel, débouche sur Dallas." Mais Florence Dupont trouve des accents dignes de son adversaire pour déplorer l'homogénéité vide où nous enferme "l'impérialisme américain". Avec l'américanisation, la différence culturelle serait toujours réduite à zéro, "laminée". On ferait pourtant bien de garder présente à l'esprit la boutade à moitié sérieuse de Marc Augé : "Quand même, ça fait quelque chose de voir *Ma sorcière bien-aimée* en Côte -d'Ivoire." Au pays de la sorcellerie, le divertissement de la classe moyenne américaine des années 1950 n'est plus seulement "affaire de Blancs"...

La comparaison (néo) coloniale nous amène à conclure. Si les productions culturelles américaines renvoient toujours elles aussi à un lieu, et à un moment, bref à une culture, leur diffusion bien réelle n'est possible qu'au prix de ré-appropriations culturelles dans d'autres temps : ainsi Laurel et Hardy devient-il en français un parfait chef-d'œuvre comique, grâce à l'absurdité d'un accent anglais... Ce travail d'appropriation est un processus constant de misreading, c'est-à- dire de lecture à contresens, plus ou moins créative : s'il est difficile de deviner ce que deviendront pour un public français les derniers films de Disney, on peut présumer, s'ils ont quelque résonance, qu'ils signifieront autre chose; comment pourraient-ils être compris en France dans leur pédagogie amoureuse si singulièrement inscrite dans un moment social particulier de l'histoire américaine? Sans doute le contrôle économique des objets mêmes qui seront réinterprétés ailleurs confère-t-il à l'Amérique une puissance culturelle indéniable. Mais il serait naïf de prêter aux consommateurs, individus ou groupes, une passivité culturelle que certains semblent autant désirer que redouter - pour les autres.

Eric Fassin ©Esprit, janvier 1993, p.89-91.

Question

Analysez comment des films fançais à succès aux Etats-Unis signifient autre chose que ce qu'ils ont pu signifier en France. (Comparez par exemple la version française du film <u>Trois hommes et un couffin</u> et la version américaine).

Bibliographie

Jacques Siclier, <u>Le Cinéma français</u>, Paris, Ed. Ramsy Cinéma,1990 (vol 1: 1945- 1968; vol 2 : 1968-1990).

Annexe

Les pratiques culturelles des Français

1. Spectacles

Proportion des Français âgés de 15 ans et plus qui ont pratiqué les sorties suivantes (en %)

	au moins une fois dans leur vie	au moins une fois au cours des 12 derniers mois
- aller au restaurant pour leur plaisir........	93	72
- aller à un concert de rock..................	25	10
- aller à un concert de jazz..................	18	6
- aller à un concert de musique classique...	29	9
- voir un match ou un autre spectacle sportif payant..............................	54	25
- aller à un spectacle de danses folkloriques	45	12
- aller à un spectacle de danse professionnel	24	6
- aller au cirque..............................	72	9
- aller à un spectacle de music-hall, de variétés..	43	10
- aller à un spectacle d'opérette..............	23	3
- aller à un spectacle d'opéra.................	18	3
- aller au théâtre voir une pièce jouée par des professionnels.............................	45	14
- aller à un spectacle d'amateur..............	43	14
- aller danser dans un bal public..............	75	28
- aller danser dans une discothèque ou une boite de nuit.............................	55	26
- aller au cinéma..............................	88	49

Les pratiques culturelles des Français 1988/1989 © INSEE

2. Lectures

Proportion des Français âgés de 15 ans et plus qui possèdent...

	possèdent dans leur foyer	lisent le plus souvent
- des œuvres de la littérature classique.......	48	13
- des romans autres que policiers ou d'espionnage..............................	58	31
- des romans policiers ou d'espionnage....	45	15
- des livres de poésie........................	34	4
- des livres sur l'histoire....................	53	17
- des livres de reportages d'actualité......	26	6
- des livres pour enfants....................	40	2
- des albums de bandes dessinées..........	47	12
- des livres d'art.............................	28	3
- d'autres beaux livres, illustrés de photographies.............................	31	3
- des essais politiques, philosophiques, religieux....................................	25	6
- des livres de cuisine......................	65	9
- des livres de décoration et d'ameublement	26	4
- des livres de bricolage ou de jardinage....	33	6
- des livres scientifiques, techniques, professionnels.............................	31	9
- un ou plusieurs dictionnaire(s)............	70	5
- une ou plusieurs encyclopédie(s)..........	46	5
- d'autres livres..............................	13	4

Les pratiques culturelles des Français 1988/1989 © INSEE

3. Cinéma

Cinéma : la loi du marché
En dix ans, la part des films américains a pratiquement doublé dans nos
salles, passant de 31 à 59%. L'année 1991 a consacré l'écrasante victoire des
stars américaines. Kevin Costner a totalisé 2,5 millions d'entrées sur Paris en
deux films, "Danse avec les loups" et "Robin des bois". Tandis que
"Terminator 2" a été vu par 5 millions de Français en l'espace d'un mois. Un
véritable raz de marée, qui laisse peu de chances au superbe "Van Gogh" qui
fera cinq fois moins d'entrées que M. Arnold Schwarzenegger.
Rappelons qu'au même moment, le cinéma français ne pèse rien ou
presque sur le marché américain, le mieux protégé du monde : 0,8% sur 2%
d'œuvres étrangères, à peine 10 millions de spectateurs sur un total de 1
milliard par an. Seul le panache de Depardieu -avec "Cyrano" et bientôt
"Christophe Colomb"- venge la France de sa marginalité outre-Atlantique.

Source: © Le Point, 21 mars 1992.

TV : la loi des quotas
La France est le seul pays d'Europe à avoir imposé contre vents et
marées des quotas qui obligent les chaînes de télévision à diffuser 60%
d'œuvres européennes, dont 40% d'origine française. Ces quotas ont
empêché jusqu'à présent le déferlement massif d'oeuvres américaines sur nos
petits écrans. Ainsi, en 1990, la proportion de fictions, documents ou dessins
animés venus des Etats-Unis s'élevait à 31,4% sur nos six chaînes.
Les chiffres sont moins spectaculaires pour les films de cinéma, car ce
sont les titres français qui font les meilleures audiences sur le petit écran. En
1989, les cinq chaînes ont programmé 901 films dont 287 étrangers. Sur ce
dernier chiffre, 94% étaient américains, soit 278 films.
Mais si le spectre de "Santa Barbara" et de "McGyver" plane sur notre
télévision, c'est bien parce que les chaînes (publiques ou privées) privilégient
évidemment les meilleures tranches horaires pour diffuser les séries qui font
un malheur à l'Audimat, et donc génèrent de grosses rentrées publicitaires.

Source : © Le Point, 21 mars 1992.

36

Daniel Buren

Dominant-Dominé, Coin pour un espace, 1465,5m² à 12° 28' 42",
1991, miroir, encre noire sérigraphiée sur PVC, bois, électricité, lumière du
jour, pierres, poussière.
Exposition Daniel Buren, 1991, ©capcMusée d'art contemporain de Bordeaux.
Photographie : Frédéric Delpech

Chapitre 3

Quelques réflexions sur l'art contemporain

Daniel Buren, *artiste, est surtout connu pour ses "colonnes" noires et blanches de la cour d'Honneur du Palais Royal à Paris. Son travail est basé sur un motif tout simple de bandes alternées blanches et colorées d'une largeur toujours égale à 8,7 cm. Depuis vingt ans, il a fait plusieurs fois le tour du monde, toujours avec le même motif. Il ne travaille pas en atelier mais 'in situ', c'est-à-dire dans le lieu d'accueil de son travail.*

Argument
Daniel Buren a souvent travaillé aux Etats-Unis. Il parle des difficultés que rencontrent les artistes contemporains pour y exposer.

Interview

Comment vous présenteriez-vous à un public qui ne vous connaîtrait pas?

Daniel Buren : C'est une question à laquelle il m'est impossible de répondre. Généralement, quand les institutions essaient de présenter un artiste, ça m'enrage car ce ne sont que des clichés qui s'alignent les uns derrière les autres. Quand vous n'avez jamais rien fait et que vous commencez, par définition, les gens ne peuvent rien écrire sauf des banalités. Quand vous êtes un tout petit peu plus connu, c'est souvent encore plus stupide car on trimbale[1] des clichés que l'on croit instructifs mais qui sont généralement sans intérêt. Pour revenir à votre question, je n'ai jamais trouvé l'urgence d'une telle chose. Je pense que les choses se font sur de très longs temps et que l'on ne peut pas les manipuler. Se présenter, c'est déjà manipuler quelque chose en dehors du fait de faire un travail. C'est à chaque exposition, mon travail qui se présente, pour le meilleur et pour le pire, c'est ça qu'il faut essayer de connaître sans autre présentation.

Vous voyagez souvent en Amérique. Qu'est-ce qui vous amène là-bas?

J'y suis invité! Je connais les Etats-Unis depuis l'âge de dix-sept ans. J'ai dû y aller plus de cent cinquante fois! Je me suis beaucoup intéressé à autre chose qu'à New York bien que mes amis américains pensaient que j'allais perdre mon temps dans des galeries d'universités! En effet, vers 1965, 1970, il n'y avait que New York en art. J'ai cependant fait beaucoup de choses dans des coins très reculés[2] et perdus et cela m'a non seulement permis de silloner les Etats-Unis du Nord au Sud et de l'Est à l'Ouest mais d'apprendre énormément de choses.

---

1 **trimbaler** : (familier) porter.

2 **reculé** adj. : isolé, difficile d'accès.

Pouvez-vous nous parler des lieux où vous avez travaillé aux USA et nous dire ce que vos œuvres doivent à ces lieux?

Dans la mesure où je travaille toujours sur place, mes œuvres ont un rapport avec des choses que je peux percevoir. Cela peut être immédiatement visible quand il s'agit[1] par exemple de l'architecture ou un peu moins visible quand il s'agit de l'institution, de la collection et peut-être encore moins visible directement mais très en rapport quand je m'intéresse pour des raisons "x", car je ne suis pas objectif quand je fais ces choix, à l'histoire du lieu ou aux corrélations possibles dans l'histoire du lieu. Il y a tout un échantillonnage[2] de possibilités qui font que l'exposition prend telle ou telle allure[3].

Par exemple, il est évident que quand j'ai eu l'idée de faire un travail au Chicago Art Institute, c'était dû à une corrélation entre pas mal de ces éléments. Un, le fait que l'Art Institute est construit sur une voie de chemin de fer, ce qui est assez rare pour un musée. A ma connaissance, c'est le seul. Deux, que les chemins de fer[4] de Chicago ont été parmi les plus réputés du monde avant la dernière guerre quant à leur ampleur vu la situation géographique de Chicago, sorte de plaque tournante du traffic aux Etats-Unis. C'est encore vrai aujourd'hui, mais pour l'aéroport. Il y a donc un rapport assez intéressant entre ces deux éléments en dehors du côté bizarre architecturellement parlant d'un musée dont la galerie principale est un pont qui enjambe[5] le chemin de fer mais qu'on ne voit pas comme tel à l'intérieur du Musée. Il y a une autre fenêtre dans le musée, une énorme baie vitrée[6] qui, elle, donne directement sur les voies de chemin de fer. Cette baie vitrée est toujours occultée. Quand j'ai vu cela, et qu'on a accepté mon projet, on a démoli le mur qu'il y avait devant la baie vitrée afin que je puisse faire un travail sur tous les trains qui passaient devant, sur l'histoire de la ville, sur l'histoire de l'art etc... Ceci jouait à la fois sur la ville de Chicago, sur l'idée du musée, sur la

---

[1] **s'agir de** : être question de.

[2] **échantillonnage** n.m. : quantification, représentation.

[3] **allure** n.f. : aspect.

[4] **chemin de fer** n.m. : rails pour le train.

[5] **enjamber** : passer par dessus.

[6] **baie vitrée** f. : large porte qui fait aussi fenêtre.

vue, sur le temps. C'est un exemple, mais il y en a d'autres, qui montre comment se lient plusieurs éléments, certains visibles, d'autres un peu moins visibles.

Vous réalisez vos oeuvres seulement sur invitation...

Non, pas toujours. Par exemple, pendant plusieurs années, j'ai fait des travaux aux Etats-Unis et en particulier à New York et à Los Angeles sans aucune invitation. J'ai par exemple travaillé très souvent durant les années 70 dans les rues de New York pour faire des séries d'affichages[1] sauvages. J'ai fait aussi des séries de ce que j'appelais *"Ballets in Manhattan"* : avec cinq personnes qui se promenaient avec des 'picket signs' sans inscriptions et tournaient en suivant des chemins pré-établis dans différents quartiers[2] de New York. Je délimitais ainsi des quartiers mais tout cela sans aucune relation avec le musée ou la galerie.

A Los Angeles, j'ai travaillé sur d'énormes panneaux publicitaires comme il y en a là-bas et également sur les bancs des arrêts d'autobus à un moment d'ailleurs où il n'y avait très peu d'autobus, ce qui a un peu changé!

Ce sont là des choses que j'ai faites parce que j'avais envie de les faire sans attendre qu'on m'offre la possibilité d'exposer.

Y a-t-il d'autres espaces aux Etats-Unis où vous aimeriez travailler?

Ce ne sont pas vraiment des espaces mais plutôt des situations. Quant à l'espace ou au lieu, je n'ai absolument pas d'image d'un lieu qui me plairait ou me déplairait plus qu'un autre, ne serait-ce que pour rester frais en face des possibilités. Il arrive qu'on me propose des choses et que je me sente incapable de faire un travail pour des raisons "x". Mais c'est assez rare. Généralement, j'essaie de toujours trouver un travail qu'il serait possible de faire même dans quelque chose de très hostile à mon tempérament. Il y a des lieux qui sont beaucoup plus difficiles que d'autres mais a priori, j'essaie toujours de voir ce qui pourrait en sortir. Il arrive très rarement que je n'aie rien qui me satisfasse et que la chose soit abandonnée.

---

[1] **affichage** n.m. : action de poser des affiches (grandes feuilles imprimées placées sur les murs).

[2] **quartier** n.m. : partie d'une ville ayant une certaine unité.

Y a-t-il des musées dans lesquels vous avez travaillé aux Etats-Unis et que vous avez plus particulièrement appréciés?

Je crois que toutes les fois où j'ai été invité, cela a été très intéressant, mais ce n'est pas particulier aux Etats-Unis. En revanche, ce qui est particulier aux Etats-Unis, c'est qu'il est difficile de pouvoir exposer dans un musée d'art contemporain car il y en a vraiment très peu, surtout peu qui possèdent une collection d'art contemporain digne de ce nom. Et ce, surtout si l'on compare avec la situation en Europe. Il n'y a généralement que les musées d'université qui tentent de faire ce genre d'invitation quoique très rarement, je dois le dire, pour des artistes étrangers. C'est affolant[1] de voir à quel point il est difficile de faire quelque chose si l'on n'est pas américain -et je dis cela sans être frustré car je suis sans doute un des artistes européens à avoir été le plus souvent invité-. Les universités sont les seules, lorsqu'elles ont un bon directeur, à pouvoir faire des choses bien que les moyens[2] soient toujours très petits.

Le système artistique américain est à mon avis absolument déplorable[3]. C'est un peu radical de dire cela, certes. Mais ceci est dit également par les gens qui travaillent aux Etats-Unis et qui savent très bien qu'aujourd'hui, la machine est bien plus grippée[4] qu'il y a seulement vingt ans car les années Reagan ont enlevé[5] une partie des subsides. La situation à ce niveau-là est devenue catastrophique car les musées dépendent des '*trustees*', ce qui veut dire qu'un directeur de musée très valable peut être mis dehors du jour au lendemain simplement parce qu'il n'a pas fait l'exposition que le groupe qui paie voudrait. En Europe, vous pouvez facilement visiter quinze, vingt musées d'art contemporain de première classe avant d'en trouver un aux Etats-Unis à l'exception disons, même de très grosses machines comme Beaubourg ou le MOMA. Je souligne donc deux aspects de ce système : grandes difficultés pour faire quelque chose si l'on n'est pas Américain et objective pauvreté des lieux où c'est possible. C'est peut-être un peu spécial en ce

---

[1] **affolant** adj. : (familier) troublant, inquiétant, étrange.

[2] **moyens** n.m.pl. : capacité financière.

[3] **déplorable** adj. : désastreux.

[4] **grippé** adj. : qui fonctionne avec des difficultés.

[5] **enlever** : sortir.

moment où la crise économique est fortement ressentie aux Etats-Unis. Entre les ligues morales d'un côté et les politiciens qui n'ont jamais étaient très chauds pour encourager la culture et qui essaient d'en faire encore moins...

En plus, aux Etats-Unis, il y a une chose qui est certaine, c'est qu'il n'y a pas de public. Je veux dire par là que les domaines de l'intellect -surtout peinture, sculpture, littérature, philosophie etc.- ne concernent personne. Certes, en Europe, tous les gens que l'on croise dans la rue ne connaissent pas le dernier écrit de Derrida* ou la peinture de Bacon, mais il n'y a pas cette fracture qu'il y a aux Etats-Unis entre les gens qui s'y intéressent -qui existent bien sûr en Amérique et qui sont généralement même très très avertis- et la masse de gens qui n'ont rien à faire avec ça. Ce n'est pas très visible à New York qui est l'exception. Ce n'est pas trop trop visible non plus à Los Angeles ou à Chicago parce que les cercles se forment mais dès que l'on va dans d'autres villes, sans parler de campus à côté des villes, là, on a vraiment l'impression de se trouver, culturellement parlant, sur la lune!

Que pensez-vous de la critique moralisante qui frappe certains artistes aux Etats-Unis?

Une fois de plus, on risque de la voir arriver ici parce que ce sont toujours des choses qui font tache d'huile[1]. Ce ne sera certainement pas aussi fort dans les pays d'origine catholique que dans ceux d'origine protestante. C'est catastrophique: éliminer tel ou tel penseur sous prétexte que, il y a deux mille ans, il n'a pas pris une position ferme contre l'esclavage par exemple me semble en dehors d'autres choses, d'une stupidité affligeante.

Voyez-vous des différences entre les commentaires des critiques français et ceux des critiques américains face à vos œuvres?

D'une façon générale, je pense que la critique aujourd'hui n'existe ni ici, ni là-bas. Les gens qui ont des pertinences historico-critiques sur l'époque n'ont pas la possibilité de les exprimer, c'est-à-dire d'écrire. Si l'on se réfère aux magazines et aux journaux, on est forcé de constater que la critique la plus générale et habituelle

---

[1] **faire tache d'huile** : se répandre, s'étendre, se diffuser.

est très mauvaise. Ce n'est pas de la critique, c'est du journalisme et le plus souvent pas du meilleur. Ceci est valable pour la France, l'Europe et l'Amérique. Il n'y a jamais eu autant de magazines spécialisés mais en même temps, il n'y a jamais eu aussi peu de choses intéressantes à lire dedans.

Pourquoi avez-vous autant écrit sur vos propres œuvres?

Ce que je viens de dire est peut être déjà une réponse? Au début, c'était un besoin que je ressentais. Je pensais que ceux que je connaissais, c'est-à-dire la critique à l'époque où débutais et à Paris, était incapable de dire deux mots sur mon travail. Je voulais voir comment je voyais cela et ce que je pensais que cela voulait dire. Mon écriture répondait aussi à un autre besoin : j'imaginais des choses sur mon travail qui ne pouvaient s'affirmer qu'avec le temps et que j'étais donc le seul à voir. Après, j'ai écrit soit parce qu'il y avait des choses qui m'intéressaient de développer, soit un peu sur des commandes, par exemple lors d'une exposition où il y a un thème, une place dans le catalogue et ou, par la plume, je réagis au thème de l'exposition, à ceux qui l'organisent etc...

Aimeriez-vous faire découvrir certains artistes américains aux Français?

Je peux même dire que j'ai participé à en faire connaître pas mal, sans exagérer! Je n'ai pas de galerie, donc je ne pouvais faire autre chose que de les présenter et de communiquer mon enthousiasme aux directeurs de galeries ou aux conservateurs de musées. J'ai sans doute fait faire la première exposition en France à des personnes comme Lawrence Weiner, Robert Ryman, Carl Andre, Sol LeWitt, Yan Wilson (qui continue à travailler mais qui reste totalement inconnu), Bob Barry, plus récemment Michael Asher, John Knight, Louise Lawler etc...

Y a-t-il eu réciprocité dans ces invitations?

Rarement. Ce n'est pas une question de non volonté. Je pense que c'est plus difficile, la situation étant plus fermée aux Etats-Unis qu'en Europe. D'abord, je croyais que c'était un peu bizarre, que l'on était plus ouvert en Europe et donc que ce qu'on pouvait attendre de l'autre côté n'arrivait jamais. Mais je crois que la situation fait que ça n'arrive pas et ce n'est pas la faute des artistes concernés.

Que diriez-vous à un étudiant américain qui aborde le Palais Royal[1]?

Un étudiant en quoi? Je pose la question parce que si ce sont des étudiants en Art, c'est un peu différent. Tous les autres, a priori, n'ont pas de raison d'avoir de connaissance ni de ça ni de n'importe quoi autour de ça.

Je pense que le mieux, ce serait d'aller sur le sîte et de là, de dire en deux mots comment c'était avant et ensuite d'expliquer ce qui est construit et comment c'est construit. D'une manière générale, si je fais une conférence sur mes travaux, je ne fais pas de description des idées, de tout ce qu'on peut échafauder[2] à partir de quelque chose. Je donne cependant un peu les clés du travail en disant exactement comment c'est fait, et pourquoi c'est fait. Généralement, c'est toujours technique. On peut le constater. Avoir la pièce sous les yeux serait donc un gros avantage. Les explications du pourquoi la pièce a cette forme donnerait, à mes yeux, beaucoup d'armes pour poser des questions et se faire une opinion.

Je pense d'ailleurs qu'on ne peut pas comprendre quelque chose sans aucune connaissance, qu'il faut faire un effort. Je ne crois pas que l'art puisse se comprendre 'comme ça', sans aucune connaissance préalable. Autant je ne crois pas qu'on puisse appréhender[3] une œuvre sans rien, autant je pense qu'on peut faire comprendre n'importe quelle œuvre à quelqu'un qui n'a pas cette connaissance suffisante en y prenant le temps. Si on y arrive bien, on peut même imaginer que cette personne va du coup[4] s'intéresser, avoir suffisamment de possibilités pour regarder ce qui se passe et avoir un jugement en dehors du jugement courant "j'aime ça - je n'aime pas ça" qui ne veut évidemment pas dire

---

1 **Palais Royal** : dans la cour d'Honneur du PalaisRoyal, Daniel Buren a réalisé un travail in situ en 1986 : *Les deux plateaux.*

2 **échafauder** : assembler de façon complexe et peu solide.

3 **appréhender** : saisir, comprendre par l'esprit.

4 **du coup** : par cette occasion, cette fois.

grand-chose et qu'on ose[1] trop souvent proférer[2] au niveau de l'art, même dans les magazines.

Questions

1. Que pensez-vous des critiques de Buren à l'égard du système artistique américain?

2. "L'environnement de la peinture me semble toujours plus important et plus riche que la peinture elle-même". (Buren) Commentez.

---

[1] **oser** : se permettre, avoir le courage.

[2] **proférer** : prononcer.

Idées à développer

I. BUREN PARLE DE SON TRAVAIL ARTISTIQUE

Voici un tract de Buren, Mosset, Parmentier, Toroni distribué comme invitation à leur manifestation le 3 janvier 1967 dans le cadre du salon de la Jeune Peinture.

Puisque peindre c'est...

Puisque peindre c'est un jeu.

Puisque peindre c'est accorder ou désaccorder des couleurs;

Puisque peindre c'est appliquer (consciemment ou non) des règles de composition.

Puisque peindre c'est valoriser le geste.

Puisque peindre c'est représenter l'extérieur (ou l'interpréter, ou se l'approprier, ou le contester, ou le présenter).

Puisque peindre c'est proposer un tremplin pour l'imagination.

Puisque peindre c'est illustrer l'intériorité.

Puisque peindre c'est une justification.

Puisque peindre sert à quelque chose.

Puisque peindre c'est peindre en fonction de l'esthétisme, des fleurs, des femmes, de l'érotisme, de l'environnement quotidien, de l'art, de dada, de la psychanalyse, de la guerre au Viet-Nam.

NOUS NE SOMMES PAS PEINTRES.

Constatez-le, le 3 janvier 1967, 11 avenue du président Wilson.

Paris, le 1er janvier 1967
Buren, Mosset, Parmentier, Toroni

Daniel Buren, © Les Ecrits, vol I. CAPCMusée d'Art Contemporain, Bordeaux,1991, p. 21.

Daniel Buren, lors d'un entretien réalisé en 1972 explique son travail artistique:

"Tout d'abord, et immédiatement, je dois dire qu'il n'y a aucun travail - répétitif ou autre- effectué sur des papiers rayés. Ceux-ci sont employés -ainsi que les tissus- comme moyen et non comme fin. Pour prendre un exemple dans l'art, dire que l'œuvre de Cézanne ce sont les pinceaux et les couleurs qui lui ont permis de faire tel ou tel tableau, que l'œuvre de Michel- Ange c'est un burin, est à peu près aussi stupide que de dire que le travail de Daniel Buren ce sont des bandes verticales. (...) J'emploie donc depuis près de sept années -et à l'exclusion de tout autre moyen/forme-, d'une part des tissus rayés de bandes verticales blanches et colorées sur lesquels un certain travail peint est effectué (généralement le recouvrement des deux bandes blanches extrêmes par de la peinture acrylique blanche), puis ces tissus une fois peints sont présentés d'une façon spéciale et appropriée à chaque contexte (pouvant être découpés, cousus, et prendre n'importe quelle forme externe et également être installés avant d'être peints); d'autre part, des papiers rayés blancs et colorés (identiques aux tissus quant à l'espacement des bandes) ou depuis peu des papiers transparents et colorés, collés sur toutes sortes de supports -vitrines, murs, panneaux publicitaires, édifices publics, etc. -selon les moments choisis, le sens du discours entrepris... On peut à ce sujet ajouter qu'ayant choisi une telle forme comme moyen -un tel *outil* de travail -ce n'est certainement pas pour parler de la pluie ou du beau temps ou de quelque problème de métaphysique. Pour un observateur superficiel il n'y a aucune différence formelle du tissu au papier. Pour un observateur plus attentif, il y a non seulement des différences visuelles dues à la texture du moyen utilisé mais aussi et surtout des différences de significations. Pour cette raison l'utilisation de l'un ou l'autre des moyens que je viens de décrire dépend de la situation dans laquelle ils vont s'inscrire. Théoriquement leur utilisation est tellement spécifique (dictée par l'endroit choisi, par le développement du discours...) que l'on ne peut jamais remplacer l'un par l'autre (si même techniquement cela était possible) sans changer également le sens du discours entrepris. (...)

Mon travail (...) va utiliser les "qualités" des matériaux décrits -matériaux dont la "qualité" première est d'être formellement impersonnels et extrêmement souples d'emploi et qui, de plus, ne disent rien en dehors de ce qu'ils sont- pour pouvoir questionner tour à tour les lieux très différents avec lesquels ils vont être confrontés et par la suite les révéler dans un premier temps par le contexte lui-même. En fait et pour être plus précis, c'est l'endroit et les matériaux qui y sont placés qui forment simultanément ce que l'on pourrait appeler le "travail" et s'il y a bien une infinité d'endroits existants possibles, des milliards de lieux qui pourraient être utilisés, lieux, espaces, endroits qui existent bien évidemment en dehors du travail que je pourrais y effectuer, il n'y a pas un seul travail qui n'ait besoin d'un lieu spécifique pour "exister", c'est-à-dire être vu. J'aimerais profiter de cette occasion pour revenir sur une interprétation fallacieuse qui a été généralement faite au sujet de la description formelle du matériau utilisé lors de mes premières expositions. Si j'ai souvent employé depuis 1967, pour accompagner le travail effectué, des descriptions du genre : "On peut voir des bandes verticales blanches et colorées alternées qui ne sont que des bandes verticales blanches et colorées alternées qui reportent à des bandes verticales blanches et colorées alternées qui ne sont que...", ce n'était évidemment pas pour justifier l'œuvre comme un tout "en soi" n'ayant rien à dire d'autre que A=A et tomber ainsi dans l'admiration de son propre reflet jusqu'à l'infini, mais plus exactement me servir de cette tautologie pour enfin détourner les regards alentours, c'est-à-dire enfin ne plus être obnubilé par l' "œuvre" comme un tout mais au contraire comme partie d'un tout, ou plutôt d'un ensemble, ce qui est bien différent, on en conviendra bien aisément. Faire donc la description formelle et redondante, presque exhaustive, de l' "objet" utilisé, c'est d'une part, bien insister sur le fait qu'en soi, cet objet ne dit rien et ne veut rien dire de plus ni de moins que ce qu'il est -la description correspondant presque exactement avec ce que l'on voit (on pourrait y ajouter la taille exacte des bandes, la qualité du matériau) - et d'autre part que si A=A ne dit rien de ce qu'est A, c'est bien qu'il faut voir "ailleurs" ce dont on parle. Cela veut dire aussi que si l'on regarde non plus ce que j'ai défini précédemment comme étant mon travail mais seulement le matériau utilisé comme œuvre finie (peinture, sculpture, objet ou tout ce que l'on voudra), on n'aura rien à en dire de plus que ce qu'il est -ce matériau- c'est-à-dire qu'à poser l'axiome A=A, ou si l'on veut: zéro. C'est ce "zéro" axiome de départ, que la critique prend comme fin pour tenter de ridiculiser un travail sur lequel en fait elle se casse les dents. Car comme mon travail ne peut s'appréhender de cette façon, le réduire à cette description, c'est fondamentalement ne pas en parler. Car le moyen employé -seul- n'existe pas. C'est ce que voulait dire A=A. C'est ouvrir le discours sur un autre champ, à savoir celui du rapport qui se crée entre A et son lieu. Champ énorme qui englobe tour à tour l'histoire, l'objet, la topologie, la philosophie..., selon le ou les aspects considérés. (...) Cette insistance depuis le début sur le fait que le moyen choisi n'a rien à dire "en soi", c'était pour signifier : attention! il ne s'agit plus d'une peinture ni même d'un objet aux sens habituels qu'une œuvre d'art, qu'elle qu'elle soit, remplit.

Daniel Buren, © Les Ecrits, vol I. CAPCMusée d'Art Contemporain, Bordeaux,1991 pp. 239-242.

Questions

1. Selon quels critères direz-vous d'un travail qu'il est 'artistique'?

2. Quels sont les artistes d'art contemporain que vous appréciez? Pourquoi?

3. "L'œuvre doit libérer le regard et non l'asservir". (Buren). Commentez.

II. L'ART AUJOURD'HUI

Jean Molino, de la revue Esprit s'interroge sur les critères d'appréciation esthétique en art contemporain:

Dans ce monde les images ont une place capitale : elles sont déjà partout, sous toutes les formes, naturelles ou artistiques, mais aussi artificielles. Il y a la photographie, les clips, les mondes virtuels que nous promettent les images de synthèse, l'éclat virevoltant des fractales et du chaos, la transavantgarde italienne des Sandro Chia, Francesco Clemente et Mimmo Paladino, le néo-expressionnisme allemand d'Anselm Kiefer et Rainer Fetting, le postmodernisme et Steve Howley ou David Ligare, sans compter les rétrospectives, les classiques, et les classiques de la modernité. Comment s'y reconnaître? Le grand avantage de l'époque que nous vivons est que, débarrassés de l'hypothèque d'un développement linéaire et dialectique, nous ne sommes plus tenus de croire que "plus c'est nouveau, plus c'est beau"... Par ailleurs la diversité des œuvres, des formes, des réalisations a le mérite de nous rappeler la grande leçon que l'on peut tirer de la théorie des rasas :

les images sont susceptibles d'éveiller en nous toutes sortes d'affects, du plaisir au dégoût, de la honte à la surprise, de la colère à l'émerveillement. Et c'est pour longtemps sans doute qu'il nous faudra vivre dans la confusion, dans la complexité: il y a peu de chances qu'un unique "style international" s'impose à la création. J'ai tout à l'heure mêlé images techniques et images artistiques : est-ce pour en annuler la différence? Non, mais ici encore, je crois que nous assistons à une redistribution des rôles : le technicien-ingénieur entre sur le terrain de l'artiste comme ce dernier s'installe dans le domaine du publicitaire et joue, construit, transforme grâce à la technique, les grands créateurs de la Renaissance n'étaient-ils pas en même temps orfèvres, artisans, techniciens, architectes, peintres et décorateurs mais aussi hommes de science?

C'est vrai, il y a de tout partout et c'est le règne du n'importe quoi, mais j'ai le droit de choisir ce qui me plaît, j'ai le droit et le devoir de porter des jugements de valeur et de dire que ça c'est mauvais et que ça, en revanche, c'est bien, c'est -il faut le dire et pourquoi avoir peur - beau. Il y a trop d'images, trop de couleurs, trop de formes, trop de styles, mais je puis me fabriquer mon musée personnel : pourquoi me forcer à aimer le Picasso de 1925-1930 si je ne l'aime pas, si je ne le trouve pas beau? Et je ne suis pas sûr que Picasso soit le plus grand peintre du siècle : l'inclassable Klee, qui numérotait avec un soin de comptable ses moindres œuvres et qui écrivait des choses si étranges, qui ne devait rien à aucune école, à aucun "isme" à la mode, est sans doute plus près de notre seconde modernité.

Comme dans un clip, les images tournent et virevoltent et nous sommes submergés. Est-ce à dire que l'art n'a plus de sens? Non, la seule différence est que son statut n'est plus garanti par une instance extérieure, par un sens absolu qui lui servirait de fondement et de justification. Certains regrettent que se soit partout diffusée, de la morale à l'art et à la littérature, la formule de Dostoïevski : si Dieu n'existe pas, tout est permis. Kandinsky l'avait transposée au domaine de l'art : "L'artiste a non seulement le droit mais le devoir de manier les formes de la manière qu'il juge nécessaire pour atteindre ses buts." Certes, il ajoutait aussitôt que la "liberté sans limites qu'autorise cette nécessité devient criminelle dès qu'elle ne se fonde pas sur cette nécessité même", mais ce "principe de la nécessité intérieure" ne repose que sur le fait absolu du créateur. Le sens ni la forme ne sont donnés, ils sont à construire et cela n'empêche pas, n'empêchera pas l'éclosion de grandes œuvres au milieu du fatras.

© Esprit, juillet-août 1991, p. 107-108.

Question

Si le statut de l'art "n'est plus garanti par une instance extérieure, par un sens absolu qui lui servirait de fondement et de justification", de quels critères d'appréciation esthétique usons-nous pour juger l'art contemporain?

Bibliographie

Esprit, "L'art aujourd'hui", juilet-aôut 1991.

"La crise de l'art contemporain", février 1992.

Daniel Buren, Les Ecrits (1965-1990), CapcMusée d'art contemporain de Bordeaux, Bordeaux, 1991.

E. Gombrich, Histoire de l'art, Paris, Flammarion, 1990.

Annexe

Pratiques culturelles des Français :
visite des musées et lieux d'expositions

Proportion des Français âgés de 15 ans et plus qui ont visité un musée au cours des 12 derniers mois................	30%
-un musée des beauxarts ou d'art moderne...............................	16%
-un musée scientifique et technique..	9%
-un écomusée ou un musée d'arts et traditions populaires.................	11%
-un musée spécialisé (de la mode, de l'automobile, du jouet...)	9%
-autre...	3%
-dans la commune ou la région de résidence...............................	14%
-au cours d'un séjour ou de vacances en région parisienne...............	10%
-dans une autre région française..	12%
-à l'étranger..	7%

Les pratiques culturelles des Français 1988/1989 © INSEE

Bourges

Photographie © Eva Sanz

Deuxième partie

France/Etats-Unis : miroirs

L'Amérique est apparue au cours des années 70-80 comme "le laboratoire social économique et idéologique du futur". Les analyses d'écrivains et de journalistes tels que Jean-François Revel, Michel Crozier, Jean-Jacques Servan-Schreiber offrent des témoignages de cette mythologie des Etats-Unis "frontière" vers laquelle L'Europe tend. On retrouve, dans les interviews ici proposées, l'image d'une Amérique qui inspire la France, notamment en matière scientifique (voir l'interview de JacquesJoussot-Dubien et de Noël Mamère) et en matière journalistique (interview de Jean-Luc Hees). Mais l'Amérique apparaît également comme modèle à éviter soit par idéologie (interview de Noël Mamère), soit parce que la réalité sociale et culturelle américaine est conçue comme fondamentalement différente de la réalité française (interview d'Elisabeth Badinter).

L'Amérique donc, attire et repousse. Lorsqu'elle attire, il faut voir en cela selon Michel Serres, philosophe et académicien, l'expression d'un trait caractéristique des Français: ils adorent critiquer leur propre société. "L"Amérique réelle n'est pas en jeu dans le processus d'admiration et de dépréciation conjuguées qui entraîne une révérence absurde et un type d'importation exaspérée très préoccupant (...). Ce qui m'inquiète, c'est le comportement des Français, ou, du

moins, des médias et des gens qui gouvernent l'état des choses en France. Ils cultivent et exaltent l'image d'une Amérique qui n'a rien à voir avec le pays que je pratique depuis bientôt un quart de siècle. Et cette image leur sert d'exemple à contrario, de référence paradisiaque pour mieux s'adonner à cette passion si étrange, si dévastatrice et si française : dire du mal de son pays".
(Le Point 21-3-92).

Lorsque l'Amérique est repoussée, les Français estiment alors que leur civilisation incarne des valeurs universelles qu'ils doivent maintenir : "Les Français, comme les Américains, se définissent moins par leurs origines ethniques que par leur volonté de former une nation. (...) Les Français, depuis fort longtemps, naissent moins français qu'ils ne le deviennent par la culture et l'éducation. C'est la même chose pour les Américains. La France et les Etats-Unis sont par essence deux nations fondées sur un contrat social, ce qui les porte naturellement à raisonner en termes de projet de société. D'où cette constante rivalité idéologique entre nos deux pays". (Guy Sorman, L'Amérique dans les têtes, Paris, Hachette, 1986, p. 261)

Ce que les Français critiquent à travers l'Amérique, ce n'est donc pas tant l'Amérique réelle que le reflet de certains aspects de leur propre culture et civilisation. "Il semble même que chacun, Américain ou Français, ait parfois tendance à juger l'autre par opposition à soi-même : on lui attribue un défaut inverse de celui que l'on se soupçonne plus ou moins confusément d'avoir, tout en s'arrogeant la qualité opposée. (...) Ce jeu de miroirs entre qualités et défauts se prête à la généralisation, à l'exagération et finalement à la déformation". (Richard Armand, L'Amérique dans les têtes, p. 168) R. Armand traduit ce phénomène de miroir que l'on peut retrouver implicite dans les interviews en un tableau basé sur un discours imaginaire:

Le Français		L'Américain	
Je suis	*Tu es*	*Je suis*	*Tu es*
cultivé	spécialisé	professionnel	amateur
imaginatif	simpliste	concret	improvisateur
individualiste	rigide	animé d'esprit d'équipe	indiscipliné
subtil	brutal	dynamique ·	indécis
un vieux renard	un grand enfant	un aigle	une grenouille
un vrai Français	an ugly American	true American	bien français

C'est aussi par rapport à la notion-même de modèle que l'on peut comprendre ce phénomène français d'attrait et de distanciation face à l'Amérique : il n'y a qu'un pas à faire pour voir l'Amérique comme modèle et la voir comme menace, puis comme défi. On note en effet, lorsque l'on retrace dans l'histoire les réactions des Français face à l'Amérique, qu'elles sont de nature conjoncturelle. Aujourd'hui la France, préoccupée par la contruction de l'Europe, trouvera peut-être une autre modalité de rapport avec les Etats-Unis.

Tableau 1

Le match Europe-Etats-Unis

* Pour 50% des Français, la Communauté européenne est avant tout un ensemble économique, pour 20% en ensemble géographique.
* 38% d'entre eux estiment que les Etats-Unis sont l'ensemble le plus puissant sur le plan économique, 17% pensent que c'est l'Europe des Douze. Les proportions sont pratiquement inversées à l'échéance de vingt ans (37% pour la CE, 14% pour les Etats-Unis)
* 48% estiment que l'Europe des Douze est l'ensemble le plus en avance sur le plan des sciences et de la culture, (27% pour les Etats-Unis)
* 81% estiment que l'Europe des Douze est l'ensemble où l'on est le plus heureux, (9% pour les Etats-Unis).
Au total, en prenant en compte tous les facteurs (militaire, économique, scientifique).
* 55% des Français pensent que les Etats-Unis sont actuellement la première puissance mondiale (16% pour l'Europe), mais 40% estiment que dans vingt ans, ce sera l'Europe des Douze (21% pour les Etats-Unis).

Source : Le Figaro/Louis Harris, mars 1989

Et le temps passe

Photographie © Eva Sanz

Chapitre 1

Situation des femmes en France

Elisabeth Badinter, *féministe, est auteur de plusieurs livres sur les femmes. Elle a démontré, dans L'Un est l'autre, que nous vivons actuellement une véritable mutation d'un modèle d'opposition entre hommes et femmes à un modèle de ressemblance des sexes.*

Cette interview est en grande partie structurée autour de comparaisons entre les expressions du mouvement féministe français et américain. C'est avec force qu'elle défend qu'il n'y a pas en France de guerre des sexes, au risque de s'opposer à certaines formes de féminisme américain. Son discours, parfois critique, constitue un témoignage personnel et nous convie à réfléchir sur l'évolution des relations entre hommes et femmes.

Argument
Les expressions du rapport homme/femme diffèrent en France et aux Etats-Unis. On constate chez les féministes françaises une volonté de ne jamais rompre avec les hommes afin de maintenir une complicité entre les deux sexes. Aux Etats-Unis par contre, la relation homme/femme est une relation à vif.

Interview

Vous avez beaucoup écrit sur les femmes et leur histoire, qu'est-ce qui a motivé ces travaux ?

Elisabeth Badinter : Certainement un intérêt personnel - je suis une femme. C'est aussi ma génération qui s'est le plus intéressée aux femmes, parce que c'était une époque charnière[1] : la période avant contraception et après contraception. A cette période d'avant contraception, il est certain qu'il y avait, même si cela se faisait ressentir moins fort en France que dans d'autres pays, une inégalité réelle des sexes. Je m'applique à moi-même le principe de Tocqueville*, c'est-à-dire : qui fait la Révolution Française*, et qui fait la révolution féministe, ce sont d'abord les plus favorisés[2] du point de vue culturel. La Révolution Française a été déclenchée[3] par la haute bourgeoisie qui était gênée[4] par la supériorité des nobles. Je fais partie de ces gens qui ont été très favorisés à tout point de vue depuis la naissance, y compris[5] du point de vue de l'égalité des sexes. J'avais un père très encourageant, très stimulant pour ses filles. Je sentais toutefois que la société elle, n'était pas aussi favorable aux femmes, et cela m'a semblé insupportable[6]. Ce sont les gens qui sont le plus près du meilleur qui supportent[7] le moins bien la moindre frustration. Je fais partie de ces gens-là : féministe parce que j'étais extraordinairement sensible au discours inégalitaire même voilé[8]. Je suis donc devenue féministe bien que je n'aie pas eu, dans ma vie privée, de revanches[9] à prendre contre les hommes.

---

1 **charnière** n.f. : point de jonction.

2 **favoriser** : avantager.

3 **déclencher** : mettre brusquement en action.

4 **gêner** : constituer un obstacle.

5 **y compris** : en y incluant.

6 **insupportable** adj. : que l'on ne peut pas accepter, intolérable.

7 **supporter** : accepter, subir.

8 **voilé** : dissimulé, non direct, obscur.

9 **revanche** n.f. : action de rendre la pareille pour un mal que l'on a reçu. Se venger.

Vous dites : "je suis féministe". Qu'est-ce que cela veut dire pour vous ?

L'égalité des sexes. Etre féministe, c'est ne pas supporter le moindre handicap social, économique, psychologique, familial pour les femmes. C'est vouloir qu'hommes et femmes aient exactement les mêmes chances et les mêmes accès. Je mesure bien que la chape[1] de plomb[2] qui a pesé sur les épaules des femmes est une injustice épouvantable[3]. Il a fallu très longtemps pour que je pardonne aux hommes le sort[4] fait à la majorité des femmes dans l'histoire. J'écris à présent un livre sur l'homme[5] pour comprendre pourquoi cela s'est passé[6] ainsi.

Quelles sont vos relations avec les Etats-Unis. Vos livres ont-ils été traduits ?

Oui, mes livres ont été traduits sauf Emilie, Emilie. Le Condorcet est en cours de traduction à Yale University Press. Mes rapports avec les Etats-Unis sont profondément affectifs[7]. Un an après mon bac, j'ai étudié à Columbia où je suivais des cours de littérature, de civilisation anglaise et américaine. En même temps, je faisais des stages[8] professionnels. J'ai passé un mois au New York Times. C'est un souvenir saisissant[9] pour la jeune fille que j'étais. J'ai travaillé dans des agences de publicité. J'ai pour les Etats-Unis cette tendresse immense et éternelle que peut avoir une adolescente pour un pays qui lui apporte la liberté, la rupture avec les

---

[1] **chape** n.f. : objet recouvrant qqch., enveloppe

[2] **plomb** n.m. : métal très lourd.

[3] **épouvantable** : terrifiant

[4] **sort** n.m.: condition d'une personne résultant des événements et spécialement d'une situation matérielle.

[5] XY: de l'identité masculine. Paris, Editions Odile Jacob, 1992.

[6] **se passer** : avoir lieu, se produire.

[7] **affectif** adj. : émotionnel, sentimental.

[8] **stage** n.m.: période d'étude pratique.

[9] **saisissant** adj. : étonnant, frappant.

parents, etc... J'aime profondément les Etats-Unis ou je les aimais profondément parce que maintenant je les connais moins bien. Je suis devenue plus critique à l'égard[1] de l'évolution actuelle des Etats-Unis. Mais cette affection demeure. J'étais très bien à New York. J'ai établi de nombreux liens[2] avec des tas de gens. C'était très chaleureux.

Depuis, mes rapports se sont beaucoup espacés. Je dois y retourner tous les ans ou tous les deux ans simplement pour des raisons professionnelles : un colloque ici, un cours là, une conférence. Mes rapports avec les Etats-Unis consistent plutôt maintenant en un rapport avec les universitaires américains - pas forcément[3] des féministes - qui sont des amis à Princeton, à Yale ou en Californie. J'entretiens bien sûr des rapports particuliers avec les universitaires féministes, les femmes des Womens' studies. Cependant, depuis la publication de L'Un est l'autre qui a été traduit aux Etats-Unis, nous ne sommes plus sur la même longueur d'onde. Le mouvement féministe américain, en tout cas celui qui se fait entendre, n'est certainement plus le mien. J'ai un vrai conflit idéologique avec des gens que j'estime[4] par ailleurs, sur nos conceptions mutuelles du féminisme. Je date cet écart des années 88-89. La rupture a été véritablement consommée au moment du harcèlement sexuel et du Juge Thomas. J'ai publié un article qui a créé, avec certaines, une véritable brouille[5]. Je considère en effet que le concept de harcèlement sexuel tel qu'il a été défini aux Etats-Unis est une aberration qui, à mon sens,[6] met en cause[7] les relations hommes et femmes de façon extrêmement grave. Je suis très hostile à ce concept, étant favorable par ailleurs à ce qu'il y ait

---

1 **à l'égard de** n.m.: envers, avec.

2 **lien** n.m. : ce qui unit plusieurs choses entre elles, un rapport.

3 **forcément** : de manière obligatoire, nécessaire.

4 **estimer** : respecter.

5 **brouille** n.f. : désunion, désaccord dont les causes sont peu importantes.

6 **à mon sens** : à mon avis, selon moi.

7 **mettre en cause** : mettre en question.

une loi sur le chantage[1] sexuel dans les lieux de travail. Je ne conçois[2] cependant pas que l'on sorte de cette problématique pour considérer comme harcèlement[3] sexuel des paroles ou un regard. Selon moi, c'est un reliquat[4] d'une alliance objective entre deux courants américains qui s'opposent d'habitude : c'est la conjonction entre les féministes radicales et le puritanisme de droite, le "moral majority ". Il y a là une conjonction objective entre eux, ils se renforcent l'un l'autre. Pour ma part, je considère ce point de vue puritain comme une source supplémentaire de guerre entre les sexes. Je suis pour qu'on élève[5] les filles de manière à se défendre verbalement contre des agressions verbales. Je dis souvent à mes élèves qu'il y a des mots qui tuent plus que n'importe quoi!

Autre différence immense entre les féministes américaines et moi : elles sont à vif[6]! La relation homme/femme est une relation à vif! Mes amies de Stanford, qui sont des pures et dures me disent ceci : "En France c'est différent car il y a toujours cette galanterie, cette connivence[7] entre les sexes. Au nom de cette galanterie, vous n'avez jamais poussé la guerre jusqu'au bout, d'ailleurs vous n'en avez pas besoin". Je réalise que ce rapport entre hommes et femmes dans le monde anglo-saxon est radicalement différent de ce qui se passe en France. Si vraiment on peut parler d'exception française, c'est dans cette histoire de rapport des sexes. Pour le travail que je fais en ce moment, je me suis intéressée à deux crises de la masculinité dans l'histoire : celle qui a eu lieu en France et en Angleterre au XVIe siècle, et celle qui a eu lieu plus largement dans tout le monde occidental à la fin du XIXe et au début du XXe siècle. Ces périodes de graves remises en cause de l'identité masculine ont ouvert un discours très guerrier entre hommes et femmes. Cependant, quand on regarde au XVIIe ce qui se passe en France et en Angleterre, c'est le jour et la nuit. Les femmes en France ont tenu un discours féministe, ont

---

[1] **chantage** n.m. : action d'essayer d'obtenir qqch. de qq. en exerçant une pression morale.

[2] **concevoir** : imaginer.

[3] **harcèlement** n.m. : pression, attaque.

[4] **reliquat** : ce qui reste à payer.

[5] **élever** : éduquer.

[6] **à vif** : être irrité, sensible à tout.

[7] **connivence** n.f. : entente secrète entre des personnes en vue d'une action.

remis en cause l'identité des hommes en leur disant qu'ils se conduisaient[1] comme des goujats[2] et qu'il faudrait changer. Leur réponse a été de dire qu'effectivement, on devrait peut être faire quelque chose. En Angleterre par contre, le discours était un discours de guerre. Quand j'ai analysé la crise de la masculinité aux Etats-Unis, en Allemagne, en Autriche, en France et en Angleterre à la fin du XIXe, j'ai constaté une différence inouïe[3]. La crise est partout, mais elle n'est pas résolue de la même façon en France.

Il y a donc une longue tradition différentielle entre le rapport homme/femme en France et le rapport homme/femme dans le monde anglo-saxon. Même aux périodes du féminisme dur, du MLF* dans les années 70, on n'a jamais rompu[4], il n'y a jamais eu de véritable rupture entre les sexes parce qu'il y a cette volonté très claire chez les hommes et les femmes en France de toujours conserver[5] l'amour de l'autre. Ce n'est pas du tout la préoccupation majeure des Américains. Il y a là une vraie dissociation qui empire[6] en ce moment à cause de cette poussée radicale qui fait alliance avec la "Moral majority" alors qu'elle était plutôt cachée il y a dix ans. Voici un exemple concret. J'étais à un colloque à Columbia en 87 ou 88 et je me souviens que j'avais rendez-vous avec le président du département de Droit[7]. Quand je suis arrivée dans son bureau, j'ai fermé la porte. Il s'est levé pour ouvrir la porte. J'avais un courant d'air, je me suis relevée pour fermer la porte et au bout de deux fois, il m'a dit : "Ecoutez Madame, je suis obligé de laisser la porte ouverte". Cette suspicion constante est pour moi insupportable[8]. Je ne perçois pas les hommes en priorité comme des ennemis potentiels, mais plutôt comme des amis. Je suis en connivence réelle avec eux. Cela ne m'est pas particulier. Là, il y

---

[1] **se conduire** : agir de telle ou telle façon.

[2] **goujat** n.m. : personnage qui se conduit grossièrement, surtout envers une femme.

[3] **inouï** adj. : incroyable.

[4] **rompre** : cesser d'être en relation d'amitié.

[5] **conserver** : garder, préserver.

[6] **empirer** : se détériorer.

[7] **droit** n.m. : ensemble des lois qui règlent le rapport des membres d'une société.

[8] **insupportable** adj. : intolérable.

a une différence de civilisation qui est en train de prendre toute son évidence aujourd'hui.

Quelle position prenez-vous dans la bataille du "politically correct"?

Ma position, c'est qu'il faut s'en tenir[1] aux lois de la République et de la démocratie : le racisme et le sexisme sont interdits par la loi. Il faut respecter ces lois. Cela ne va pas plus loin. L'idée par exemple de se casser la tête[2] pour trouver un cours sur la civilisation de l'Antiquité au Kenya parce que c'est "*politically correct*" me semble absurde. L'autocensure permanente à laquelle il faut se livrer aujourd'hui est insupportable. Si on fait un cours sur l'origine de la sociologie en Europe au XIXe, il n'y a pas de sociologues féminines qui soient à l'origine de la sociologie. Et bien tant pis[3] ! Si je fais un cours sur la sociologie, je ne peux pas admettre que l'on m'oblige à citer[4] des femmes s'il n'y en a pas. Tout cela me heurte énormément. J'appelle cela de la censure[5] à l'envers[6]. S'il n'y avait pas d'intellectuels africains au XIXe, je n'y peux rien. C'est de la faute de qui on veut, et pas nécessairement uniquement des blancs. Je suis hostile à l'idée d'une pensée convenable[7] car c'est le contraire de la pensée. La pensée, la réflexion, ne sont pas là pour faire plaisir. Elles sont là pour poser des questions. Cette espèce d'unification vers ce qui est correct me semble une chape de plomb sur la réflexion. Cela ne veut pas dire pour autant que j'épouse les thèses de la droite américaine, car je sais que les gens de gauche disent que s'opposer au *politically correct* mène à rejoindre l'extrême droite. Ce n'est pas mon problème.

Dans L'Un est l'autre, vous démontrez le passage du modèle de

---

1 **s'en tenir à qqch** : ne faire, ne vouloir rien de plus.

2 **se casser la tête** : se tourmenter pour trouver une solution.

3 **tant pis** : dommage.

4 **citer** : nommer, indiquer.

5 **censure** n.f. : condamnation d'une opinion, d'un texte après examen.

6 **à l'envers** : dans un sens opposé au sens normal.

7 **convenable** adj. : approprié.

complémentarité entre l'homme et la femme, à celui d'égalité. Comment cela se manifeste-t-il dans les deux sociétés?

Je pense que les Américaines ont été assez en avance dans le modèle de la ressemblance, par des a priori politiques et des exigences[1] qui à mon avis ont anticipé celles des Françaises. Les Américaines étaient plus beauvoiriennes[2]* que les Françaises. En Amérique, elles n'ont pas du tout été sensibles pendant les années 70 à la revendication[3] de la différence. Elles le sont maintenant.

Quelle chance le rapport amoureux a-t-il dans cette évolution ?

Il est certain que le rapport amoureux est plus exigeant[4] et surtout, qu'il n'est conforté par aucune nécessité d'ordre extérieur. En cela, il est plus fragile en apparence. Mais je pense franchement qu'il n'y a pas plus de couples aujourd'hui qui vivront un grand amour qu'avant. Simplement avant, on était obligé de rester avec l'autre, on ne se posait pas la question. Aujourd'hui, pour rester en couple volontairement[5], avec plaisir, on se fonde[6] uniquement sur le fait que la relation à deux est satisfaisante ou non. Mais, je suis convaincue qu'il y a cent ans, il y avait le même nombre de couples qui arrivaient, non par nécessité mais par plaisir, à aller jusqu'au bout[7] à deux. Aujourd'hui, la sanction c'est la séparation. Aujourd'hui comme hier, chacun d'entre nous rêve à un amour éternel avec la même personne. Ni plus ni moins d'hommes et de femmes n'y arrivent. Si vous me demandez quel modèle je préfère, je vous réponds de suite, le nouveau. A cet égard, les femmes américaines ne sont pas très différentes des femmes françaises. Elles ont les mêmes exigences, les mêmes problèmes de la double journée de

---

1 **exigence** n.f. : nécessité.

2 **beauvoirienne** : fidèle à Simone de Beauvoir.

3 **revendication** n.f. : action de demander ce que l'on considère comme un droit.

4 **exigeant** adj. : difficile, délicat.

5 **volontairement** : délibérément.

6 **se fonder sur** : se baser sur.

7 **bout** n.m. : la fin.

travail, du fait qu'il faut harceler[1] les hommes pour qu'ils fassent leur part.

Quelle explication donnez-vous au fait que les "Women's studies" n'ont pas d'équivalent dans les universités françaises?

Il y aurait pu y en avoir en France il y a dix ans. A présent, il n'y a pas de demandes extrêmes de la part des femmes français d'être reconnues en tant que femmes. Il y a donc un département d'histoire des femmes à l'Université de Paris VII, quelques équipes[2] au CNRS (Centre National de la Recherche Scientifique*), mais comparé aux USA, cela n'est rien. Maintenant, il y a des "Men's studies" aux Etats-Unis. On ne s'est jamais occupé de l'homme en France car le problème de l'identité masculine ne se pose pas avec acuité. Il reste encore dans le non-dit. Les féministes américaines ont remis en cause[3] la virilité des hommes la jugeant agressive, violente, mortelle, etc... Les hommes se sont sentis extrêmement mal. Ils se sont à leur tour mis en état d'interrogation sur eux-mêmes, ce que je trouve très intelligent et très important. Le phénomène existe en Angleterre, aux Etats-Unis, en Australie, dans les pays nordiques. Il n'existe ni en Allemagne, ni en France parce que les problèmes sont moins aigus[4], moins douloureux, au prix d'une rupture. De toute façon les "Women's studies", à mon avis, ont déjà dit l'essentiel.

En France nous considérons, et c'est une différence avec l'Amérique, que nous avons tout obtenu[5] du point de vue du droit. Ceci ne veut pas dire que le droit est appliqué. A part les féministes dures, et il n'y en a presque plus en France, (il n'y a plus de presse féministe). Il semblerait que l'on ait compris, implicitement, que c'était à nous, individus particuliers, de faire respecter cette évolution personnellement avec les gens qui nous entourent[6]. Nous sommes dans

---

[1] **harceler** : critiquer quelqu'un, attaquer par des moqueries.

[2] **équipe** n.f. : ensemble de personnes travaillant ensemble.

[3] **remettre en cause** : remettre en question.

[4] **aigu** adj. : fort, violent.

[5] **obtenir qqch** : se faire donner qqch.

[6] **entourer** : être près de, avec.

la phase où il faut dans le quotidien[1], dans le familial, dans le professionnel, faire appliquer nos droits. Nous faisons cela tant bien que mal, sans arriver ni aux procès[2], ni aux ruptures. Tout doucement, nous essayons de changer nos fils, nos maris, nos amants[3]. Ça ne va pas tout seul. Certes[4] cela est source de conflits. Mais en France les conflits, on les garde à l'intérieur, entre soi, on ne saisit pas l'extérieur pour les régler. On fait souvent en sorte de ne pas arriver jusqu'à ces conflits en cédant[5] du terrain.

Je dis que la révolution féministe, c'est la plus grande révolution de tous les temps, bien plus que tous les communismes, parce que l'on fait changer les hommes. Mais on les change à un rythme biologique parce qu'on ne peut pas faire autrement. On ne peut pas changer les êtres que l'on aime en les mettant dans des goulags. C'est donc un changement qui se fait à dose homéopathique mais qui se fait. Le meilleur exemple pour mesurer ce rythme, c'est l'écart[6] des salaires. Le rétrécissement[7] de l'écart des salaires est très lent, mais toujours dans le même sens. Cela me laisse penser, étant donné ce que nous avons rétréci comme écart des salaires en vingt ans (à peu près 10% sur les 30-35%), qu'il faudra environ deux générations pour arriver à l'égalité.

Je me suis interrogée sur cette différence si grande entre le rapport homme/femme américain et le rapport homme/femme français. Pourquoi les femmes et les hommes ont-ils si peur l'un de l'autre, et pourquoi cela est moindre en France? Bien que non confirmée, mon hypothèse est la suivante. Le duo mère-fils me semble plus pesant[8] en Amérique qu'en France. Il n'y a aucun équivalent en France au "Mama's boy", à cette angoisse pour l'enfant mâle de ne pas pouvoir se dégager d'une mère jugée étouffante, castratrice, toute puissante à tort ou à raison. Le rapport mère-fils est en France moins opprimant pour les fils qui ont

---

1 **quotidien** n.m. : chaque jour.

2 **procès** n.m. : instance devant un juge sur un différend, un litige.

3 **amant** n.m. : celui qui a des relations sexuelles avec une femme avec qui il n'est pas marié.

4 **certes** : bien sûr.

5 **céder** : cesser d'opposer une résistance morale ou physique.

6 **écart** n.m. : distance qui sépare des choses.

7 **rétrécissement** n.m. : diminution.

8 **pesant** adj. : lourd, contraignant.

moins de comptes à rendre[1], moins de comptes à régler[2] avec les femmes. Ils sont moins étouffés[3] par leurs mères parce que les mères sont plus indépendantes. Ce serait intéressant de faire une étude sociologique, psychologique comparée même avec des cas cliniques mère-fils aux Etats-Unis et en France pour voir de quoi ils se plaignent[4], comment sont les mères, dans quoi elles investissent, etc... et comment comment le ressentent les fils.

Y a-t-il une femme américaine que vous admirez plus particulièrement?

Il y en a beaucoup. J'ai une grande admiration pour les universitaires. Je trouve qu'elles travaillent magnifiquement. J'ai été très admirative des travaux de Kate Millet ou de Gloria Steinem. Mais citer seulement ces deux-là est injuste. Je dois beaucoup aux Américaines... Peut-être Eleanor Roosevelt... C'est une figure féminine, féministe, démocrate, une figure mythique. Mais il y en aurait beaucoup... Cependant dans aucune d'entre elles je ne retrouve de filiation intellectuelle. Ma filiation intellectuelle est chez Beauvoir*. Mais, il n'empêche, je suis admirative, même de points de vue qui ne sont pas les miens, de ce qu'ont fait les féministes depuis 15-20 ans, Schodorov, Dinerstein ou Adrienne Rich. Il y a une richesse de pensée formidable.

Questions

1. D'après ce qu'en dit Elisabeth Badinter, comment percevez-vous le rapport hommes-femmes en France? Quels sont les éléments qui, selon elle, sont importants dans ce rapport? Voyez-vous uen différence de mentalité chez les femmes américaines?

2. Relevez les arguments d'Elisabeth Badinter dans sa réponse au 'politically correct''. Etes-vous d'accord avec elle?

---

[1] **rendre des comptes** : se justifier.

[2] **régler ses comptes** : explications violentes entre personnes qui ne s'apprécient pas.

[3] **étouffer** : suffoquer, oppresser.

[4] **se plaindre** : exprimer son mécontentement, protester.

Idées à développer

I. QUELQUES DATES DANS L'HISTOIRE DES FEMMES

1804   * Le Code Civil consacre l'incapacité juridique totale de la   femme mariée.

1810   * Si l'adultère est un délit, la femme adultère est passible de   prison, l'homme adultère d'une simple amende.
            * Le "devoir conjugal" est une obligation: il n'y a pas de viol entre époux.

1832   * Le viol est reconnu comme un crime mais de façon restrictive.

1838   * La loi Falloux rend obligatoire la création d'une école de filles dans toute commune de plus de 800 habitants.

1850   * Création de l'Ecole Normale Supérieure de Sèvres formant les professeurs femmes de l'enseignement secondaire féminin.
            * Une femme mariée peut ouvrir un livret de caisse d'épargne sans l'autorisation du mari.

1881-1882   * Les lois Jules Ferry instaurent l'enseignement primaire obligatoire, public et laïc, ouvert aux filles comme aux garçons.

1892   * Interdiction du travail de nuit pour les femmes.
            * Instauration de mesures protectrices concernant le travail des femmes.

1907   * Les femmes mariées peuvent disposer librement de leur salaire.
            * Les femmes sont électrices et éligibles aux Conseils des

Prud'hommes*.

1909   * Loi instituant un congé de maternité de huit semaines sans rupture du contrat de travail.

1920   * Les femmes peuvent adhérer à un syndicat sans l'autorisation de leur mari.
        * Interdiction de la provocation à l'avortement et de la propagande anticonceptionnelle.

1924   * Les programmes d'études dans le secondaire pour les garçons et filles deviennent identiques, entraînant l'équivalence entre les baccalauréats masculin et féminin.

1925   * Création de l'Ecole Polytechnique féminine.

1927   * Principe de l'égalité des traitements des professeurs titulaires des mêmes diplômes.
        * La femme conserve sa nationalité quand elle se marie, et peut la transmettre à ses enfants nés en France.

1938   * La puissance maritale est supprimée: l'épouse n'est plus tenue au devoir d'obéissance à son mari. Mais ce dernier conserve le droit d'imposer le lieu de la résidence et d'autoriser ou non l'exercice d'une profession par sa femme. Il garde l'autorité paternelle sur les enfants.

1944   * Les femmes obtiennent le droit de vote et l'éligibilité.

1946   * Le préambule de la Constitution pose le principe de l'égalité des droits entre hommes et femmes dans tous les domaines.

1966   * La femme peut exercer une activité professionnelle sans l'autorisation de son mari.

* Interdiction de licencier une femme enceinte et pendant douze semaines après l'accouchement.

1967   * La loi Neuwirth autorise la contraception sans lever l'interdiction de toute publicité en dehors des revues médicales.

1970   * Remplacement de l'autorité paternelle par "l'autorité parentale". Désormais, la notion de chef de famille est supprimée. Les époux assurent ensemble la direction morale et matérielle de la famille. Toutefois, l'autorité parentale est exercée par la mère d'un enfant naturel même si les deux parents l'ont reconnu.
* Indemnisation à 90% du salaire brut du congé de maternité par la Sécurité Sociale (au lieu des 50% réservés à la maladie).

1972   * Le principe de l'égalité de rémunération entre hommes et femmes pour les travaux de valeur égale est admis.
* Possibilité pour la femme mariée de contester la paternité du mari et de reconnaître un enfant sous son nom de naissance.
* Mixité de l'Ecole polytechnique.

1974   * Création d'un Secrétariat d'Etat à la Condition Féminine.
* Remboursement des frais relatifs à la contraception par la Sécurité Sociale. Anonymat et gratuité pour les mineurs.

1975   * Loi provisoire autorisant l'interruption volontaire de grossesse.
* Loi sanctionnant les discriminations fondées sur le sexe en particulier.
* Instauration du divorce par consentement mutuel.

1977   * Création du congé parental d'éducation pour les femmes des entreprises de plus de 200 salariés.

1979   * L'interdiction du travail de nuit dans l'industrie est supprimée pour les femmes occupant des postes de direction ou des postes techniques.

* Loi définitive sur l'interruption volontaire de grossesse.

1980 de

* Loi précisant et élargissant la définition du viol. Possibilité pour les associations concernées de se porter partie civile dans les procès violences sexuelles.

1981

* Création d'un Ministère des Droits de la Femme.

1982

* Remboursement de l'interruption volontaire de grossesse par la Sécurité Sociale.

* Statut de conjoint collaborateur pour les conjointes d'artisans et de commerçants travaillant dans l'entreprise familiale.

* Instauration d'un congé de maternité rémunéré pour l'ensemble des femmes de professions indépendantes.

1983

* Loi sur l'égalité professionnelle entre hommes et femmes.

* Double signature obligatoire sur la déclaration de revenus d'un couple marié.

* Suppression de la notion de chef de famille dans le droit fiscal.

* Ratification par la France de la Convention Internationale sur l'élimination des discriminations à l'égard des femmes (Convention de New York 1980)

1984

* Egalité des époux dans la gestion des biens de la famille et des enfants.

* Congé parental ouvert à chacun des parents salariés sans distinction de sexe.

1985

* Possibilité d'ajouter au nom porté par l'enfant le nom de l'autre parent.

1987

* Assouplissement des restrictions à l'exercice du travail de nuit des femmes et abolition de certaines dispositions particulières au travail

des femmes.

* L'autorité parentale peut continuer à être exercée par le père et la mère, après la décision de séparation.

* L'autorité parentale peut être exercée conjointement sur un enfant naturel par les deux parents s'ils en font la déclaration.

1988   * Création du Secrétariat d'Etat chargé des droits des femmes.

1989   * Loi du 10 juillet 1989 permettant à tout enfant ayant subi des violences, et notamment un viol par inceste, de se porter partie civile dans les dix ans qui suivent la majorité.

1990   * Loi du 10 juillet 1990 qui permet aux associations luttant contre les violences familiales (donc conjugales) de se porter partie civile.

1991   * Loi du 18 janvier 1991 autorisant, sous certaines conditions, la publicité pour les contraceptifs.

II. LES SALAIRES

Le salaire masculin dépasse en moyenne le salaire féminin d'un tiers. Cet écart est principalement dû à ce que les femmes occupent en plus grande proportion des postes moins qualifiés que les hommes. En effet, pour presque chacune des qualifications cet écart est réduit de plus de moitié : certes, les cadres hommes gagnent entre 20 et 35% de plus que leurs homologues femmes, mais les techniciens 10%, les employés 8%, les ouvriers 15%.

De nombreux postes de travail sont réputés spécifiques et attribués presque exclusivement à l'un ou à l'autre sexe ce qui rend les comparaisons "à travail égal" souvent impossibles. Les différences de salaires reconstituées "à niveau égal" peuvent tenir à des différences réelles de conditions de travail (les horaires féminins sont souvent moins longs que les horaires masculins). Elles peuvent aussi résulter d'un avantage masculin à faire reconnaître des conditions de travail difficiles et obtenir des compensations salariales. Le taux de primes mensuelles est en effet plus élevé pour les hommes (5,2% contre 3,7%) pour les femmes, toutes activités confondues.

Dans chacune des quatre grandes catégories de salariés du privé les femmes sont sur-représentées dans les fractions de population les moins bien payées. C'est pour les ouvriers que ce phénomène est le plus important, dénotant l'emploi massif des femmes dans les activités les moins rémunératrices comme le textile-habillement, le cuir-chaussure, le commerce de détail. Inversement le phénomène est moins sensible pour les employés dont le taux de féminité moyen est très élevé (64,4%).

La persistance de différences salariales dans la Fonction Publique dont les règles salariales sont pourtant "unisexes", interroge aussi sur les possibilités d'implication des hommes et des femmes dans leurs carrières.

© Contours et caractères, Les Femmes, INSEE 1991.

Questions

1. *La situation vous paraît-elle semblable aux Etats-Unis?*
2. *Observez et commentez le tableau sur l'écart des salaires en France entre hommes et femmes puis le tableau sur le temps domestique et les équipements ménagers .*

III. L'UN EST L'AUTRE

Dans L'Un est l'autre, Elisabeth Badinter nous convie à une réflexion sur les relations entre hommes et femmes.

La créature duelle

L'illustration la plus évocatrice du dualisme des créatures reste pour toujours le mythe de l'androgyne rapporté par Aristophane au Banquet de Platon. Jadis, dit-il, notre nature était bien différente de ce qu'elle est à présent. Chaque humain était de forme ronde, comme une sphère fermée sur elle-même, avec quatre mains, autant de jambes, deux visages, deux organes de la génération et tout le reste à l'avenant. Il y avait trois espèces d'hommes et non deux, comme aujourd'hui : le même, la femelle et une troisième composée des deux autres. C'était l'espèce androgyne à présent disparue et dont il ne reste qu'un nom décrié.

Doués d'une vigueur et d'un courage extraordinaires, ils attaquèrent les dieux qui, pour les punir, les coupèrent en deux. Chacun recherchait désespérément sa moitié. Lorsqu'ils se rencontraient, c'était un prodige que les transports de tendresse, de confiance et d'amour dont ils étaient saisis. L'objet de leurs vœux était de ne plus jamais se quitter, "de se réunir et de se fondre avec l'objet aimé et de ne plus faire qu'un au lieu de deux". Le désir, né du manque, est la source même de l'amour, du sentiment de complétude, lequel réalisé enlève au désir sa raison d'être.

Si l'on considère les trois espèces mythiques décrites par Aristophane, que sommes-nous d'autre sinon l'une des deux parties de l'androgyne? Et de quoi est faite une partie de l'androgyne? A lire notre philosophe, celui-ci était constitué de deux moitiés hétérogènes, l'une toute féminine, l'autre toute masculine, réunies en leur centre. Lorsque Zeus les sépara, il fit naître deux créatures distinctes et complémentaires, mais qui avaient perdu toute nature duelle. L'espèce androgynale avait disparu puisqu'il était entendu que la créature féminine était dorénavant étrangère à son ancien compagnon comme lui vis-à-vis d'elle.

Le modèle de la ressemblance peut inspirer une autre interprétation du mythe. On pourrait supposer que les deux parties séparées n'étaient pas hétérogènes. Que l'une l'autre étaient le résultat de la fusion du masculin et du féminin, comme le "mélange" des matières opéré par l'alchimiste. L'union intime résultant de leur interpénétration expliquerait que la coupure de l'androgyne n'aurait pas donné naissance à deux humains spécifiquement différents, mais à deux autres créatures androgynes, qui ne seraient que les reflets du premier. Certes, celui-ci, fermé sur lui-même, n'avait nul besoin d'un Autre. La dépendance fut la punition divine. Les deux nouveaux androgynes furent munis de caractères sexuels complémentaires, les inclinant à refusionner.

Reste que ces vieux complices sont moins étrangers qu'on l'a souvent dit. Leur mémoire archaïque est commune; elle précède la coupure et l'apprentissage des différences. Le dualisme des créatures n'est pas discutable, mais le temps est venu d'appréhender chacune comme un être duel, doué de toutes les caractéristiques de l'humanité. La différence des sexes n'exclut pas l'intériorisation de cette différence en chacun d'entre nous. Si nous sommes visiblement deux êtres différents, nous connaissons l'Autre intimement.

Nous avons voulu l'égalité des sexes sans mesurer à quel point elle révélerait notre structure androgynale, née dans la nuit des mythes. Cette nouvelle représentation de nous-mêmes implique à son tour un changement radical de notre approche philosophique. Le temps est moins "au clair et au distinct" qu'à "la philosophie des corps mêlés" si chère à Michel Serres*. La logique de la séparation fait place à celle de l'interférence, du mélange et de la complicité, bien difficile à intégrer pour tous ceux qui ont été élevés au lait du cartésianisme. Problème rendu plus ardu encore par l'impérieuse nécessité de ne pas ignorer la différence.
© L'Un est l'autre, Editions Odile Jacob, 1986, pp. 271-273.

Questions

1. Aujourd'hui, l'égalité réelle entre hommes et femmes met un terme au modèle millénaire de la complémentarité. Selon Elisabeth Badinter, le nouveau modèle qui s'élabore sous nos yeux est celui de la ressemblance des sexes. Dans son livre, elle y voit une véritable mutation et la mise en question de notre identité. Que pensez-vous de ce modèle?

Bibliographie

Elisabeth Badinter, L'amour en plus. Histoire de l'amour maternel. Paris, L.G.F., 1980.
        L'un et l'autre: des relations entre hommes et femmes, Paris, Odile Jacob, 1986.
Simone de Beauvoir, La force de l'âge, Paris, Gallimard, 1960.
Contours et caractères. Les Femmes. INSEE, 1991.

Annexe

Quelques faits sur les femmes en France

Entre 1975 et 1986, les hommes ont augmenté de 11 minutes le temps qu'ils consacrent chaque jour au travail domestique, tandis que les femmes l'ont réduit de 4 minutes.
Source: Francoscopie 1991, © Librairie Larousse

Femmes politiques.
- Femmes élues maires: 5,4% des maires de France.
- Il n'y a que 8 femmes maires de communes de plus de 30 000 habitants.
- La proportion de femmes dans les conseils municipaux est de 17,1%.
- La proportion de femmes à l'Assemblée nationale est de 5,7% (6,9% en 1945) .
- 20% des députés européens français sont des femmes (16 sur 81).
Source: Francoscopie 1991, © Librairie Larousse

Au cours des vingt dernières années, qu'est-ce qui a le plus contribué, selon vous, à changer la vie des femmes?

-La contraception (la pillule).. 59%
-L'accès des femmes aux responsabilités........................... 43%
-Le progrès dans les équipements méngers........................ 39%
-La possibilité d'accéder à de nouveaux métiers réservés aux hommes.. 37%
-La légalisation de l'avortement..................................... 31%
-Le développement de l'union libre................................. 21%
-La simplification du divorce.. 13%
-Les mouvements féministes... 9%
-Les nouvelles techniques de procréation......................... 7%

Source : © Le Nouvel Observateur, 5-7 Novembre 1991.

66% des Français croient que d'ici l'an 2000, une femme aura été élue à la présidence de la République, 69% non.
Source : Francoscopie 1991, © Librairie Larousse

Pour les Françaises, les principaux atouts de la féminité sont, par ordre décroissant :
-la possibilité d'être mère au moment choisi....................48%
-la possibilité de rester jeune plus longtemps.................23%
-le   physique...8%
-ne pas avoir à ressembler aux hommes.......................19%
-une sexualité plus libre...................................7%
   Source : Francoscopie 1991, © Librairie Larousse

Evolution de la répartition des tâches entre hommes et femmes depuis 1975

	Hommes ayant une activité professionnelle	Femmes ayant une activité professionnelle	Femmes sans activité professionnelle
Soins aux enfants	0 h 17	1 h 05	1 h 59
Autres activités ménagères	1 h 13	3 h 53	5 h 53
Temps passé au travail professionnel y compris les trajets	6 h 48	4 h 52	- -
Temps personnel	11 h 06	10 h 50	11 h 19
Temps libre	3 h 52	2 h 39	3 h 52
Trajets non professionnels	0 h 43	0 h 41	0 h 52

Source : © Données sociales , INSEE, 1990.

Salaires	Ecart hommes/femmes		
	1987	1988	1989
Cadres	31,8%	31,6%	31,4%
Techniciens	14,5%	14,4%	14,3%
Autres professions	23,2%	23,0%	23,2%
intermédiaires	13,7%	13,7%	23,2%
Employés			
Ouvriers qualifiés	16,9%	16,7%	13,8%
Ouvriers non			
qualifieés	19,8%	19,6%	16,8%
Ensemble	25,1%	24,7%	19,7%
Source: Données sociales 1990. INSEE			

*Lecture : parmi les cadres, les femmes gagent 31,8% de moins que les hommes.

Chapitre 2

Réflexions sur les sciences

Jacques Joussot-Dubien *dirige le laboratoire CNRS* "Physique d'Interactions Ondes Matière" à l'Université de Bordeaux I. Il a été Directeur de la Recherche au Ministère de la Recherche et de l'Enseignement Supérieur de 1986 à 1988.*

Les échanges entre chercheurs scientifiques français et américains sont fréquents. Il était donc important d'avoir un aperçu de leur nature et teneur en interrogeant un chercheur. Cette interview permettra de réfléchir sur diverses questions autour des sciences : questions éthiques, philosophiques, pragmatiques.

Argument
Les rapports entre chercheurs français et américains sont étroits et fructueux. Les structures qui permettent de faire de la recherche en France et aux Etats-Unis présentent d'importantes différences qui mettent en valeur la force de chacun de ces systèmes.

Interview

Quels sont vos rapports avec les Etats-Unis?

Jacques Joussot-Dubien : Mon cas est un peu particulier dans la mesure où[1] j'ai fait mes études de *highschool* et de *college* aux Etats-Unis. J'y ai vécu une dizaine d'années avec mes parents qui y travaillaient. Je suis revenu ensuite en France, ce qui a surpris beaucoup d'Américains à l'époque car ils avaient l'impression qu'une fois immigrant en Amérique, c'était l'idéal et qu'on ne revient pas dans son pays d'origine. C'était d'ailleurs un peu vrai pour bon nombre d'immigrants. En ce qui me concerne, c'était la période de la guerre. Je suis revenu en France pour faire mon service militaire. J'ose[2] à peine dire cela à mes enfants aujourd'hui car ils me prennent pour le plus fou des fous. J'ai l'impression d'avoir une binationalité. Quand je retourne aux Etats-Unis, j'ai toujours le sentiment que *I am going back home*. J'aime les Etats-Unis, c'est une partie de ma vie. J'ai gardé des contacts avec Swarthmore College où j'avais été étudiant. J'y suis d'ailleurs revenu récemment pour un anniversaire. J'y ai passé trois jours merveilleux. J'étais content de me replonger dans le système universitaire américain. J'ai pu apprécier comment avait évolué ce collège de Quaker.

Professionnellement, pour vous en tant que chercheur, qu'avez-vous retiré de vos séjours aux Etats-Unis?

La première chose, bien entendu[3], est de parler sans aucune difficulté l'Anglais. C'est un avantage extraordinaire. La deuxième chose que j'ai peut-être apprise, c'est de ne pas continuer un sujet de recherche quand il n'a plus beaucoup d'intérêt. J'ai quelquefois l'impression que dans notre système en France, l'innovation n'est pas forcément la principale motivation des chercheurs parce que ce n'est pas ce qui va leur être finalement le plus utile pour leur carrière. Aux Etats-

---

[1] **dans la mesure où** : dans la proportion où, pour autant que.

[2] **oser** : risquer.

[3] **bien entendu** : évidemment, bien sûr.

Unis, c'est le contraire. Ils cherchent tellement l'innovation que l'approfondissement[1] est presque laissé de côté à cause de ces contrats où il faut constamment des projets nouveaux. On saute d'un sujet à l'autre avec une très grande facilité, ce qui donne une certaine gymnastique de l'esprit qui, je reconnais, est un avantage mais qui fait aussi qu'on va très vite sur le sujet. J'ai donc appris à savoir abandonner des sujets qui n'ont plus un intérêt majeur, à arrêter mes collègues chercheurs quand je sentais que leurs sujets n'intéressaient plus beaucoup la communauté. Aujourd'hui, je suis ainsi dans un laboratoire totalement différent. Je recommence une nouvelle vie scientifique à mon âge.

Y a-t-il un intérêt pour un chercheur français d'aller séjourner aux Etats-Unis? Est-ce un passage obligé?

Je crois qu'il n'y a pas de passage obligé. Cependant, je pense qu'il est extrêmement important que les jeunes changent d'air. Nous avons une trop grande tendance en France à rester sur place et à faire la même chose toute notre vie. Je sais bien que *pierre qui roule n'amasse pas mousse*, mais par ailleurs, l *es voyages forment la jeunesse*. Pour tout proverbe d'un côté, on peut trouver un proverbe de l'autre. Changer d'air, avoir une autre façon de voir les choses est important. J'ai été le premier de cette université à faire un post-Doc aux Etats-Unis, contre l'avis de mon professeur! Après, c'est devenu la règle. J'en suis très fier. Partir aux Etats-Unis permet d'être plus battant[2], performant, d'être plus ouvert aux choses nouvelles.

Y a-t-il une fuite[3] des cerveaux[4] français aux Etats-Unis?

Oh non! Le Français n'émigre pas assez, ou très peu à moins qu'il ne se marie. Cela a toujours été vrai de tout temps. Il faut de vraies raisons pour émigrer.

---

[1] **approfondissement** n.m : analyse, étude, examen.

[2] **battant** adj. : personnalité très combative.

[3] **fuite** n.f. : abandon, départ.

[4] **cerveau** n.m. : fig. chercheur.

Comment se font les échanges entre chercheurs des deux communautés?

L'OTAN offre des bourses[1] aux jeunes français pour qu'ils aillent aux Etats-Unis. Les échanges franco-américains fonctionnent aussi pas trop mal. Les Américains, avec leurs contrats, offrent des postes payés par les professeurs américains. Il y a aussi des échanges scientifiques à l'occasion du service militaire. Ce qui est bien pour les jeunes qui partent là-bas, c'est que les professeurs américains leur donnent très rapidement des responsabilités. Nous avons en France des systèmes hiérarchiques, patriarcaux où un en commande trois qui en commandent cinq qui en commandent dix. Le professeur américain est, lui, pratiquement tout seul avec ses *post-Docs* et ses *graduate students.*

Comment sont perçus les chercheurs américains séjournant en France?

Ils ont une grande adaptabilité car ils sont indépendants. Je les trouve aussi souvent très performants manuellement.

Selon vous, le rapport recherche/enseignement est-il vécu différemment en France et aux Etats-Unis?

Il est difficile de faire des comparaisons. Si l'on prend des petits collèges américains, les gens qui font de la recherche ont des mérites énormes car ils sont d'abord des enseignants[2]. Ils ont des moyens limités en temps et en argent. Dans les grandes universités, avec ses contrats, un professeur peut s'acheter du temps d'enseignement en payant d'autres personnes pour faire de l'enseignement à sa place. Cela le libère pour faire de la recherche. Il devient comme un chercheur du CNRS en France.

Pour la France, nous avons tous les mêmes heures d'enseignement. Nous sommes soit disant égalitaires: tout le monde est supposé être au même rythme, ce

---

[1] **bourse** n.f. : aide financière donnée à un étudiant.

[2] **enseignant** n.m. : quelqu'un qui enseigne, un professeur.

qui n'est pas vrai. Il y a des professeurs plus actifs en recherche à qui on pourrait donner quelques heures en moins d'enseignement. En ce moment, avec le dernier gouvernement en France, nous avons deux vitesses. Certains collègues comme moi ont opté pour l'option recherche ce qui fait que je garde mon nombre d'heures d'enseignement par semaine. J'ai une prime[1] en plus et je n'ai pas le droit de faire des heures complémentaires. D'autres collègues au contraire ont opté pour le côté enseignement. Ils ont, eux, plus d'enseignement.

On ne leur demandera pas de recherche. Il y a donc deux vitesses et non pas la gamme[2] que l'on peut trouver aux Etats-Unis pour la bonne raison que notre système français est hyper centralisé. C'est le drame français. Le gros avantage américain est que chaque université a plus de marge de manœuvre pour régler ses problèmes d'enseignement. On a en plus, en France, le système du CNRS qui fait de la recherche et pas d'enseignement. Ceci ne pourra pas durer. Il y a un dicton qui dit: *être poète à vingt ans c'est avoir vingt ans, être poète à quarante ans c'est être poète.* Etre chercheur, c'est pareil. Etre chercheur à quarante ans, c'est vraiment être chercheur mais l'on voit des gens qui à quarante, quarante cinq ans fatiguent. Le CNRS pose le problème de la professionnalisation d'une activité qui n'est pas facile à professionnaliser.

Ce problème de la recherche et de l'enseignement est donc très différent en France et en Amérique du fait qu'il y a ce corps de chercheurs professionnels qui en France est relativement coupé de l'enseignement.

Comment nous, Français, sommes-nous arrivés à ce système?

Le CNRS a été créé avant la guerre mais sa véritable expansion date d'après la guerre. Je suis de ceux qui sont revenus des Etats-Unis en 1950 et je suis allé à la Sorbonne* en 51. A cette époque, la Sorbonne était misérable. Quand je suis arrivé en 1953 à Bordeaux, la faculté des Sciences était dans un état inimaginable. Il y avait donc une demande énorme pour remettre l'enseignement et la recherche en place. Le CNRS a été un élément fantastique d'encouragement, de remise à niveau de la recherche française qui, sauf dans le domaine du nucléaire, avait pris

---

[1] **prime** n.f. : somme d'argent donnée pour encourager ou récompenser.

[2] **gamme** n.f. : série où tous les degrés sont représentés.

beaucoup de retard[1]. Le CNRS a été un élément moteur.

Les Américains sont émerveillés de voir que nous avons la possibilité, au CNRS, d'organiser notre vie de recherche sur plusieurs années. Ils sont, eux, constamment en train de se demander si leur contrat va être renouvelé l'année qui suit. Il y a en France une plus grande possibilité de continuité d'un projet de recherche. Cette continuité est un avantage mais l'inconvénient est qu'on a tendance à se dire que ce que l'on fait marche[2] bien et que l'on va continuer.

Les relations recherches universitaires/industries fonctionnent-elles sur le même mode?

Elles ne sont pas sur le même mode mais elles souffrent des mêmes maux[3]. Je sais que mes collègues américains sont tout autant frappés par le dynamisme des japonais que nous le sommes. Ils vont souvent au Japon pour voir comment ils se débrouillent[4] pour passer de la recherche fondamentale à la recherche appliquée. Français et Américains sont, sur ce plan, sur le même mode avec cette différence qui est que le professeur américain travaille plus en tant que consultant que le professeur français. Etant consultants, ils connaissent les problèmes des industriels et ont des contrats, ce qui fait qu'ils font pas mal de recherche dans leurs laboratoires avec visée industrielle. En France, cela vient.

D'après vous, quel est le renom scientifique de la France aux Etats-Unis?

Finalement, dans le domaine que je connais, je ne peux pas dire que nous soyons mal vus, à la fois d'un point de vue scientifique et technique. L'impression que j'ai eue aux Etats-Unis a été un sentiment mélangé d'amour et de rejet[5]. Nous sommes à la fois jugés comme n'étant pas sérieux car étant légers et en même

---

[1] **retard** n.m. : contraire d'avance.

[2] **marcher** : aller.

[3] **maux** n.pl. (sing. mal) : problème.

[4] **se débrouiller** : se sortir d'une difficulté.

[5] **rejet** n.m. : fait de rejeter, d'abandonner.

temps, nous surprenons par nos réalisations : Ariane* part toujours d'une façon impeccable, le TGV* et les trains marchent bien, nous avons conçu le Concorde*. A propos du Concorde, les Américains nous ont fait un mauvais procès avec l'histoire des fluocarbones par rapport à l'ozone puisqu'on se demande même si ces systèmes-là n'auraient pas plutôt tendance à ajouter à l'ozone.

Quel est le renom scientifique des Américains en France?

Je pense qu'ils ont une avance dans les choses nouvelles qu'ils lancent à cause de leur système de *'proposal'*. Ils doivent constamment faire du nouveau. Je suis persuadé qu'il y a neuf propositions sur dix qui ne marchent pas. Seulement, il y en a toujours une dixième qui marche et en sciences, en recherche, c'est ça! Dans tout ce que nous faisons, une bonne partie n'a pas d'intérêt. Mais si on finit par toujours essayer de faire quelque chose de nouveau, il y a bien quelque chose qui va marcher. On part pour trouver ceci et si on a les yeux ouverts, on trouve autre chose et cela fait le bonheur de la recherche. J'ai des collègues qui ne seront pas du tout d'accord avec cela. Sur le fond[1], je pense que nous sommes aussi bons qu'eux. Nos scientifiques ont les mêmes qualités que les Américains mais leur système les encourage plus à chercher du nouveau. Mes amis biologistes me disent qu'il y a une avance assez étonnante des Etats-Unis par rapport à la France en biologie. En physique, je dirais que la France se défend[2] relativement bien. En chimie, c'est plus mitigé[3].

Pensez-vous que les questions d'éthique de la science préoccupent autant les chercheurs de nos deux pays?

Je crois qu'en France, nous avons des préoccupations similaires. Nous différons peut-être sur la question des interdits. Pour prendre un exemple, lors de ma thèse, j'ai beaucoup manipulé le benzène. Lorsque je suis reparti aux Etats-Unis dix ans

---

[1] **sur le fond** : sur le contenu, les idées.

[2] **se défendre** (ici, populaire) : être apte à faire qqch.; être assez bon pour faire qqch.

[3] **mitigé** adj. : moindre, plus atténué, moins fort.

après, le benzène[1] était interdit de séjour dans les laboratoires américains. De ce côté-là, nous sommes moins sensibles en France.

Pour les questions d'éthique, il faut peut-être interroger les biologistes. Je dirais toutefois qu'aucune recherche n'est neutre. Ce pauvre Einstein qui croyait qu'en ayant inventé E=MC2 , cela semblait purement de la théorie, voyez ce qui s'est passé cinquante ans après. Il y a des recherches types militaires sur lesquelles je n'aimerais pas travailler. Mais, même sur ce que nous faisons ici, on ne peut pas dire qu'un jour ou l'autre telle ou telle application ne sera faite. Nous travaillons en ce moment sur le bio-électromagnétisme avec des visées[2] thérapeutiques, donc très humanitaires. Je suis persuadé qu'avec ce bio-électromagnétisme, on peut aussi avoir des visées qui peuvent devenir une arme.

Pensez-vous que la médiatisation de la science se fait de la même manière?

Pas du tout. Notre médiatisation en France n'est pas à la hauteur[3] de notre science. En plus, tous nos travaux lorsqu'ils sont importants sont écrits en anglais et publiés là-bas. On a l'impression que cela fait partie de la science américaine. Cela n'a pas le même impact que si c'était un article publié même en anglais mais en France.

Qu'en est-il au niveau du grand public?

Je ferais des critiques énormes. Je crois que nous ne sommes vraiment pas à la hauteur de la médiatisation de la science. Nous sommes même, je pense, un des pays de l'Europe qui le fait le moins bien. Je suis très admiratif des Anglais et des Belges. Aux Etats-Unis, à la télévision, ils ont des chaînes culturelles. En France nos deux chaînes d'Etats, France 2 et France 3 sont vraiment en-dessous de ce que l'on pourrait faire.

---

[1] **benzène** n.m. : carbure d'hydrogène (C_6H_6).

[2] **visée** n.f. : intention.

[3] **être à la hauteur** : montrer les qualités nécessaires pour faire face à une situation.

A quoi cela est-il dû?

On n'encourage pas assez de jeunes dans le domaine journalistique scientifique. Je sais que les grands journaux parisiens ont des journalistes scientifiques de grande qualité. Mais il n'y a pas beaucoup de possibilités pour un jeune qui veut se lancer là-dedans. Regardez aussi La Cité des Sciences à la Villette*, le mal qu'elle a eu à[1] prendre.

L'anglais est reconnu comme langue scientifique d'échange international. Comment les chercheurs français perçoivent-ils cela?

Il vaut mieux parler un mauvais anglais et être compris dans une conférence que parler un français parfait et voir que les deux tiers de l'assistance quittent la salle parce qu'ils ne comprennent rien. Cela n'a pas empêché[2] la science allemande, hollandaise, suédoise, norvégienne d'être une bonne science quand ils savaient que, pour communiquer, il fallait prendre ce moyen-là de communication. L'anglais scientifique n'est pas vraiment une langue. Il faut le considérer comme un espéranto[3] qui permet dans un domaine spécifique de communiquer. Je n'ai aucun état d'âme à ce propos, mes collègues non plus.

Questions

1. "Le Français n'émigre pas assez, ou très peu à moins qu'il ne se marie. Cela a toujours été vrai de tout temps. Il faut de vraies raisons pour émigrer". Quelles peuvent être à votre avis de "vraies raisons" qui amèneraient un Français à émigrer? Que diriez-vous pour un Américain?

2. "Pierre qui roule n'amasse pas mousse". Expliquez ce proverbe.

3. Jacques Joussot-Dubien évoque le lien entre recherche et enseignement en France et aux Etats-Unis. Quel devrait être, à votre avis, le lien entre les deux?

---

[1] **avoir du mal à** : avoir des difficultés à.

[2] **empêcher** : rendre impossible.

[3] **espéranto** : langue internationale conventionnelle fondée vers 1887.

Idées à développer

I. MANIFESTE : "MAITRISER LA SCIENCE"

Dix sept chercheurs français ont, en 1988, signé un manifeste dans Le Monde pour appeler les scientifiques à une réflexion de caractère philosphique sur la science.

Le désir de connaître le monde est aujourd'hui débordé par le besoin de l'exploiter. La production des connaissances scientifiques et des innovations est largement prise en charge par des institutions à buts technologiques. La recherche, qu'elle soit dite "fondamentale" ou "appliquée", est orientée par des choix économiques, sociaux, sanitaires ou militaires.

Le chercheur ne peut ignorer cette orientation, et la société est en droit de la juger. Fonctionnant sur un mode réductionniste, en ignorant toute autre forme de connaissance et de vérité, la science entre en conflit avec la nature, la culture et les personnes.

Ainsi, sauf à être contrôlée et maîtrisée, elle fait courir des risques graves à l'environnement, aux peuples et aux individus. Pourtant le processus de développement scientifique s'auto accélère avec l'assentiment naïf de sociétés qui acceptent de ne rêver l'avenir que dans l'artifice technique, alors que l'identification de la production scientifique au progrès, et même au bonheur, est largement une mystification. L'accélération de la production scientifique induit un changement qualitatif de la dépendance des individus par rapport à la science. Cela vaut évidemment pour la vie pratique sans cesse modifiée par les techniques, mais aussi pour les aspects les plus intimes de la vie. Les notions de subjectivité, d'intimité, de secret, sont battues en brèche par des disciplines scientifiques de plus en plus indiscrètes qui, à défaut de tout comprendre, prétendent tout mettre en lumière.

Au nom de la vérité scientifique, la vie est réduite à ses aspects mesurables. La spécialisation de plus en plus étroite des chercheurs encourage leur myopie quant à leur fonction dans la société et crée des cloisons étanches entre les disciplines scientifiques.

Il est certes difficile de revenir sur les acquis technologiques, aboutissements des activités scientifiques, et qui conduisent à la création de nouveaux besoins selon une spirale industrielle que ne maîtrisent ni les chercheurs ni les consommateurs.

Nous croyons que la lucidité doit primer sur l'efficacité et la direction sur la vitesse. Nous croyons que la réflexion doit précéder le projet scientifique, plutôt que succéder à l'innovation. Nous croyons que cette réflexion est de caractère philosophique avant d'être technique et doit se mener dans la transdisciplinarité et l'ouverture à tous les citoyens.

© Le Monde, 19 mars 1988.

Questions

1. Pensez-vous, comme ces chercheurs, que la science fasse actuellement courir des risques graves à l'environnement, aux peuples, aux individus?

2. "Beaucoup prennent encore au sérieux la phrase de Heidegger, "la science ne pense pas", et soutiennent de bonne foi que le salut de la pensée ne peut se jouer qu'ailleurs. D'autres pensent cependant que "La pensée scientifique n'a jamais été entièrement séparée de la pensée philosophique" (Alexandre Koyré) et que l'on découvre, au sein des travaux scientifiques, des inventions conceptuelles, de nouvelles ressources pour les humanistes.

- Commentez chacune de ces positions.

- Quels sont les moyens dont dispose nos sociétés pour rendre efficace une réflexion sur la science?

II. QUEL FUTUR POUR LE PROGRES?

Pour saisir le sens du mot "progrès", Jean-Toussaint Desanti (philosophe) a improvisé, lors d'une table ronde, une fable que voici :

Ce qui me manque, c'est le commencement, c'est-à-dire le sens du mot "progrès". je suis dans l'embarras. Alors je vais essayer de me sortir d'embarras. Et pour cela je vais vous raconter une histoire, une fable. Une fable tout à fait imaginaire, bien entendu.

Imaginons quelqu'un qui se propose d'aller à pied, de Paris à Fontainebleau. Il aurait beaucoup de choses à faire à Fontainebleau. Des choses très importantes pour lui. Il concevrait avec joie les choses qu'il devrait faire là-bas. Il serait donc très pressé d'y arriver. Comme il irait à pied, à chaque pas qu'il ferait, il se dirait : "Je suis en progrès! Je me rapproche de mon but!" Donc il aurait conscience de ce que l'on appelle, relativement à ce qu'il voudrait faire, le progrès. Le progrès, ce serait d'arriver en un temps donné, long peut-être, à Fontainebleau.

C'est là que commence le rêve, ou la fable. Imaginons que tout d'un coup les chemins qui mènent à Fontainebleau se brouillent tout à fait, qu'il ne s'y reconnaisse plus. Il y a un chemin qui va à droite, un autre à gauche, un autre au milieu, un autre qui revient en arrière, un autre qui est circulaire. Bref, il se trouve dans un vrai labyrinthe!

Il va continuer, parce que ça l'intéresse beaucoup d'arriver à Fontainebleau, où il a des choses très importantes à faire. Mais au lieu de progresser, il s'aperçoit qu'il reste sur place ou bien qu'il régresse. Il peut éventuellement se retrouver à la porte d'Italie! Alors il se dira : "Je ne suis pas en progrès! Pourtant, pourtant, j'y tiens. C'est à Fontainebleau que je veux aller! Il faut que j'y arrive".

Imaginons maintenant quelque chose de plus grave encore. Imaginons que le sol se dérobe, qu'il ne sache plus où mettre ses pas, qu'il se casse la jambe. Est-il encore en état de progrès? Oui, oui, il a encore l'idée de progresser. Il faut y arriver!

Imaginez maintenant que Fontainebleau même disparaisse, qu'il n'ait plus de but du tout. Il aurait beau dire: "J'ai à faire à Fontainebleau", il n'y a pas de Fontainebleau! Le rêver... Il rêverait qu'il va à Fontainebleau. Il s'arrêterait là, il s'assiérait et dirait : "Voilà, j'y suis! Je n'y arriverai jamais, mais j'y suis, j'ai atteint mon but!" Alors qu'il serait toujours sur place...

Voilà. Je me demande si le monde dans lequel nous vivons présentement, bien qu'il comporte des buts, bien que l'avenir soit un peu dessiné, n'a pas ses chemins brouillés. Des chemins qui ont d'innombrables points de départ, qui se rencontrent et se recoupent si souvent. Ces chemins sont encombrés de tant d'obstacles, le terrain sur lequel ils se croisent est tellement miné que nous avons beau concevoir des buts, ces buts paraissent pour ainsi dire vides. Et nous ne pouvons absolument pas remplir ce vide!

Alors, que faire? Faut-il simplement rêver? Faut-il simplement prophétiser? Je m'en méfie. Je n'aime plus les prophéties qui entraînent les masses humaines et leur font construire des buts, les entraînent vers des Fontainebleau disparus qui ne sont plus là qu'en rêve. Je m'en méfie profondément. Je préfère qu'on rafistole les chemins, peu à peu, pas à pas. Que l'on conçoive juste ce qu'il faut de buts. Juste ce qu'il faut de fins, ou de valeurs, comme on dit, pour pouvoir construire les chemins qui y mènent. Pas d'utopie. Pas trop. Un peu, cependant. C'est tout...

©Science et Philosophie, pour quoi faire? Paris, Ed. Le Monde, 1990, p.61.

Questions

1. *Quel est le sens de cette fable?*
2. *"Par définition, il est bon de progresser. Mais quand il s'agit de la science, et de la technique, ne devons-nous pas remettre en cause, aujourd'hui, cette évidence? Je songe au contraste entre deux phrases relativement célèbres.*

   La première est de Francis Bacon, à la fin du XVIe siècle : "Le but de la science est de réaliser tout ce qui est possible". En écho, trois siècles et demi plus tard, il y a la phrase d'Albert Einstein, le soir d'Hiroshima : "Il y a tout de même des choses qu'il vaudrait mieux ne pas faire". Commentez cette citation d'Albert Jacquard (Professeur de génétique à l'université de Genève).

III. "LA LANGUE FRANÇAISE DOIT FAIRE DE LA RESISTANCE"

Michel Serres*, philosophe, enseigne souvent en Amérique. Il s'inquiète de voir les Français oublier leur propre langue :

La langue anglaise tient désormais dans notre société le rôle du latin de cuisine chez Molière. Ce qui est bien dommage, car l'anglais est une très belle langue. Nous l'affadissons, nous perdons le sens des mots, de leur précision, de leur couleur et, du même coup, nous abâtardissons la langue française, qui est notre plus magnifique trésor. Or il est très important que nos petits-enfants chantent "Au clair de la lune" en français, qu'ils apprennent leurs traditions en français, dans cette langue difficile, raffinée, très travaillée, qui modèle leur être le plus profond. Nous avons perdu notre langue scientifique, nous sommes en train de perdre notre langue commerciale et celle de nos chansons. Si nous n'y prenons garde, nous perdrons bientôt notre langue philosophique et même notre langue éducative. C'est intolérable. J'ai 60 ans, et, quand je vois tous ces mots américains sur les murs de Paris, j'ai envie de faire de la résistance.

© Le Point, 21 mars 1992.

Question

Comprenez-vous ce sentiment de résistance de Michel Serres? Qu'est-ce qu'une langue selon vous?

Bibliographie

Roger-Pol Droit, Science et philosophie, pour quoi faire?, Paris, Ed. du Monde 1990. Albert Jacquard, Au péril de la science, Paris, Seuil, 1982.

Les scientifiques parlent, Paris, Hachette, 1987.

Isabelle Stengers, Les Concepts scientifiques, invention et pouvoir, Paris, La Découverte, 1989.

Chapitre 3

La France et l'écologie

Noël Mamère *journaliste, maire de Bègles (banlieue de Bordeaux), est vice-président du mouvement Génération Ecologie.*

Pour Noël Mamère, l'écologie va au-delà de la sauvegarde de la nature. Elle doit reposer la question aiguë de la relation entre société et nature : "l'écologie est un outil d'appréhension de la société". L'écologie politique en France tente de penser non seulement les problèmes d'éthique en matière d'environnement mais également les problèmes actuels de société.

Argument
Les Français ont encore des progrès à faire pour obtenir, en matière de conscience écologique, des résultats similaires à ceux des Américains. Toutefois, si l'Amérique peut servir de modèle dans un comportement collectif national, la France et l'Europe, souffrant moins d'autosatisfaction, ont "un meilleur sens du partage" au niveau international.

Interview

Vous représentez un mouvement écologique mais aussi un parti politique. En Amérique, cela peut surprendre. Pourriez-vous expliquer le rapport de l'un à l'autre?

Noël Mamère : Pour les Américains, l'écologie est un groupe de pression comme il y en a beaucoup qui fonctionne avec les fameux *lobby* pour créer des rapports de force et modifier les politiques. En France, il y a vingt ans, nous avions aussi des groupes de pression : l'écologie était en quelque sorte le syndicalisme du cadre de vie. Des associations se sont constituées pour protester contre des atteintes[1] à l'environnement. Elles ont ouvert un discours en matière de consommation[2], de consommation de la nature, de la ville. Nous avons ainsi ouvert une brèche[3] qui s'est petit à petit installée dans la tête des Français et les a sensibilisés à des préoccupations nouvelles. Ceci a assez peu modifié le comportement[4] des hommes politiques mais a introduit la notion d'écologie ou d'environnement dans un certain nombre de grandes décisions. Contrairement aux Etats-Unis, nous n'en sommes pas restés là. En France, comme en Allemagne, nous sommes passés du syndicalisme[5] du cadre de vie[6] à l'écologie politique.

Génération Ecologie n'est pas un parti, c'est un mouvement. Nous voulons garder la souplesse[7] des mouvements. Nous acceptons la double appartenance[8] : appartenir à un parti et à Génération Ecologie. La vieille querelle philosophique française apparaît ici dans une discussion entre l'ordre et le

---

1 **atteinte** n.f. : attaque.

2 **consommation** n.f. : utilisation des biens et des services.

3 **brèche** n.f. : ouverture.

4 **comportement** n.m. : attitude, façon d'être.

5 **syndicalisme** n.m. : doctrine sociale, économique des syndicats (association qui a pour objet la défense d'intérêts professionnels).

6 **le cadre de vie** : la manière de vivre, le mode de vie.

7 **souplesse** n.f. : flexibilité.

8 **appartenance** n.f. : dépendance (verbe: appartenir à)

mouvement. Un parti est plutôt créateur d'ordre que de mouvement. Nous sommes des adeptes du mouvement donc, d'une certaine forme de modernité. Nous demandons aux professionnels de la politique qu'ils partagent[1] le pouvoir. Nous revendiquons[2] le droit de faire parti de ceux qui peuvent exercer des responsabilités et participer à la gestion[3] de la société. Il faut que le système politique français, très fermé, fonctionnant comme un clan, s'ouvre à ceux qui ne sont pas des professionnels de la politique mais qui ont leur mot à dire dans l'évolution de la société. Ce n'est pas une vision américaine de la politique car les Américains sont encore plus des professionnels de la politique que les Français.

Cela veut-il dire que l'écologie existe différemment dans la conscience des citoyens américains?

Je crois que c'est une question culturelle. Quand on se promène aux Etats-Unis, on voit qu'un certain nombre de responsables[4] locaux ont mené des politiques très volontaristes[5] pour inciter[6] les citoyens à participer à la gestion[7] de leur cadre de vie. L'organisation communautaire y est différente de chez nous. Par rapport à leur cadre de vie, les citoyens sont plus responsables. Je pense que cela vient du puritanisme américain, de la culture protestante. En France, nous avons toujours vécu comme des assistés[8] avec l'Etat providence qui faisait tout. Nous somme plus latins, plus désordonnés[9], moins enclins à avoir un comportement[10] collectif et responsable sur notre propreté[11].

---

[1] **partager** : diviser.

[2] **revendiquer** : demander.

[3] **gestion** n.f. : direction, organisation.

[4] **responsable** n.m. : chef, dirigeant.

[5] **volontariste** adj. : ce qui est basé sur la volonté de quelqu'un, sur sa détermination.

[6] **inciter** : pousser, encourager, inviter.

[7] **gestion** n.f. : administration, organisation.

[8] **assisté** n.m. : quelqu'un que l'on aide.

[9] **désordonné** adj. : mal organisé.

[10] **comportement** n.m. : attitude, manière, conduite.

[11] **propreté** n.f. : avoir un environnement net et propre.

Le Français vote écologie mais mis à part ce geste important, montre-t-il dans ses pratiques quotidiennes une conscience réelle des problèmes de l'environnement? L'Américain qui vient en France est surpris de voir que les Français ne trient pas leurs ordures, que leurs emballages sont en plastique, qu'ils n'utilisent pas toujours du papier recyclable etc...

La France est un pays qui a fait des progrès mais qui est à la traîne[1] par rapport aux pays anglo-saxons. Aux Etats-Unis, dans les supermarchés, on ne voit plus un seul empaquetage en plastique. Lorsque j'y étais l'an dernier, une grande campagne était lancée contre les emballages[2] de disques compacts pour protester contre ce gaspillage[3]. Le problème de la France est que les organisations de consommateurs[4] n'ont jamais eu de vraies prises[5] sur le pouvoir. Il y a eu un mouvement très précurseur : 'l'union fédérale des consommateurs' qui existe toujours. Ils avaient un journal : 'Que choisir?'. Ils ont par exemple organisé le boycott du veau aux hormones. Cela a un peu marché[6]. Mais lorsqu'aux Etats-Unis, des organisations de consommateurs boycottent de la viande, cela marche tout de suite. Si les associations familiales veulent empêcher[7] la diffusion d'un jeu qu'ils ne considèrent pas bon pour les enfants, cela marche aussi. Bien sûr, on peut y voir un côté moralisateur très dangereux mais le rapport de force entre les citoyens et les décideurs est beaucoup plus fort sur certains sujets.

En revanche[8], on peut dire que la vie politique est à mille lieues[9] des citoyens : regardez ce qui se passe avec Bush, Clinton, Brown. Tous les

---

1 **être à la traîne** : être en retard, être derrière.

2 **emballage** n.m. : empaquetage, conditionnement.

3 **gaspillage** n.m. : action de dépenser, de consommer inutilement, sans discernement.

4 **consommateur** n.m. : acheteur, client.

5 **avoir prise sur** : être un moyen d'agir sur.

6 **marcher** : réussir.

7 **empêcher** : rendre impossible en s'opposant, interdire.

8 **en revanche** : au contraire, inversement.

9 **lieue** n.f. : mesure de distance (4 km). Ici, sens figuré: loin.

Américains s'en moquent[1]. Le degré de conscience politique chez les Américains est d'à peu près zéro. Ils sont très autocentrés. Cependant, pour tout ce qui concerne leur cadre de vie, c'est-à-dire la consommation, l'écologie urbaine, le tri[2] des déchets, ils sont extrêmement forts. Ils doivent être effarés[3], lorsqu'ils viennent en France, de voir comment nos villes sont sales[4] par rapport à chez eux. A Washington par exemple, on trouve à chaque station de métro des poubelles[5] pour les journaux. Cela n'existe pas chez nous. En plus, c'est d'une utilité[6] formidable : ceux qui ne peuvent pas se payer le journal le prennent dans la poubelle d'une station et le remettent dans la poubelle d'une autre! Ils ont pu lire le journal gratis[7]! Dans toutes les administrations américaines, il y a des caisses pour le *recycled paper*. Cela n'existe pas en France. Il devrait pourtant y en avoir dans tous les couloirs[8], dans tous les bureaux. Nous sommes très en retard.

Les réglementations et leurs applications sur le contrôle de la pollution (usines, voitures) sont-elles sensiblement semblables en France et aux Etats-Unis?

La France a pris de l'avance. Autant l'Europe peut être restrictive en matière de circulation des hommes, autant l'Europe est une chance pour l'écologie. Toutes les grandes décisions, notamment en matière de contrôle des pollutions, de normes pour les entreprises, pour les industries les plus polluantes ont été prises grâce à l'Europe. La France, avec Brice Lalonde qui a été ministre de l'environnement pendant quatre ans et premier écologiste à participer à un gouvernement, a fait des progrès dans la pénalisation de la délinquance écologique. Pendant de très longues années, il y avait une sous pénalisation de cette délinquance ce qui fait qu'un

---

1 **se moquer de** : dédaigner, mépriser.

2 **tri** n.m. : séparation en ensembles définis. (verbe: trier).

3 **effaré** adj. : très étonné.

4 **sale** adj. : malpropre, souillé; ce qui n'est pas propre.

5 **poubelle** n.f. : récipient pour jeter les ordures, les choses que l'on ne veut plus.

6 **utilité** n.f. : fonction, avantage.

7 **gratis** adv. : gratuitement, sans payer.

8 **couloir** n.m. : corridor.

certain nombre d'industries très polluantes faisaient ce qu'elles voulaient. Lorsqu'elles étaient prises, elles ne payaient pratiquement rien. Il valait mieux se faire prendre que de faire des installations aux normes, cela coûtait moins cher. Nous avons créé par exemple des agences de l'eau qui sont financées par un système de redevances[1] des collectivités locales, des agriculteurs qui polluent en irriguant et des industriels. Avec ce pot commun, nous reversons[2] des aides à tous ceux qui font des efforts par des installations moins polluantes. C'est un progrès mais nous sommes encore loin : la taxe sur la décharge de 20 Francs, c'est peu...

Et pour les voitures? L'essence[3] sans plomb[4] existe depuis longtemps aux Etats-Unis. En France, on la voit peu...

Chez nous, c'est peu utilisé. Les Allemands font, eux, une voiture à 95% recyclable. C'est là encore l'Europe qui permettra sans doute d'être coercitive[5] et d'imposer enfin plus de raison.

Que pensez-vous de la position de la France et de celle des Etats-Unis dans leur approche écologique face au problème Nord-Sud?

Je pense que les Etats-Unis sont un pays extrêmement égoïste[6] de ce point de vue. Monsieur Bush, depuis la guerre du Golfe, veut imposer son nouvel ordre mondial. C'est le pays qui, aujourd'hui, est le plus puissant. A propos du sommet de Rio, Monsieur Bush a dit qu'il n'était pas question de remettre en cause l'*American way of life*. Je crois que c'est très égoïste et inacceptable. Ne pas vouloir faire passer de O,5 à O,7% la part du budget pour les pays pauvres, ce n'est pas bien. Ces pays pauvres, les Américains, comme les Français, nous les

---

1 **redevance** n.f. : impôt, taxe.

2 **reverser** : donner en retour.

3 **essence** n.f. : hydrocarbure, produit de la distillation du pétrole.

4 **plomb** n.m. : métal très dense d'un gris bleuâtre.

5 **coercitif,ive** adj. : qui exerce une contrainte.

6 **égoïste** adj. : individualiste, égocentrique.

avons pillés[1] pendant des années et des années. Or, maintenant, nous voudrions qu'ils soient moins pollueurs mais ils ont d'abord leur survie à assurer. C'est donc à nous de trouver le sens du partage[2].

Notre maîtrise de l'énergie est-elle abordée[3] de la même manière?

Le système américain n'étant pas centralisé, les Américains ont beaucoup d'avance sur nous en matière d'énergie. Nous nous sommes laissés imposer le nucléaire par l'EDF* qui est un groupe de pression très important. Aujourd'hui, nous fabriquons trop d'électricité car on nous a fait croire pendant des années que la consommation d'électricité allait multiplier par deux. Or, elle a augmenté de 10,5%. Résultat, nous avons des centrales nucléaires dont on ne sait plus que faire. Nous ne savons pas comment traiter les déchets[4] car nous ne connaissons pas leur espérance de vie[5]. Nous maîtrisons moins bien l'énergie que les Américains. Je pense à la Californie qui est tout à fait exemplaire car ils ont su choisir la diversité des énergies: solaire, éolienne. De plus, dans le calcul du Produit National Brut, on intègre le coût écologique, ce qui n'est pas le cas pour un pays comme la France. Or, il est impératif d'intégrer le coût écologique dans chacun des grands projets d'aménagement[6].

L'écologie semble avoir la vocation scientifique de sauver la terre mais aussi une aspiration à l'intervention sociale. Cette seconde vocation s'exprime-t-elle par des mouvements semblables en France et aux Etats-Unis?

Je pense qu'aux Etats-Unis, les écologistes s'occupent d'écologie au sens strict du

---

[1] **piller** : dévaster, ravager, avoir tout pris d'une façon destructive.

[2] **partage** n.m. : action de diviser son résultat, de le répartir de façon égale.

[3] **aborder** : approcher.

[4] **déchet** n.m. : résidu, perte.

[5] **espérance de vie** n.f. : durée moyenne de vie.

[6] **aménagement** n.m. : organisation globale de l'espace.

terme et de façon très atomisée[1] : les uns s'occupent des arbres, les autres des baleines[2]. En France, nous avons une conception plus globale de la société. On prétend que l'écologie est partout. Notre conception à Génération Ecologie diffère de celle des Verts[3] qui pensent, un peu comme les Américains, que la nature prime[4] tout. Nous ne sommes pas d'accord avec cette idée. D'abord, la nature n'est pas bonne par définition. Rechercher la pureté de la nature, c'est rechercher finalement la pureté des races, c'est l'extrême droite. La nature n'a jamais été accueillante[5] pour l'homme, l'histoire de la relation de l'homme à la nature est l'histoire d'un conflit. Le problème est de savoir comment trouver un juste équilibre entre les deux. Michel Serres* en parle dans Le Contrat naturel. Nous sommes dans la ligne de Jacques Ellul* qui est d'ailleurs bien plus connu aux Etats-Unis qu'en France. Nous considérons que l'homme est au centre de la nature et qu'il faut se poser la question de sa liberté dans tous les secteurs d'activité de l'homme y compris le secteur social. Etre un écologiste, c'est se battre contre les exclusions. Pour cela, il faut trouver un certain type d'urbanisme, de transport collectif. L'écologie est un outil[6] d'appréhension[7] de la société.

Les Français perçoivent-ils bien cela lorsqu'ils votent écologiste?

Non, cela vient petit à petit. Certains Français ont voté écologiste par dégoût des partis politiques traditionnels, d'autres parce qu'ils ont peur de la situation écologique, une petite frange vote pour les thèmes plus sociaux.

Les pratiques dites écologiques sont en vogue dans les loisirs: aux Etats-Unis par exemple l'observation des oiseaux, la randonnée[8], en

---

[1] **atomisé,ée** : divisé en parties très petites.

[2] **baleine** n.f. : mammifère de très grande taille (jusqu'à 20 m. de long) vivant dans les océans.

[3] **les Verts** : nom d'un parti écologiste français.

[4] **primer** : dominer.

[5] **accueillant** adj. : cordial.

[6] **outil** n.m. : instrument.

[7] **appréhension** n.m. : compréhension.

[8] **randonnée** n.f. : excursion, promenade de plusieurs jours.

France le 'tourisme vert'(vacances à la ferme, randonnées pédestres, cyclotourisme, chantiers[1] de jeunes, découverte de la faune et de la flore etc...). Certains dénoncent cela comme une forme 'd'écologie de la consommation'. Qu'en pensez-vous?

Il y a de l'écologie business mais tant mieux si l'économie de marché c'est cela. La couche d'ozone par exemple va faire la fortune d'un certain nombre d'industriels mais s'ils participent à protéger la planète, nous n'allons pas refuser.

C'est très bien qu'on ait réhabilité les marches dans la nature. C'est formidable! La nature est quelque chose qui se mérite[2]. Aller au sommet d'une montagne, c'est dur! Il n'y a pas de contradiction ou d'incompatibilité entre l'écologie et l'économie.

Questions

1. Voyez-vous un besoin pour une écologie politique aux Etats-Unis? L'écologie peut-elle être un moyen de rapprocher vie politique et citoyens comme le suggère N. Mamère?

2. D'après vos connaissances en politique française et américaine, êtes-vous d'accord avec cette phrase de N. Mamère : "Les Américains sont plus des professionnels de la politique que les Français".

3. N. Mamère critique les Français pour leur comportement collectif en ce qui concerne l'écologie. Essayez, à l'aide des tableaux et de l'interview de N. Mamère, de faire le descriptif du comportement du Français en matière d'environnement.

4. N. Mamère se montre sévère à l'égard des Etats-Unis. Il déclare que c'est à nous, pays riches, de trouver le sens du partage pour résoudre les problèmes d'environnement à l'Est et au Sud. Georges Bush avait déclaré : "Nous sommes convaincus que chaque pays doit financer lui-même l'essentiel de ses efforts en faveur de l'environnement" (Le Monde, 5 juin 1992). Quelle position adoptez-vous?

---

[1] **chantier** n.m. : lieu de travail à l'extérieur, par exemple restauration des châteaux.

[2] **mériter** : être en droit d'avoir par sa conduite, son attitude.

Idées à développer

I. COMMENT CONCILIER ECOLOGIE ET PROSPERITE?

Engagé depuis plus de deux décennies, l'immense débat sur les rapports entre écologie et développement a progressé, mobilisé de plus en plus de citoyens. Mais la situation n'a cessé de se dégrader. Est-il possible d'arrêter la course à la consommation de biens matériels? Quelles doivent être les priorités d'action en matière d'environnement? Telles sont les questions abordées par I. Sachs.

Est-il possible d'assurer durablement, à l'échelle planétaire, un développement équitable et la gestion rationnelle de l'environnement? Ces deux objectifs sont-ils contradictoires, ou bien complémentaires et interdépendants?

Déjà, en 1972, la première Conférence des Nations unies sur l'environnement, réunie à Stockholm, souligna le lien profond entre ces deux objectifs. La dégradation de l'environnement, affirma-t-on, résulte de plusieurs facteurs : la surconsommation des riches; un système économique fondé sur l'accaparement des profits et l'exportation des coûts écologiques et sociaux; l'arrogance de la civilisation technicienne; l'utilisation effrénée par les populations du Sud des rares ressources naturelles - sols, forêts - auxquelles elles ont encore accès.

La protection de notre planète, garantie de son habitabilité pour les siècles à venir, passe donc par une limitation volontaire de la consommation des riches, en particulier celle des énergies fossiles, principale source des gaz à effet de serre. Mais il est tout aussi nécessaire de s'attaquer aux causes de la pauvreté qui se généralise, au Sud comme au Nord. (...)

Les pauvres sont les premières victimes de la destruction de l'environnement, du saccage des ressources et de l'accumulation des nuisances. Dans les villes du Sud, en particulier, non seulement ils sont exposés aux effets des pollutions de l'opulence de la "belle ville", mais ils subissent aussi les inconvénients "et les risques sanitaires dus à l'absence ou à l'insuffisance des infrastructures élémentaires dans les quartiers périphériques et les innombrables bidonvilles. Or le Sud vit une explosion urbaine : la population de ses mégapoles aura doublé entre 1980 et l'an 2000, passant de un à deux milliards d'habitants, et, selon les projections, un second doublement se produira entre l'an 2000 et 2025.

Il ne suffit pas de montrer le lien entre les deux problématiques : il y a urgence à proposer des modalités concrètes d'actions internationales, nationales et locales en faveur d'un développement renvoyant dos à dos l'économisme réducteur et l'écologisme intransigeant. Ce développement doit respecter cinq critères : justice sociale, prudence écologique, efficacité économique (évaluée socialement), acceptabilité culturelle, et aménagement équilibré de l'espace. En un mot, il doit s'agir d'un écodéveloppement. (...)

LE MOUVEMENT DES CITOYENS

Un des faits marquants de l'époque est l'essor des mouvements de citoyens et de la vie associative - et, plus généralement, l'arrivée sur la scène politique de la "société civile" (par opposition à l'Etat et aux forces organisées du marché).

Autour des thèmes de l'environnement et du développement, des mouvements importants - et même des partis politiques tels les Verts - se sont constitués au cours des trente dernières années. Près d'un millier de leurs représentants se sont réunis à Paris, en décembre 1991, pour adopter une plate-forme commune en vue de la conférence de Rio-de-Janeiro, où était organisée, comme ce fut déjà le cas à Stockholm en 1972, une réunion parallèle à la rencontre intergouvernementale. L'exercice effectif, par les citoyens, du droit au développement ne se fera pas en dehors d'une "démocratie participative", dont l'institutionnalisation exigera des mesures législatives sur le plan national.

Le passage du cercle vicieux du maldéveloppement au cercle vertueux de l'écodéveloppement prendra sans doute plusieurs décennies. Quelles sont les priorités d'action?

Pour ce qui est des pays industrialisés, leur crédibilité se mesurera à leur aptitude à se remettre en question et, en premier lieu, à limiter leur consommation d'énergies fossiles afin de permettre aux pays pauvres d'en bénéficier d'avantage. L'impôt sur l'énergie, en discussion au niveau communautaire à Bruxelles, constituerait un progrès dans cette direction, mais il devrait seulement constituer la première étape d'un plan vigoureux d'économies d'énergie, de production d'énergies nouvelles, de remplacement de la voiture individuelle par les transports en commun et, plus généralement, d'un coup d'arrêt à la course à la consommation de biens matériels. On en est encore loin...

Ignacy Sachs, © Le Monde diplomatique, march 1993, p. 33.

Question

"Inquiétude partagée, engagement limité", c'est ainsi que l'on pourrait résumer la position de nombreux français face à l'environnement. Les Américains ont-ils, à votre avis une attitude clairement plus engagée?

II. ENVIRONNEMENT ET DECISIONS

Claude Fréjacques, vice-président de l'Académie des sciences, s'attache à montrer les effets pervers que peut avoir une gestion trop précipitée ou trop peu sensible aux aléas politiques et médiatiques, des expertises en matière de l'environnement. Ici, sa démonstration porte sur l'évacuation des victimes de la catastrophe de Tchernobyl.

Le CIPR est une institution hautement respectable, qui sert de référence sur le plan international pour la détermination des doses de rayonnement radioactif admissibles. Elle a fait un travail inestimable avant guerre, alors que les dangers des rayonnements étaient mal connus et mal perçus.

Malheureusement, depuis une vingtaine d'années, elle a tendance à adopter des normes de "précaution" pour ne pas donner prise aux critiques des antinucléaires. C'est ainsi que ces normes sont établies à partir des résultats épidémiologiques recueillis après les irradiations subies en très peu de temps à la suite des explosions de Nagasaki et d'Hiroshima. Pour les normes d'irradiation vie durant - c'est-à-dire à débit de doses faibles, - un cœefficient correcteur de 2 a été admis, alors que la plupart des radiobiologistes l'estiment à environ 10. Les normes sont donc protectrices d'un facteur 5 environ. Bravo, bravo, direz-vous. Oui, mais, appliquées aux populations victimes de l'accident de Tchernobyl, ces normes ont conduit les autorités russes à évacuer d'office toute personne qui, restée sur place, aurait reçu 0,7 gray la vie durant. Soit environ 200 000 habitants.

Un article récent indiquait que, à la suite de cette déportation forcée, il y aurait probablement plus de morts par alcoolisme ou par dépression nerveuse qu'il n'y en aurait eu par irradiation si ces personnes étaient restées sur place. L'apparition récente de cancers de la thyroïde, encore mal comprise, est vraisemblablement due à l'émission d'iode radioactif, produit à vie courte, et donc à l'irradiation durant les premières semaines après l'accident de Tchernobyl. Elle ne ne change pas cette problématique. Il faut signaler par ailleurs que, rien qu'en France et en Suède, beaucoup plus de 200 000 personnes logées dans des maisons bien isolées thermiquement recevront, vie durant, des doses supérieures à O,7 gray, dues au radon présent sans leur appartement, et que personne ne parle de les déplacer d'office.

Alors, que faire? L'analyse de ces différents cas montre que ces décisions à effets pervers auraient pu être évitées si les décideurs avaient eu clairement présent à l'esprit que :

- La toxicité c'est la dose, une vérité reconnue depuis deux mille ans, mais pas encore vraiment assimilée. L'oxygène que nous respirons ou le fluor qui protège nos dents de la carie sont toxiques à des concentrations dix fois plus élevées;

- Les décisions doivent être prises après une sérieuse étude de type coût-inconvénient-bénéfice;

- La comparaison nécessaire des risques doit être faite à partir des effets les plus probables, souvent mal connus aux faibles doses, et non à partir des effets hypothétiques parfois avancés par les spécialistes, bien entendu s'il ne s'agit pas d'une nuisance irréversible et inacceptable. Cette recommandation est la plus difficile à accepter, car elle est contraire au bon sens populaire : "En cas de doute, abstiens-toi".

D'une façon générale, comment traiter les grands problèmes de l'environnement lorsque interviennent réactions affectives et représentations collectives inconscientes?

La décision individuelle du responsable, ayant connaissance et expérience - par exemple du conseiller technique du ministre intéressé -, est insuffisante parce qu'individuelle. (...) Plutôt que de raffiner sur le traitement, il semblerait plus intéressant de sélectionner des personnes ayant montré un jugement sûr dans des problèmes analogues antérieurs. Les militaires savent bien que, pour gagner une bataille, il vaut mieux choisir un général qui a déjà gagné d'autres batailles plutôt que celui sorti premier de l'Ecole de guerre.

D'une manière générale, il y a intérêt à privilégier une approche par des équipes pluridisciplinaires travaillant à plusieurs niveaux : niveau de l'analyse scientifique de base de physiciens, de chimistes et de biologistes, niveau de l'analyse des systèmes avec des scientifiques habitués à la modélisation et aux allers et retours entre observations et modèles; niveau de la santé humaine avec des toxicologues, des épidémiologistes, des médecins et tout particulièrement des médecins hygiénistes; niveau des études économiques avec des spécialistes de macro et de micro-économie, niveau psychosociologique et opinion publique.

Comme en Grande-Bretagne, il semblerait souhaitable de disposer dans notre pays d'un Haut Comité de l'environnement composé de "sages" éloignés des modes, des intérêts et des passions. Le comité de l'environnement de l'Académie des sciences pourrait en être une première ébauche.

© Le Monde des débats, février 1993.

Question

Connaissez-vous d'autres exemples qui montrent que dans le traitement des problèmes de l'environnement interviennent des réactions affectives et des représentations collectives inconscientes.

Bibliographie

P. Alphandéry, P. Bioun, Y. Dupont, L'équivoque écologique, La Découverte, Paris, 1991.

J.-L. Benhamas, A. Roche, Des Verts de toutes les couleurs. Histoire et sociologie du mouvement écolo, Albin Michel, Paris, 1991.

H. Jonas, Le principe responsabilité. Une éthique pour la civilisation technologique, Cerf, Paris, 1990.

Michel Serres, Le Contrat naturel, Paris, Ed. François Bourin, 1990.

A. Waechter, Dessine-moi une planète. L'écologie, maintenant ou jamais, Paris, Albin Michel, 1990.

Annexe

Tableaux 1 et 2

Conception de l'environnement chez les Français
Si vous pensez aux générations futures, quels sont les problèmes majeurs à affronter aujourd'hui pour préparer l'avenir?

L'éducation et la formation..........................	77%
La violence et l'insécurité..........................	67%
L'environnement et l'écologie....................	57%
Les inégalités sociales............................	41%
Les inégalités entre pays.........................	40%

Source : SOFRES 1991

Civisme écologique des Français
Parmi les choses suivantes, y en a-t-il que vous seriez prêt à faire, que vous faites déjà, ou que vous n'êtes pas prêt à faire?

Source: SOFRES 1991	Le fait déjà	Serait prêt	Pas prêt
Faire attention à ne pas jeter de papiers ou déchets par terre..........	94%	5%	1%
Faire attention au recyclage..........	57%	40%	2%
Ne pas utiliser d'aérosols dangereux pour la couche d'ozone..............	60%	36%	4%
Ne pas utiliser d'angrais chimiques	40%	50%	9%
Ne pas arroser les jardins en cas de sécheresse.............................	43%	46%	10%
Utiliser une lessive sans phosphates	35%	51%	11%
Participer à une action locale de restauration de l'environnement.....	5%	68%	26%
Cultiver certaines plantes ou variétés de plantes devenues rares...........	9%	62%	27%

Tableau 3

COMPARAISON INTERNATIONALE				
Pays	Lutte anti-pollution		Zones protégées	Terres boisées
	Dépense en % PIB 1985	% des crédits R.D. 1985	% du territoire 1989	% du territoire 1988
Etats-Unis	1,2	0,5	8,6	32
Japon	1,2	0,4	6,4	67
France	0,8	0,7	8,2	28
Allemagne	1,5	3,4	11,3	30
G.B.	1,2	1,3	10,6	10
Pays-Bas	1,2	3,8	4,4	9

PIB : Produit intérieur brut
R.D : Recherche-développement à la lutte anti-pollution

Source : OCDE, L'état de l'environnement

Chapitre 4

Les médias et l'information

Jean-Luc Hees *est journaliste à France Inter*. Il a été pendant dix ans correspondant de cette radio à Washington.*

Jean-Luc Hees émet quelques opinions sur son métier ainsi que sur les hommes politiques français et américains. Jean-Luc Hees parle en une langue non soutenue, utilisant parfois des mots d'argot souvent utilisés en français parlé. C'est délibérément que nous avons transcrit l'interview sans en changer le style. Dans l'ensemble de ses remarques, Jean-Luc Hees paraît assez désabusé sur ses concitoyens, trait caractéristique des Frnaçais.

Argument
Il est difficile d'informer les Français sur les Etats-Unis car ces derniers tiennent trop à leurs mythes.

Interview

Qu'est-ce qui vous a amené à partir aux Etats-Unis?

Jean-Luc Hees : C'est une longue histoire. Je suis né à Evreux où il y avait une grande base américaine quand j'étais gamin[1]. J'ai toujours eu la fascination du mythe américain, comme plein de Français. Je voulais aller aux Etats-Unis depuis que j'étais gamin, et j'y suis allé comme un gamin, à vingt-neuf ans. J'en suis reparti dix ans après, un peu changé. Je ne savais pas trop ce que je voulais. J'ai découvert des choses qui me plaisaient infiniment, puis plein de choses qui ne me plaisaient pas, mais au bout du compte[2] j'aime beaucoup ce pays-là. Je n'y suis pas allé en me disant : "Tiens[3], l'Amérique c'est un système politique ou un système de société qui me plaît". Je ne connaissais pas du tout les Etats-Unis. J'avais un préjugé favorable parce que j'ai vu des films, parce que j'ai lu des bouquins[4], parce que dans ma petite tête de gosse[5], il y avait ces chers "Amerloques[6]" que je fréquentais quand j'étais tout petit, mais c'est tout ce que je connaissais des Etats-Unis, comme tous les Français d'ailleurs.

Quand je suis parti, j'étais déjà à France Inter. C'était après l'élection de Mitterrand*, c'était très compliqué. On sortait de Giscard* où ça avait été dur. Avec Mitterrand, ils employaient les mêmes méthodes coercitives à l'égard des rédactions. Il y avait beaucoup de pressions, de nettoyages[7], de règlements de compte[8]. Ça m'a beaucoup ennuyé cette période là. J'avais une petite amie aux

---

1 **gamin** n.m. : familier: enfant.

2 **au bout du compte** : tout bien considéré.

3 **tiens!** : interjection qui s'utilise pour présenter qqch. ou pour marquer l'étonnement.

4 **bouquin** n.m : (familier) livre.

5 **gosse** n.: (familier) Enfant, jeune garçon ou fille.

6 **Amerloque** : (familier) américain.

7 **nettoyage** n.m.: (familier) lorsque des gens indésirables sont renvoyés.

8 **règlement de compte** n.m : explications violentes entre personnes qui ne sont pas d'accord.

Etats-Unis, j'étais mal marié en France. On m'a proposé un job[1]. Je me suis dit "hop", je me sauve[2]. Ça s'est très bien passé, j'ai eu beaucoup de chance. J'y suis allé pour France Inter alors que j'étais en passe[3] de quitter cette radio. De toute façon, je crois que j'y serais allé quand même, pour essayer de trouver un job. Je n'aurais sûrement pas bien réussi ma vie là-bas. C'est très confortable d'être correspondant aux Etats-Unis. On a le meilleur des deux mondes. On reste Français dans tout ce qui est son métier et ses risques. On est assuré social, on a sept semaines de congé[4], on gagne[5] bien sa vie, on profite de ce que l'Amérique donne et on n'a pas la cruauté du système.

En quoi consistait votre travail ?

Je reportais sur la vie américaine, sauf que ça n'intéresse personne dans la réalité ! Ce qui intéresse les Français, c'est leur mythe, leur idéologie sur les Etats-Unis, mais la vérité américaine ne les intéresse pas du tout. Moi j'y étais au début, en plein gouvernement socialiste pur et dur. Quand je disais qu'il y avait trente millions de pauvres aux Etats-Unis, on disait : "Mais qu'est-ce qu'il raconte, il est anti-américain ou quoi !" Je me faisais engueuler[6]. Il y toujours un hiatus. Je leur disais : "Reagan est un taré[7] dangereux et illettré". On disait : "Mais qu'est-ce qu'il a ? Pourquoi il dit ça ? Il est formidable Reagan, on l'a vu à la télé[8], il porte beau". Les gens ne comprennent rien et ils ne veulent surtout pas comprendre. Le film JFK... je n'ai pas voulu le voir le film , mais le nombre de bêtises[9] que j'ai pu entendre sur ce film! Du genre : "C'est formidable l'Amérique, grâce à[10] un film

---

[1] **job** : (familier) un travail.

[2] **se sauver** : (familier) partir promptement.

[3] **être en passe de** : être sur le point de, être en position pour.

[4] **congé** n.m. : vacances.

[5] **gagner sa vie** : travailler pour gagner de l'argent.

[6] **engueuler** : (populaire) exprimer son mécontentement à qq. de façon grossière.

[7] **taré** adj. : familier, fou.

[8] **télé** n.f. : (familier) télévision.

[9] **bêtise** n.f.: stupidité.

[10] **grâce à** : à l'aide de, au moyen de.

on va pouvoir ressortir les archives". Ils ne connaissent rien, il n'y a pas d'archives à Dallas. Il y a le nom des informateurs du FBI, donc légalement on ne peut pas les sortir. Les Français n'entendent que ce qu'ils veulent entendre sur l'Amérique et il n'y a pas moyen de sortir de là. Tant pis!

Votre expérience américaine vous a-t-elle enrichi professionnellement ?

J'en ai retiré plein de choses. C'est peut-être lié au fait que je ramais[1] pas mal dans mon job. J'ai commencé vachement[2] jeune, j'en avais marre[3], je voulais arrêter. Je n'aimais pas et n'aime toujours pas le milieu[4] des journalistes. Ce n'est pas un milieu sérieux, ni très compétent. Ça s'est amélioré[5] un peu car le niveau[6] des études s'élève[7], mais c'est quand même un boulot où l'on entre par piston[8]. Il n'y a pas de formation. Les écoles de journalisme, ça crée des produits[9] insensés[10]. C'est un boulot d'égomaniaque, ce n'est pas un boulot sérieux quoi[11]! Et quand je suis arrivé aux Etats-Unis, ça m'a tout de suite remarié avec le métier[12] parce que les journalistes américains sont gais comme une mouche[13] dans un bol de lait[14], mais ils travaillent. Ils sont sérieux, compétents, ils vérifient. Ils sont assez universitaires. Ils sont en général très bien formés, et n'admirent que le sérieux

---

1 **ramer** : (familier) avancer avec difficulté.

2 **vachement** : (familier) très.

3 **en avoir marre** : (familier) en avoir assez.

4 **milieu** n.m. : ambiance, atmosphère.

5 **améliorer** : devenir meilleur.

6 **niveau** n.m. : degré des connaissances.

7 **s'élever** : monter.

8 **piston** n.m. : protection, aide de qq. qui permet d'obtenir un travail.

9 **produit** n.m. : (familier) ici, résultats de formation de journalistes.

10 **insensé** adj. : qui n'a pas de sens.

11 **quoi** : familier. s'emploie à la fin d'une énumération.

12 **métier** n.m. : profession.

13 **mouche** n.f. : insecte volant.

14 **gai comme une mouche dans un bol de lait** : triste.

on va pouvoir ressortir les archives". Ils ne connaissent rien, il n'y a pas d'archives à Dallas. Il y a le nom des informateurs du FBI, donc légalement on ne peut pas les sortir. Les Français n'entendent que ce qu'ils veulent entendre sur l'Amérique et il n'y a pas moyen de sortir de là. Tant pis!

Votre expérience américaine vous a-t-elle enrichi professionnellement ?

J'en ai retiré plein de choses. C'est peut-être lié au fait que je ramais[1] pas mal dans mon job. J'ai commencé vachement[2] jeune, j'en avais marre[3], je voulais arrêter. Je n'aimais pas et n'aime toujours pas le milieu[4] des journalistes. Ce n'est pas un milieu sérieux, ni très compétent. Ça s'est amélioré[5] un peu car le niveau[6] des études s'élève[7], mais c'est quand même un boulot où l'on entre par piston[8]. Il n'y a pas de formation. Les écoles de journalisme, ça crée des produits[9] insensés[10]. C'est un boulot d'égomaniaque, ce n'est pas un boulot sérieux quoi[11]! Et quand je suis arrivé aux Etats-Unis, ça m'a tout de suite remarié avec le métier[12] parce que les journalistes américains sont gais comme une mouche[13] dans un bol de lait[14], mais ils travaillent. Ils sont sérieux, compétents, ils vérifient. Ils sont assez universitaires. Ils sont en général très bien formés, et n'admirent que le sérieux

---

1 **ramer** : (familier) avancer avec difficulté.

2 **vachement** : (familier) très.

3 **en avoir marre** : (familier) en avoir assez.

4 **milieu** n.m. : ambiance, atmosphère.

5 **améliorer** : devenir meilleur.

6 **niveau** n.m. : degré des connaissances.

7 **s'élever** : monter.

8 **piston** n.m. : protection, aide de qq. qui permet d'obtenir un travail.

9 **produit** n.m. : (familier) ici, résultats de formation de journalistes.

10 **insensé** adj. : qui n'a pas de sens.

11 **quoi** : familier. s'emploie à la fin d'une énumération.

12 **métier** n.m. : profession.

13 **mouche** n.f. : insecte volant.

14 **gai comme une mouche dans un bol de lait** : triste.

qu'on met dans son job. Ils peuvent être parfois très ennuyeux [1] mais ils ne disent pas trop de bêtises. Ils sont vraiment attachés à rester crédibles, à être tatillons [2]. Quand on lit le New York Times, on sait que c'était bien à cinq heures que la marquise est sortie [3], ce n'était pas à cinq heures et demi. Ça m'a bien remis en selle [4]. Ça m'a redonné envie de faire des études. Je suis redevenu une espèce d'universitaire de l'Amérique, de la vie politique américaine qui m'a vachement intéressé.

J'ai eu un petit accident quand même là-bas, c'est que je me suis dit : " J'y suis, j'y reste. Donc je ne verrai plus de Français, je ne lirai plus de journaux français". J'ai vu quelques films français, mais je n'ai pas lu un livre. Ce qui fait qu'en rentrant j'étais complètement taré [5]. J'avais tout paumé [6] en dix ans. J'ai eu beaucoup de mal à me réadapter. Et puis je suis trop rentré dans le système là-bas. *Le Monde** me tombe des mains, je le trouve triste et ennuyant, mal écrit. Je suis excessif ! Maintenant ça va un peu mieux. Mais en tout cas, ça m'a fait beaucoup de bien de retravailler sérieusement. J'ai beaucoup lu, j'ai refait mon job alors que je ne le faisais plus. Là-bas, je suis redevenu journaliste. Ici, je ne fais plus mon job. Je m'assieds et je lis des docs [7]! Je ne pourrais pas bosser [8] comme ça aux Etats-Unis.

En France, nous avons une très mauvaise image des médias américains. Diriez-vous que les Français sont mieux informés que les Américains?

Si vous regardez le journal du soir sur ABC, il est vachement bien fait. Comparons les choses comparables : un journal d'une demi-heure sur TF1 avec

---

[1] **ennuyeux, euse** adj. : fastidieux, monotone.

[2] **tatillon,onne** adj. : minutieux, exigeant, attaché aux détails.

[3] **la marquise sortit à 5 heures** : référence à Paul Valéry (écrivain français,1871- 1945)

[4] **se remettre en selle** : se rétablir.

[5] **taré** adj. : (familier) idiot.

[6] **paumer** : perdre.

[7] **doc** n.f.: (familier) documentation.

[8] **bosser** : travailler.

machin[1] qui lèche[2] la caméra et qui veut plaire aux dames et le journal de ABC qui fait le même temps avec de la pub[3] en plus. Il y a moins de temps et le pays est plus grand, mais j'en ai plus sur ABC en vingt-trois minutes que sur TF1 en quarante minutes. Donc, je dis que c'est mieux fait. C'est plus sérieux et ça répond à des critères qui me conviennent, moi qui souhaite me faire un jugement tout seul. Pendant la guerre du golfe, on a violemment critiqué CNN. Mais qui a dit ça? Il suffit de regarder la télé la nuit des élections ici! On a envie de la jeter la télé, c'est nul[4]! Tout n'est pas nul, mais ce procès m'agace[5] terriblement. En tout cas, les bases du job sont plus saines là-bas qu'ici. Ici, ce qui compte, c'est de présenter un jour le journal télévisé, quitte à[6] faire n'importe quoi pour y arriver. Là-bas, les types[7] qui présentent le journal ont une légitimité journalistique. Ils ont tous été reporters, correspondants, ils ne sont pas nés devant une caméra. Je ne dis pas qu'ils sont tous bons, ce ne sont pas des philosophes, ni des humanistes. Y a[8] des salauds aussi, des menteurs. Mais ici, c'est quand même la règle d'être fainéant[9], de ne pas savoir de quoi on parle mais d'en parler quand même. Je ne suis pas objectif, je leur trouve tous les défauts[10]! Non, j'exagère, il y a des mecs[11] bien.

---

[1] **machin** n.m. : nom que l'on donne péjorativement à qq. quand on ne se souvient plus de son nom.

[2] **lécher** : (sens figuré) flatter avec servilité.

[3] **pub** n.f. : la publicité.

[4] **nul** adj. : mauvais, sans intérêt.

[5] **agacer** : irriter, énerver.

[6] **quitte à** : en acceptant de.

[7] **type** n.m. : (familier) un individu, un mec, un homme.

[8] **Y a** : (familier, se dit à l'oral seulement) mais pour il y a.

[9] **fainéant** adj. : paresseux, qui n'aime pas travailler.

[10] **défaut** n.m. : absence d'une qualité qui serait désirable.

[11] **mec** n.m. : (familier) homme, type.

Quelle confiance l'opinion publique accorde-t-elle aux différents moyens d'information aux Etats-Unis ? Est-ce différent en France ?

Ils ont les mêmes problèmes qu'ici. Ils ont eu un petit problème de méfiance récemment à l'égard de leurs médias. Les médias étaient un peu sur la sellette[1] depuis Reagan. On leur a fait quelques vilains procès. Il y a eu ce documentaire sur CBS sur Westmorland qui les a attaqués en diffamation. CBS a perdu son procès parce qu'on avait manipulé les interviews. Plus la télé donne d'informations, plus elle s'expose à ce genre de critiques de l'auditoire qui peut constater au fil[2] des années que ce n'est pas un média parfait. Mais à mon avis, ils ont plus confiance en leurs journalistes que nous.

Quelle place la radio a-t-elle dans le dédale des moyens d'informations aux Etats-Unis ?

Ça marche très bien. Economiquement en tout cas. 2000 ou 3000 stations. Rien de comparable à France Inter sauf peut être NPR mais c'est un peu plus "classe". Le journalisme est mieux traité à mon avis et la qualité des gens qui y travaillent est supérieure. Ils occupent une autre place de prestige. A Washington par exemple, ils peuvent avoir dans leur journal du soir le gratin[3] des invités. Ici, les gens vont d'abord à la télé et puis éventuellement, si ils ont le temps, ils viennent à la radio. Mais de toute façon, on ne peut pas vraiment comparer car, à part le réseau NPR, il n'y a que des radios locales. En tout cas, les Américains écoutent la radio.

Auriez-vous aimé travailler dans une radio là-bas ?

Non, je ne suis pas parfaitement bilingue. J'aurais pu les amuser, avec mon accent français. J'ai travaillé pour CNN. Il y avait un programme appelé Foreign Affairs où des correspondants allaient discuter. C'est un plaisir de bosser avec eux.

---

[1] **être sur la sellette** : (familier) être la personne dont on examine les défauts et les qualités.

[2] **au fil de** : au cours de, tout au long de.

[3] **gratin** n.m. : (familier) l'élite.

Quelles images les médias américains projettent-ils des Français?

Ça s'est amélioré au fil des années. Avant, c'était Catherine Deneuve*, la bouffe[1], Chanel*... et je trouve que finalement, l'image qu'ils se faisaient de nous est devenue un peu plus complexe. Je dis ça parce que j'habitais Washington. Mais quand on va dans le Tennessee, le Français est vu comme un Franchouillard[2] qui boit du rouge et qui est un tombeur[3]. Je trouve quand même que les Américains deviennent moins bête vis à vis de l'Europe en général. L'entité européenne est entrée dans leurs têtes dans les années 80. Ils ont essayé de vouloir comprendre ce qui se passait, ce qui les menaçait éventuellement. Et je pense d'ailleurs que maintenant, ils sont complètement rassurés parce qu'il n'y a plus grand-chose pour menacer, en tout cas aujourd'hui.

Quelles images les médias américains renvoient-ils des Français en matière politique?

Il n'y a pas de généralité, je crois. Il y a des gens qui les étonnent, il y a des gens qui les snobent. Mitterrand* n'est pas sympathique à l'Américain moyen, mais c'est vrai que Bush aime bien Mitterrand et Mitterrand aime bien Bush. Ils se comprennent bien. Je les ai vus ensemble, c'était étonnant. C'est la première fois que je voyais Mitterrand sourire, décontracté. Ils connaissent un peu Jack Lang* mais sinon, pour le reste, ils s'en foutent[4]. Ils n'ont pas la première idée de qui est Rocard*, ça ne les fascine pas. De Gaulle* les a marqués, Pompidou* leur dit encore quelque chose[5], Giscard* assez peu. Je suis en train de chercher... mais je ne vois pas trop de personnages politiques qui les aient épatés[6] ou intéressés. On

---

[1] **bouffe** n.f. : fam. La nourriture, la cuisine.

[2] **Franchouillard** n.m. : fam. Façon péjorative de se référer au petit Français moyen de mauvais goût.

[3] **tombeur** n.m. : séducteur.

[4] **se foutre de** : fam. Se moquer de. Cela leur est égal.

[5] **dire qqch. (à)** : signifier, évoquer un sens connu et partagé.

[6] **épater** : impressionner, étonner, surprendre.

est quand même toujours un peu des Charlot[1] et un petit pays ! Les Américains connaissent bien, par contre, la vie politique en Angleterre.

A votre avis, que perçoivent les Français des élections américaines ?

On revient à tous les clichés, toutes les obsessions des Français, toute l'ignorance de gens qui ne veulent pas savoir.

Comment expliquez-vous qu'aux Etats-Unis les médias exposent la vie privée des politiciens. Est-ce quelque chose qui nous menace?

J'espère que ça nous menace! Là aussi, on confond[2] tout. Ce n'est pas tellement la vie privée des gens que les Américains jugent, ce sont leurs mensonges[3]. C'est assez différent finalement. Si le mec ment, il paie son mensonge. Pour être président des Etats-Unis, il faut être quelqu'un de stable, et la vie privée est une partie importante de la stabilité. Je ne dis pas qu'il faut faire la chasse aux sorcières[4], mais mentir comme ils le font... et bien quand ils se font prendre, ça ne me gêne[5] pas.

Le langage médiatique des hommes politiques présente-t-il des différences notables ?

Moi, je ne les trouve pas meilleurs, ni plus moraux. Encore que[6], aux Etats-Unis, ça a[7] créé un Carter. Il faut le faire[8], devenir président avec une morale de ringard, honnête, bienveillant, altruiste. Alors bon, ça a mal tourné. Je crois que dans

---

1 **Charlot** : personnage douloureusement comique des films de Charles Chaplin

2 **confondre** : faire une confusion, se tromper.

3 **mensonge** n.m.: ne pas dire la vérité, mentir. Dire délibérément des choses fausses.

4 **sorcière** n.f.: personne qui pratique une magie primitive, secrète et illicite.

5 **gêner** : incommoder, déranger, déplaire

6 **encore que** : fam. Bien que

7 **ça a** : (familier) cela a.

8 **il faut le faire** : (familier) faire cela est incroyable. Exprime l'ironie.

l'ensemble, ça se vaut[1] tout ça. Je trouve que le système américain est mieux adapté à ce que l'on tienne une comptabilité des travers du pouvoir : le mensonge, la corruption. Il y a plus de contrôles. Chez nous, il y a des commissions d'enquêtes[2], mais je ne vois pas sortir grand-chose. Aux Etats-Unis, de temps en temps, ils se font prendre la main dans le sac[3]! Je ne dis pas que c'est un monde parfait, j'ai vu des crapules[4]! Comme ici. Mais ici ils sont plus adroits, plus sophistiqués. Faites le bilan[5] des avoirs des hommes politiques en France! Ils ne sont pas tous nés avec une cuillère en argent dans la bouche[6]. Ils sont nantis[7]. Ça n'arrive pas par hasard. Aux Etats-Unis, on fait plus gaffe[8] à ça. Ils deviennent riches avant, ils trichent[9] avant. Je dis des bêtises! Ça m'ennuie d'avoir l'air de défendre ce système qui est loin d'être parfait.

Que pensez-vous de la formation des hommes politiques dans nos deux pays ?

La Chambre des Représentants aux Etats-Unis, c'est quand même un des endroits les plus ignares[10] du monde, mais ils n'ont pas beaucoup de pouvoirs. Le personnel politique n'est pas brillant, enfin au niveau des élus[11]. Au niveau de leur staff[12], il y a du beau monde quand même. Il y a des gens très brillants au

---

[1] **se valoir** : avoir la même valeur.

[2] **enquête** n.f.: investigation

[3] **prendre qq la main dans le sac** : le surprendre, le prendre en train de faire qch. de mal

[4] **crapule** n.f.: individu très malhonnête

[5] **faire le bilan** n.m.: regarder les résultats.

[6] **être né avec une cuillère en argent dans la bouche** : être né riche.

[7] **nanti** adj.: riche

[8] **faire gaffe** : fam. Faire attention.

[9] **tricher** : frauder

[10] **ignare** adj.: ignorant, inculte

[11] **élu** n.m.: choisi par élection

[12] **staff** : mot emprunté à l'anglais. Français : le personnel.

Congrès, pas beaucoup chez les élus. Au Sénat, c'est différent. Il y a des gens d'une très haute pointure[1].

Pensez-vous que l'appauvrissement du débat politique en France soit dû à l'influence des formes médiatiques de la politique américaine ?

Je ne trouve pas. J'ai suivi trois campagnes électorales là-bas. Ça a toujours été passionnant. Enfin presque toujours. Et puis, ce n'est pas un climat de guerre civile ! On parle tous du même truc[2], pour le bien-être des mêmes gens. Alors qu'en France, c'est vrai que les idéologies en ont pris un coup[3]. Mais il y a tout de même un système de classes, de castes, qui fait que c'est toujours une moitié de la France contre l'autre. Aux Etats-Unis, c'est Républicains contre Libéraux. Ça me semble assez sain comme débat. J'ai même été étonné du niveau des débats. Je leur trouve plus de flamme, plus d'enthousiasme. Il n'y a jamais eu de coup d'état, il n'y a pas de tentation dictatoriale. Chez nous, c'est permanent. Il me semble qu'aux Etats-Unis où c'est[4] toujours les forts contre les faibles, le système politique interdit les dérapages[5]... j'ai une vision idyllique de l'Amérique ce soir !

Pourquoi êtes-vous rentré en France ?

Je suis parti parce que j'ai acheté une maison en Normandie*, et la maison que j'ai achetée a commencé à me manquer. Et donc après, j'ai eu envie de rentrer pour planter des arbres ! Mais je suis chez moi aux Etats-Unis aussi. Je les ai bien aimés, ils me l'ont bien rendu.

Questions

1. Etes-vous d'accord avec les éloges de Jean-Luc Hees sur les médias américains?

---

1 **pointure** n.f. : dimension, qualité.

2 **truc** n.m. : (familier) chose quelconque que l'on ne veut pas indiquer clairement.

3 **en prendre un coup** : vieillir.

4 **c'est** : (familier) ici, J.L.Hess aurait dû dire 'ce sont les forts contre les faibles'.

5 **dérapage** n.m. : glisser, ne pas contrôler la situation et aller là où on ne l'a pas décidé.

2. *Résumez la perception qu'a Jean-Luc Hees des hommes politiques français et américains.*

3. *Selon un sondage de la SOFRES (1991), 66% des Français voteraient pour un candidat à la présidence de la République s'ils savaient qu'il a des maîtresses. Qu'en pensez-vous?*

4. *Les Américains "connaissent un peu Jack Lang, mais sinon pour le reste, ils s'en foutent". Jean-Luc Hees voit-il juste? Y a-t-il des personnages politiques français qui vous ont "épaté" ou "intéressé" ?*

5. *"Ce qui intéresse les Français, c'est leur mythe, leur idéologie sur les Etats-Unis mais la vérité américaine ne les intéresse pas du tout". Montrez, dans les interviews que vous avez lues jusqu'à présent, ce qui peut donner raison à Jean-Luc Hees.*

6. *En quoi selon vous, le commentaire suivant de Michel Serres (Philosophe, membre de l'Académie française) pourrait-il s'appliquer à Jean-Luc Hees?*

*" En France, nous souffrons de l'exaspération de la critique. C'est un sport national. Et la critique ne fait pas forcément avancer les idées... Les Américains, eux, sont très forts dans "l'auto-pub", ils sont très boy-scouts. En France, nous sommes les champions du monde de l'autocritique. Et les journaux ont une part de responsabilité. Quand les étrangers les lisent, ils pensent: "Oh, cela va très mal en France" . Ce n'est pas vrai, cela ne va pas plus mal en France qu'aux Etats-Unis."
Le journal du dimanche 15 mars 1992.*

7. *La presse anglo-saxonne serait d'après Hees plus pragmatique, plus attachée au factuel. En France , le journalisme privilégie encore l'éditorial sur l'investigation. Comparez des journaux français et américains.*

8. *Langue: relevez des passages du texte qui vous paraissent en Français non-soutenu et transformez les en langue soutenue.*

Idées à développer

I. MEDIAS ET DEMOCRATIE

Le Président de Reporters sans frontières pose la question : " les médias, qui furent la condition de la démocratie, ne seraient-ils pas en train de la détruire?"

L'image télévisée, dans son invitation permanente à jouir de la possession du monde, reprend ingénument l'occurrence biblique de la "tentation au désert". "Vois, tout ceci est à toi!". En réalité, bien sûr, la proposition est un piège. Cette réalité offerte est un hologramme et la "possession" du monde renvoit chacun à une solitude fondamentalement frustrée. Mais ce simulacre-là, n'est qu'un cas limite d'un principe médiatique qui se trouve mis en œuvre de bien d'autres manières. Et pas seulement à la télévision. Le discours médiatique, dans son ensemble, participe du simulacre et convie inlassablement à un immense bavardage sans véritable objet ni enjeu.

Le médiatique, en somme, n'est rien d'autre qu'un redécoupage subjectif de la réalité qui se présente indûment comme un reflet objectif, un discours intentionnel travesti en "compte-rendu" neutre; un choix permanent mais ne s'avoue jamais comme tel. Chaque présentateur devrait commencer son journal télévisé de 20 heures en disant : "Ce soir, j'ai choisi de vous parler de...". En réalité, il objective son point de vue, seule manière de le légitimer. Il dit implicitement : telles sont les choses qui sont advenues aujourd'hui et dont je vous rends compte. Une bonne part du "mensonge ingénu" tient à cette ambiguïté du point de vue, à cette posture abusive qui permet de faire l'économie d'une explication sur les critères de choix. Les médias, jour après jour, établissent une hiérarchie à laquelle ils feignent d'obéir. Et si la question des "valeurs" qui arbitrent ce choix n'est jamais clairement posée, c'est qu'elle est insoluble dans ce contexte étroit. Elle renvoie impérativement à la morale, à l'éthique, au politique.

Le discours médiatique renseigne d'autant mieux que son objet est lointain. Les médias, par définition, sont hypermétropes: ils voient mieux ce qui est au loin. Pourquoi? Parce que la proximité implique des contraintes, des pesanteurs qui parasitent la vision. L'information nationale est plus passionnelle, plus subjective que l'internationale, l'information locale est plus timorée encore que la "nationale", pour ne pas dire inexistante. Quant à l'information de quartier, elle relève du prospectus ou du tract. C'est un paradoxe redoutable. Le citoyen se trouve convoqué sans cesse vers des terrains qui échappent à son influence, vers des sujets sur lesquels il n'a pas de prise, vers des affrontements qui ne l'impliquent pas... Conséquence ultime et capitale : un rapport spécifique à l'information s'impose peu à peu, un rapport de pure gratuité. L'information ne prête pas à conséquence, elle est en quelque sorte détachée de sa fonction originelle qui devait être d'informer les citoyens pour éclairer leurs choix. Derrière ce mécanisme faussement "autonome", se révèle ainsi un dysfonctionnement - une "abstention" - d'une nature toute autre que médiatique.

Le médiatique est, comme on le sait, aspiré par le vide. Il tend à se substituer mécaniquement à toute institution défaillante ou trop affaiblie pour résister (justice, enseignement, Parlement, police même, etc.). Pourtant, et sans l'avoir clairement revendiqué, il est sommé d'exercer des fonctions qui ne sont pas les siennes et pour lesquels il n'est ni armé, ni préparé, ni surtout responsabilisé. C'est donc sous l'effet d'une logique qui lui échappe que le prétendu "empire des médias" étend son autorité et recule ses frontières. Cet impérialisme des médias a ceci de notable qu'il est sans empereur identifiable. Ce qui importe, c'est de bien voir dans l'omnipotence obsédante du "médiatique" un symptôme de crise. Dans le procès assez vain que la démocratie instruit inlassablement contre les médias, c'est son propre procès et son propre délabrement qui sont en jeux.
Jean-Claude Guillebaud, © Esprit, Mars-avril 1993, pp. 98-99.

Question

Seriez-vous d'accord pour dire, comme l'auteur de cet article, que la nouvelle fonction des médias est de divertir au lieu d'informer, de distraire au lieu d'impliquer?

II. LES HOMMES POLITIQUES FACE A L'OPINION PUBLIQUE

L'homme politique d'aujourd'hui se trouve confronté à de sévères exigences. Jean-Denis Bredin, de l'Académie française explique dans ce passsage ce que les Français attendent et espèrent aujourd'hui du politique.

Un citoyen nouveau

Souvenons-nous d'abord, au risque de quelques banalités, que le monde où meurent et naissent les Français d'aujourd'hui a changé en quarante ans plus peut-être qu'en plusieurs siècles. Tout a été dit sur le déclin des religions et des idéologies qui donnaient une explication du monde, commandaient ou guidaient les comportements, et promettaient, au bout du chemin, la récompense. La plupart des Français- que quelques vacances séparent encore du troisième millénaire-n'attendent plus ni la terre promise, ni le bonheur éternel, ni l'avènement du prolétariat. Ils n'ont plus, pour les guider, ni paradis, ni enfer, ni grand soir, ils ne croient même plus aux bienfaits obligés d'un progrès irrésistible. Cela déjà change le citoyen. Peut-on avancer que la patrie elle-même a perdu son importance dans chacun de nos destins? Pour nos grands-parents, pour nos parents, pour certaines d'entre nous, elle fut raison de vivre et de mourir. Les guerres -de conquête, de défense, de revanche - imposaient des devoirs, obligeaient à des sacrifices. Même la paix, quand elle préparait la guerre, offrait des directions sûres. Or, l'amour sacré de la patrie ne fait plus vivre. L'histoire a eu raison de la vieille haine franco allemande; l'Europe, même peu ou mal faite, symbolisée par nos passeports, a envahi nos mentalités; la familiarité de l'avion, l'évasion à portée de main ont déplacé, transformé la jeunesse. Surtout la force de l'image, de l'écran, nous a promenés à travers le monde. Des générations sont venues qui ont passé les frontières, au point souvent de ne plus les voir ni les comprendre. Parfois la patrie redevient un rêve, le temps d'un défilé, d'un discours, d'un exploit, le temps surtout d'un match de foot ou de tennis. Mais il faut consentir cette évidence: dans les temps ordinaires, la patrie ne fournit plus ni morale, ni devoir, ni espoir.

(...)

Observons-le un instant, ce nouveau citoyen. Sans doute ne croit-il plus aux projets politiques qui prétendent tout investir. Il se méfie des programmes totalitaires, il les soupçonne vite d'agiter des mots. Il ne s'intéresse guère aux longues prévisions: le bonheur, au bout du progrès, ou après la Révolution, ne le concerne plus. Il n'est pas si replié sur lui-même qu'on le dit: mais ni l'amour de l'Homme ni la solidarité d'une classe sociale ne parlent vraiment à son cœur. Il aime ce qu'il connaît, ce qu'il voit, un monde proche, sa famille, son logement s'il en a un, parfois sa cité, souvent sa voiture. Il respecte, il affectionne les animaux et les plantes qui l'entourent. Il est capable de s'engager pour aider les autres de se dévouer même, pourvu que les autres aient un nom, un visage, et qu'il soit sûr de vraiment les aider. L'amour de tous ou de chacun lui semble inutile, portant des promesses trop lointaines ou des projets gonflés de vent. La fraternité finale, celle du paradis ou du grand soir, il n'a plus envie d'œuvrer pour elle.

Ce citoyen est-il indifférent à la politique, ce dont il est souvent accusé? On peut penser au contraire que le citoyen d'aujourd'hui pose au politique, parce qu'il attend beaucoup de lui, de nouvelles et sévères exigences.

La principale exigence pourrait être une revendication morale. L'homme politique espéré ne devrait être ni corrompu ni malhonnête, il devrait ne pas soumettre l'intérêt général à ses intérêts particuliers. Il devrait encore ne pas feindre, ne pas ruser. Devant son écran de télévision, écoutant sa radio, le citoyen nouveau est devenu capable de déceler derrière les mots et les mimiques, la vacuité, le mensonge, ou l'astuce.

Cette exigence morale, il est probable qu'elle revendique aujourd'hui la compétence. Longtemps, la politique fut indifférente à celle-ci. La chose publique n'était ni si spécialisée ni si compliquée que l'habileté et le verbe n'y puissent suffire. Le reste était l'affaire des administrations. Pour chacun ou presque, la compétence est aujourd'hui devenue une exigence, et aussi le travail et le sérieux du travail, qui ne sont pas seulement vécus comme des nécessités du métier, des instruments de la réussite, mais aussi comme des devoirs moraux. Ainsi pourrait se dessiner le portrait du politique espéré : intègre, sincère, compétent, soucieux de parler sérieusement à des citoyens majeurs. Si par surcroît ce politique était capable d'écouter, de comprendre autre que soi, et aussi, pourquoi pas, d'être drôle le temps d'un sourire, il vérifierait que n'existe nul vrai mépris du politique chez le citoyen.

© Le Monde, vendredi 12 juin 1992.

128

Questions

*1. Si l'on en croit les sondages, les Français semblent dire "Oui à la politique"
mais "Non aux hommes politiques". Retrouvez les passages dans les propos de
Jean-Luc Hees, les tableaux et l'extrait du Monde ci-dessus qui indiquent cette
position des Français face à la politique et à ses hommes. Comparez avec l'opinion
publique américaine.*

*2. "Dans les temps ordinaires, la patrie ne fournit plus ni morale, ni devoir, ni
espoir" (Denis Bredin). Commentez.*

Bibliographie

J-M. Charon, L'Etat des médias, La Découverte, coll. "L'état du monde", Paris,
    1991.

    La Presse en France de 1945 à nous jours, Paris, Seuil, 1991.

D. Wolton, Eloge du grand public. Une théorie critique de la télévision, Paris,
    Flammarion 1990.

A. Woodrow, Information, manipulation, Paris, Le Félin, 1990.

Annexe

I. Points de repère : radio

Les chaînes de télévision française:

TF1 : Privatisée le 15 avril 1987
Couverture Nationale
Part d'audience : 44% (septembre 1990 Source Médiamétrie)

France 2 : Chaîne de Service Public
Couverture Nationale
Part d'audience : 22%

France 3 : Chaîne de Service Public
Réseau National et Régional
Part d'audience : 12%

M6 : Chaîne privée créée le 1er mars 1987
Couverture : environ 70% du territoire
Part d'audience : 7,9%

Canal +: Chaîne privée créée le 4 novembre 1984
Cryptée avec décodeur, couverture 84% du territoire
Part d'audience : 4,6%

ARTE : Chaîne publique créée en avril 1992 lorsque la 5, chaîne privée créée en 1986 a déposé son bilan. Vocation européenne et culturelle.

Les Stations de radio

- Radios dites "périphériques" :

RTL : privée
Europe 1: privée
RMC : privée sous tutelle de la principauté de Monaco.

-Radios de service public:

Radio France comprenant:

France Inter
France Culture
France Musique
France Info
Radio France Internationale

II. Modes d'usage de la télévision et de la radio

La radio

Proportion des Français âgés de 15 ans et plus...
-**qui écoutent la radio**..**85%**
-dont tous les jours ou presque.......................................66%

-**qui écoutent la radio essentiellement:**
-pour les informations..19%
-pour les chansons, les variétés ou le rock............................22%
-pour la musique classique...3%
-pour autre chose...5%
-un peu pour tout...36%

Source:© Les pratiques culturelles des Français 1988/1990. INSEE

La télévision

Proportion des Français âgés de 15 ans et plus qui...
- allument, même rarement, la télévision en rentrant chez eux, sans connaître le programme...61%
- choisissent le plus souvent à l'avance en consultant le programme...25%
- choisissent le plus souvent leurs émissions le jour même.............47%
- choisissent le plus souvent leurs émissions sur l'instant en regardant les premières images...11%
- ont l'habitude de regarder toujours les mêmes émissions...............5%

Source : © Pratiques culturelles des Français 1988/1989. INSEE

Proportion des Français âgés de 15 ans et plus dont la durée d'écoute de la télévision est
- quotidienne et supérieure ou égale à 30 heures par semaine............16%
- quotidienne et de 20 heures à 29 heures par semaine.....................20%
- quotidienne et de 10 heures à 19 heures par semaine.....................28%
- quotidienne et inférieure à 10 heures par semaine.........................7%
- non quotidienne et supérieur ou égale à 10 heures par semaine..........11%
- non quotidienne et inférieure à 10 heures par semaine......................9%
- regardent la télévision, mais ne savent pas évaluer la durée d'écoute.....3%
- ne regardent jamais la télévision...5%

Source : © Pratiques culturelles des Français 1988/1999.INSEE

III. L'opinion publique

LA CREDIBILITE DES MEDIAS						
Réponses	Journaux		Radio		Télévision	
	1988	1991	1988	1991	1988	1991
"Les choses se sont passées vraiment ou à peu près comme racontées"	56%	43%	62%	54%	65%	49%
"Il y a pas mal de différences ou les choses ne se sont pas passées comme	38%	50%	28%	34%	32%	48%

Echantillon national de 1000 personnes, représentatifs de l'ensemble de la population âgée de 18 ans et plus. Source: SOFRES, décembre 1991.

Les journalistes face à l'opinion publique
- La majorité des Français pensent que, d'une manière générale, les journalistes ne disent pas la vérité (54% contre 35%), en tout cas qu'ils ne disent pas tout ce qu'ils savent (71% contre 21%).
- 85% des Français estiment que les journalistes sont manipulés.
- 65% des Français pensent que la presse doit tout dire (29% non).
Source : SOFRES 1991.

Chapitre 5

Qu'est-ce qu'instruire?

Winston Brugmans *est professeur de philosophie et de sociologie à Bordeaux. Il a passé un an comme 'Visiting Professor' à Bowdoin College (Maine) en 1990-91. Il ouvre, par ses remarques, une réflexion sur l'enseignement français en soulignant ses forces et ses faiblesses par rapport à l'enseignement américain.*

Qu'est-ce qui surprend un professeur français enseignant en Amérique? Comment comprend-il le système éducatif américain? C'est ce que Winston Brugmans explique dans cette interview.

Argument
L'expérience d'enseignant aux Etats-Unis a été, pour Winston Brugmans, des plus enrichissantes tant sur le plan personnel qu'en matière de réflexion pédagogique. Cependant, le système français ne lui a pas vraiment permis d'intégrer cette expérience à sa pratique une fois de retour en France.

134

Interview

Vous avez passé un an comme professeur de français aux Etats-Unis. Quelles images de l'université américaine aviez-vous avant votre départ?

Winston Brugmans : Aucune image sinon peut-être le mythe véhiculé par le film Le cercle des poètes disparus : symboles et rituels, petite communauté, rapports étroits[1] entre professeurs et élèves.

Dans l'enseignement tel que vous avez pu le percevoir à Bowdoin College, qu'est-ce qui vous a semblé différencier la France des Etats-Unis?

Il y a des choses que j'ai été obligé de faire aux Etats-Unis et que l'on devrait faire en France. Par exemple, le fait de donner en début de semestre sa progression, le programme de chaque semaine, les modes d'évaluation. Je pense qu'en France, il y a pas mal de[2] professeurs qui doivent le faire mais comme il n'y a aucune pression de la part des étudiants, je suis sûr qu'il y a également beaucoup de professeurs qui ne le font pas. La deuxième chose qui m'a frappé est que les professeurs assistaient beaucoup les étudiants. J'ai eu l'impression de devoir utiliser une pédagogie que j'emploie en France lorsque j'enseigne dans des Lycées d'Enseignement Professionnels[3] avec des élèves en difficulté, c'est-à-dire une pédagogie extrêmement structurée où l'on aide les élèves au maximum, où on les met dans une perspective de réussite[4]. Je pense toutefois qu'il y a certaines universités américaines où l'on doit jouer le même élitisme qu'en France. Je me

---

[1] **étroit** adj. : intime, généreux.

[2] **pas mal de** : (familier) beaucoup de.

[3] **Lycée d'Enseignement Professionnel** : on y forme les élèves directement pour des professions souvent techniques ou manuelles.

[4] **réussite** n.f. : succès.

suis d'ailleurs[1] aperçu que même à Bowdoin, dans des cours autres que les cours de français, il y avait des professeurs à leur chaire[2], faisant cours sans se soucier[3] du tout de savoir si les étudiants suivaient ou ne suivaient pas.

Quel a été votre rapport avec vos étudiants?

Parlant mal l'Anglais, le rapport n'était pas évident[4]! J'avais la sensation, ceci mis à part, que je ne savais pas trop sur quel pied danser[5]. Est-ce que les étudiants étaient là par intérêt personnel (pour bien se faire voir, pour être bien notés) ou par intérêt de discussion ou tout simplement par relation amicale? Je n'ai pas toujours su faire la différence et cela m'a un peu gêné[6]. En France, c'est très clair. Si un étudiant a un rapport avec vous, c'est soit parce qu'il a envie de discuter, soit parce qu'il a envie d'avoir une relation plus proche avec le professeur mais j'ai rarement senti des relations intéressées.

Je me suis aperçu aussi, en faisant travailler des étudiants sur des mémoires[7], qu'il était difficile de les obliger à refaire un travail, à les sanctionner un peu dans le sens où on leur dit que c'est à reprendre. Ces remarques sont douloureuses[8] pour eux, mal acceptées et rendent de suite la relation conflictuelle.

Avez-vous eu l'impression que le comportement des étudiants américains en classe différait de celui de vos étudiants en France?

La première chose qui m'a frappé est cette omniprésence de ce que j'appellerais "le pot à eau"! Tout le monde a sa grosse tasse et boit de l'eau... paraît-il! Ce qui m'a étonné un peu aussi, mais ne m'a pas gêné, c'est une certaine décontraction dans la

---

1 **d'ailleurs** : d'autre part. Locution adverbiale qui introduit une nouvelle nuance.

2 **chaire** n.f. : tribune réservée au professeur.

3 **se soucier de** : se préoccuper de.

4 **évident** adj.: facile.

5 **ne pas savoir sur quel pied danser** : être dans l'indécision.

6 **gêner** : troubler.

7 **mémoire** n.m. : dissertation.

8 **douloureux,euse** adj. : qui cause une souffrance morale. Cruel.

tenue. On le perçoit moins en France où le professeur ne voit que la moitié du corps des étudiants puisqu'ils sont assis à une table.

Le système français de contrôle des connaissances est essentiellement basé sur des examens de fin d'année. Un étudiant est toujours face à la possibilité de devoir redoubler son année en cas d'échec[14]. Aux Etats-Unis, jusqu'à la licence[15], l'étudiant est soumis[16] à un système de contrôle continu. Il ne redouble[17] donc pas. Au pire, il change d'orientation. Que penser de cette différence?

En France, avec ce système, il y a entre 50 et 70% d'étudiants qui sont collés[18] aux examens en fin de première année. C'est quand même considérable. Ceci ne se produit pas dans le système américain. Est-ce lié à un meilleur encadrement[19]? C'est fort possible. Les étudiants sont suivis. Les étudiants français sont peut-être plus dispersés par rapport à leurs études. Souvent, l'étudiant français cherche à se faire un peu d'argent[20] en prenant un petit travail pour améliorer son quotidien. Ceci le conduit donc à avoir du temps libre pour pouvoir dépenser cet argent gagné. Les études deviennent alors tout à fait secondaires et l'étudiant passe une année tranquille, sans contrôle. L'étudiant américain qui travaille le fait, lui, pour pouvoir financer ses études. Cette activité reste centrée sur les études.

Pour en revenir plus précisément à la question des examens, la question que je me suis posé est de savoir si le diplôme de licence américain sanctionne[21] un niveau général auquel on *doit* arriver ou le niveau auquel l'étudiant *est* arrivé? Est-ce l'étudiant qui forme sa propre norme et le professeur, acceptant sa progression,

---

14 **échec** n.m. : contraire de succès.

15 **licence** n.f. : examen de fin de troisième année d'université.

16 **soumettre** : mettre dans l'obligation d'obéir à une loi.

17 **redoubler** : répéter une classe à cause d'échec.

18 **être collé** : ne pas réussir un examen.

19 **encadrement** n.m. : organisation pour aider les étudiants à travailler.

20 **se faire de l'argent** : gagner de l'argent.

21 **sanctionner** : confirmer.

même minime, rétribue[1] cette progression bien que l'étudiant reste loin d'un idéal?
Je garde l'idée qu'il est intéressant, lorsque l'on est étudiant, de s'affronter[2] à une
norme extérieure à soi, donc à un examen où l'on peut être collé[3]. Avec le système
de notation tel qu'il était à Bowdoin College, (A,B,C,D,F), il était très rare tout de
même de donner des F. Par contre, les étudiants se battaient pour avoir des A. En
France, la mentalité est différente et les étudiants travaillent pour avoir la
moyenne[4].

**Comment expliqueriez-vous à un étudiant américain qu'en France,
nous avons un système de notation sur 20 points et que presque
personne n'a jamais 20 sur 20; que 15 sur 20 est déjà une excellente
note.**

Je crois que l'on n'a pas 20 sur 20 pour une chose très simple : c'est le professeur
qui détient une norme qui est totalement extérieure à l'élève. Si l'étudiant fait une
dissertation aussi bonne que celle qu'il a faite par rapport à tel sujet qu'il a posé,
alors l'étudiant aura peut-être 18, 19, 20. En général, la plupart des étudiants
n'atteignent[5] pas ce niveau, c'est une évidence. Mais cela reste possible. Je
connais un élève qui a obtenu un 20 en philosophie au baccalauréat*. Pour rentrer
dans des classes préparatoires[6] , il faut avoir une mention[7] *très bien*. Ceci veut
dire que l'étudiant a eu 16 et au delà. On voit tout de suite qu'il y a donc des
étudiants qui obtiennent cette moyenne. Parallèlement, en Amérique, il y a
beaucoup d'étudiants qui ont des A au cours de leurs études mais peu d'étudiants
obtiennent leur licence en ayant eu exclusivement des A tout au cours de leur

---

[1] **rétribuer** : donner quelque chose pour un travail accompli.

[2] **s'affronter** : s'exposer.

[3] **être collé** : ne pas réussir à un examen.

[4] **moyenne** n.f. : le système de notation français est sur 20 points. La moyenne est donc 10.

[5] **atteindre** : arriver à.

[6] **classes préparatoires** : voir tableau "structure de l'enseignement français".

[7] **mention** n.f. : indication d'une appréciation favorable d'un jury d'examen : mention très
bien, mention bien, mention assez bien.

138

scolarité[1]. Lors de[2] la remise des prix en fin de quatrième année aux Etats-Unis, on retrouve donc un peu le même système qu'en France.

La presse française est loin d'être élogieuse sur les résultats de l'enseignement américain. D'où vient cette image à votre avis? Est-elle justifiée?

Je n'ai pas rencontré, comme on nous le décrit dans certains articles, des élèves qui ne savaient ni lire ni écrire. On m'avait aussi dit que les étudiants américains n'avaient pas le sens du plan[3]. Je me suis aperçu que c'était faux. J'avais de bons étudiants. J'ai l'impression que les Français, lorsqu'ils parlent du système américain, reprennent simplement ce que les américains disent de leur propre système et beaucoup disent que le système fonctionne mal. Je crois aussi que 43% d'une classe d'âge en Amérique est dans l'enseignement supérieur. En France, 29%. Or, avec ces 29%, on voit déjà tous les problèmes que cela pose : baisse de niveau des étudiants qui, dit-on, ne savent plus écrire, plus faire de plan. Pour un universitaire français, l'idée d'avoir 43% d'une classe d'âge à l'université doit paraître comme l'apocalypse absolue. Plus la démocratisation de l'enseignement avance en France, plus les étudiants paraissent ne pas être au niveau. Ceci nous fait peur.

Avez-vous eu l'impression que les universitaires occupaient des places différentes dans nos deux sociétés?

Il m'a semblé que l'universitaire américain était mieux considéré. Il paraît avoir un prestige, au moins aux yeux des étudiants. Ils regardaient leurs professeurs comme des personnages importants qu'ils respectaient, qu'ils remerciaient lors de la réussite de leurs études. On trouve rarement ce genre de comportement dans le système français où les relations sont souvent tendues, difficiles entre les étudiants

---

1 **scolarité** n.f. : temps, années d'études.

2 **lors de** : au moment de.

3 **plan** n.m. : organisation des différentes parties d'un devoir.

et le professeur. L'enseignant[1] n'a aucune aura par rapport aux étudiants en France.

Qu'avez-vous pensé du concept de campus américain?

J'ai trouvé le campus de Bowdoin très agréable. Il est à la fois ouvert sur la ville mais on a aussi l'impression qu'il est nettement délimité. Je me suis trouvé tout de suite avec la sensation d'être au couvent[2], c'est-à-dire dans une communauté où tout est sur place. Le bureau est près de la salle de cours, la salle de cours est près de la bibliothèque qui est ouverte le samedi et le dimanche. On n'y va pas forcément[3] pour travailler. C'est un lieu où l'on peut côtoyer[4] les gens, s'arrêter, prendre un livre, lire, repartir. Il y a aussi des installations sportives. Il y a toute une possibilité de vie que j'ai trouvée fort agréable en tant qu'enseignant. J'ai appris toutefois qu'il semblait que les étudiants ne trouvaient pas cela extraordinaire puisqu'un des problèmes fondamentaux du campus est la boisson. On boit car on doit s'ennuyer un peu. C'est donc peut-être beaucoup moins idyllique vécu par les étudiants que pour moi, étranger, qui avait tout d'un coup l'impression d'une autosuffisance du système qui doit être, en un sens, relativement fictive. Ceci pour le campus de Bowdoin. Le campus d'Harvard ne fait, en comparaison, pas autant 'campus' puisque l'université est en pleine ville. Le campus est fermé le soir par des grilles cadenassées[5]. Harvard n'avait pas, pour moi, cet aspect de fermeture voulue, intellectuelle. J'y ai vu une fermeture très sécuritaire. Les étudiants sortaient du campus pour se précipiter dans les bistrots[6] de la ville. On pouvait trouver cela dans une université comme celle de Bordeaux lorsqu'elle était dans le centre. Il y avait un quartier universitaire colonisé par les étudiants qui s'y créaient toute une vie. Lorsque l'université de Bordeaux a été installée à l'extérieur de la ville, comme bien d'autres universités en France, elle s'est retrouvée dans un vide

---

[1] **enseignant** n.m. : professeur.

[2] **couvent** n.m. : maison dans laquelle des religieux ou des religieuses vivent en commun.

[3] **forcément** : nécessairement.

[4] **côtoyer** : aller côte à côte avec.

[5] **cadenasser** : fermer avec un cadenas (appareil de fermeture en métal avec une clé).

[6] **bistrot** n.m. : café.

social, un vide de distractions, de bistrots. Ce ne sont pas vraiment des campus ni des 'villes fac[1]' comme avant.

Les étudiants français qui vont aux Etats-Unis sont toujours surpris des frais de scolarité puisque les études en France sont presque gratuites.

La gratuité de l'école en France n'est absolue et complète que jusqu'à la fin du collège d'enseignement secondaire[2]. Lorsqu' un étudiant français veut intégrer[3] les meilleures écoles françaises après le baccalauréat, c'est-à-dire les grandes écoles, il lui faut payer. Si on va comparer les frais[4] de scolarité de Bowdoin College ou de Harvard, il faut donc les comparer aux prix d'universités privées françaises de haut niveau. En prenant par exemple HEC (Hautes Etudes Commerciales), on va s'apercevoir que la différence avec Harvard n'est peut-être pas aussi considérable. Si l'on prend deux universités d'Etat par contre, il est vrai qu'il y a une sacrée[5] différence puisqu'en France, le droit d'inscription est d'environ 1.000 Francs. Il faut veiller[6] à comparer ce qui est comparable. Cependant, à l'heure actuelle en France, on va de plus en plus vers le système américain car la communauté est conduite à absorber le coût énorme que représente l'étudiant. En effet, beaucoup s'inscrivent à l'université pour finalement ne déboucher[7] sur rien et coûtent tout de même à l'Etat. Si les inscriptions[8] étaient à 15.000 Francs au lieu de 1.000 Francs, ils s'inscriraient peut-être moins facilement.

Quelle influence cette expérience américaine a-t-elle eu sur vous en

---

[1] **fac** n.f. : populaire pour faculté: université.

[2] **Collège d'Enseignement Secondaire** n.m. : voir tableau "structure de l'enseignement".

[3] **intégrer** : entrer dans.

[4] **frais** m.pl : le coût.

[5] **sacré** adj.: (familier) très grande.

[6] **veiller à** : faire attention à.

[7] **déboucher** : ouvrir sur.

[8] **inscription** n.f. : immatriculation.

tant qu'enseignant?

C'est difficile à dire parce que cette expérience n'a pas pu être réexploitable au retour. En France nous avons, en tant qu'enseignants, un statut. Quelles que soient les expériences que l'on a pu faire, en terme de statut, cela ne crée aucune valorisation. Cela vous tient donc, au retour, loin de l'expérience que vous avez pu avoir. J'ai tiré profit[1] de cette expérience dans des choses que j'ai vécues et qui me sont difficiles de reproduire ici. Le système universitaire américain est très incitateur[2] intellectuellement. Il est plus facile par exemple d'écrire quelque chose et de le voir publié, en français tout du moins, pour la simple raison qu'il y a beaucoup plus de revues qu'en France. C'est une expérience que je garde comme souvenir mais, lorsque l'on est de retour et que l'on se retrouve dans un autre système, je dirais que cela devient plus de l'ordre du regret que du souvenir dynamique.

Questions

1. D'après les remarques faites par Winston Brugmans, quelles images vous faites-vous de l'université française?

2. Quelles sont, selon vous, les forces et les faiblesses du système éducatif français et celles du système éducatif américain?

---

[1] **tirer profit de** : tirer bénéfice de.

[2] **incitateur** n.m. : encourageant, stimulant.

Idées à développer

I. L'ECOLE ET SES FONCTIONS

Guy Samana, professeur de philosophie dans un lycée de la région parisienne, explique dans cet extrait les conséquences de ce qu'il voit comme la "professionnalisation" de l'école française.

Traditionnellement l'école cumule deux fonctions: celle de transmission du savoir, pendant longtemps privilégiée, et celle de service public. Celle-ci s'est progressivement superposée à l'autre au point de la recouvrir aujourd'hui dans la conscience lycéenne.

L'essentiel de ce qui doit faire l'objet de la transmission du savoir n'est, semble-t-il, pas remis en cause, même si cela pose par ailleurs des problèmes épistémologiques et pédagogiques. Les lycéens eux-mêmes ne discutent pas cette fonction.

En revanche, leur expérience est différente: ils appartiennent à la génération des médias qui est celle de l'immédiat, pour qui le savoir transmis par l'école est relativisé et spontanément transformé en un savoir, celui des professeurs, qui vise une finalité : la sanction du diplôme. Il a désormais un objectif utilitaire qui agit en retour sur ceux qui sont supposés le transmettre : d'un côté, le baccalauréat* fait l'homme, et non l'inverse; de l'autre, un professeur ne doit plus aujourd'hui tant être cultivé qu'utile. C'est aussi le seul moyen pour lui de ne pas échapper au jugement de la norme sociale, grâce à laquelle il serait "considéré", et de compenser l'intériorisation de sa dévaluation symbolique et de son inefficacité économique.

En effet, à travers la plupart de ses "filières", l'école des professeurs est devenue, en quelques décennies, l'école des professions, et le savoir s'est exilé dans la recherche.

Subordonnée à l'ordre des savoirs et de ceux qui les transmettent, les professeurs, l'école devient subordonnée à l'impératif de l'emploi. Elle n'a fait que troquer une vassalité, à l'intérieur de laquelle ils ont perdu le contrôle.

Et, parallèlement, l'école *sur* mesure du début du XXe siècle était une école *de* la mesure: tout y était évalué parce que tout y était estimé évaluable selon des critères à peu près solides et quantifiés, et tout y était soumis à la modération et à la "prudence", héritage grec de l'intelligence opposée à la démesure.

Cette "professionnalisation" change radicalement la nature des données et l'importance des enjeux : la nature des données puisque la machine à produire de la culture est devenue une machine à réduire les inégalités dans le mode d'accès aux meilleurs emplois, l'importance des enjeux puisque, derrière les impératifs de neutralité et de laïcité, se cachent une vassalité déguisée à une norme extérieure et un gigantesque dispositif d'orientation-socialisation, dernière composante que l'école a trouvée pour sa survie et destinée à rendre impossible une disparition qui, en réalité, s'est déjà accomplie.

L'école des ruptures de cette fin du XXe siècle -dans la démographie, dans les finalités, dans la transmission (les techniques modernes de la communication) - est, en réalité, une rupture de l'école. Le modèle du lieu clos, où l'unique savoir formalisé qui soit transmis l'est par le canal d'un maître revêtu de l'autorité doctorale et drapé dans la dignité de la tradition comme dans une hermine magistrale, n'est plus recevable aujourd'hui.

D'une part, le savoir emprunte de multiples chemins qui croisent de plus en plus ceux de la vie quotidienne; d'autre part, ses moyens de transmission modernes (vidéodisque, instruments interactifs, etc.) provoquent de ce fait une fossilisation du maître qui s'en priverait, pour une raison ou pour une autre, et un vieillissement de toute l'institution : elle ressemblerait à une armée qui irait au combat avec le chassepot affronter un ennemi doté de missiles à neutrons et de la force nucléaire.

Ce changement est corrélatif d'un autre. Le premier introduisait la société dans l'école. Le deuxième y fait intervenir l'administration, au point de produire une confusion : aux yeux du public et des hommes politiques, l'école c'est l'administration. Les lycéens ne se repèrent plus.

Le décalage est grandissant entre l'expérience d'un même lieu, l'établissement scolaire, par les lycéens et les quasi-adultes qui y vivent.

L'effervescence lycéenne est composée de deux éléments : un *désarroi* provient de ce que les lycéens ne vivent pas la même école, bien qu'ils soient dans la même, que celle des adultes qu'ils côtoient. La *désorientation* provient d'une crise globale de la rationalité.

Guy Samana. "De l'échec d'une société de savoir à la faillite d'une société de services". © Le Débat, mars-avril 1991, p. 67-68.

Questions

1. Avez-vous l'impression qu'aux Etats-Unis, l'école soit également de plus en plus "subordonnée à l'impératif de l'emploi"?

2. Quelles sont, selon vous, les fonctions de l'école en Amérique? Comparez à ce que vous savez de l'école en France.

3. "Les lycéens ne vivent pas la même école, bien qu'ils soient dans la même, que celle des adultes qu'ils côtoient". Cela est-il vrai selon vous dans les lycées américains? A l'aide de l'interview de François Dubet sur les jeunes, (IV, 1) expliquez ce qui peut provoquer cette distance entre lycéens et adultes dans les lycées français.

II. COMPARAISONS : UNIVERSITE FRANÇAISE ET AMERICAINE

Ce bref extrait d'Antoine Compagnon, critique littéraire, propose quelques comparaisons entre les universités américaines et françaises:

Dès 1897, au retour d'une tournée de conférences dans plusieurs universités américaines, à la veille de "J'accuse" et du procès de Zola*, Brunetière* portait un jugement comparé des universités françaises et américaines qui reste d'une désolante pertinence, car rien n'a véritablement changé en France et Brunetière avait déjà perçu les failles de l'institution alors que sa refondation n'était même pas encore terminée: "(Les universités américaines) sont maîtresses de leur budget, maîtresses de la matière de leur enseignement, et maîtresses du choix de leurs professeurs. Quelle raison aurais-je de dissimuler qu'en appuyant sur ces trois points je songe à nos Universités? qui seront tout ce que l'on voudra, mais non pas, à mon sens, des universités, vraiment dignes de ce nom, aussi longtemps que les professeurs en seront choisis, nommés, appointés par l'Etat, et surtout aussi longtemps que les examens qu'elles feront passer seront des examens d'Etat, j'entends dont le programme sera déterminé par l'Etat, et dont les diplômes constitueront, pour ainsi parler, des titres d'Etat." On ne saurait mieux définir le péché originel de l'université française. Les diplômes y ont "surtout et d'abord une valeur d'Etat'", c'est "un titre exigé pour entrer dans une carrière". Ou encore, selon une formule qui résume parfaitement le défaut de l'enseignement supérieur français : "Nos Universités préparent des avocats, des médecins, des professeurs; et c'est tant mieux s'il en sort des savants ou des érudits! mais elles ne sont pas instituées pour en former."

Antoine Compagnon. " L'utopie d'une république athénienne" © Le Débat, mai-août 1992, p. 46.

Question

Résumez les différences entre l'université française et américaine puis commentez.

III. QU'EST-CE QU'INSTRUIRE?

Michel Serres, philosophe, développe dans son livre Le Tiers-instruit l'idée que l'éducation consiste et demande à épouser l'altérité la plus étrangère, à évoluer par de nouveaux croisements. "Aime l'autre qui engendre en toi une troisième personne, l'esprit".

Naissance et connaissance

Je ne sais ce qui me pousse à dire que ces quatre épreuves ou expositions majeures de la pédagogie : l'éclatement du corps en parties, l'expulsion vers l'extérieur, le choix nécessaire d'un chemin transverse et paradoxal, enfin le passage par la tierce place, nous les avons tous déjà subies aux premières heures de notre naissance, où il a bien fallu, non sans effusion de sang, parfois, ou écrasement de la tête, s'arracher à un corps auquel le nôtre s'intégrait, car nous ne vivions que comme partie du corps maternel, souffrir une poussée irrésistible vers le froid irrespirable du dehors, devoir prendre un chemin qu'aucune contrainte antérieure ne prévoyait, passer enfin par un pertuis rétréci récemment dilaté, tout prêt à se refermer, au risque d'étouffer, de nous étrangler, de nouer le cordon autour du cou, suffoquer, mourir d'asphyxie dans le conduit obstrué, sténosé, resserré, serré... de sorte que, puisqu'il vit, chacun, comme moi, sait cela, tout cela, cette agonie pour naître, cette mort pour revivre ailleurs, je veux dire ici, en un autre temps, c'est-à-dire maintenant, et que, puisqu'il est là, debout et cœur battant, haletant, il sait déjà, donc peut s'adapter, apprendre : mourir-vivre à tiers inclus.

Nous sommes tous passés par le col, ce lieu étrange et naturel de montagne où le point le plus haut des points bas égale exactement le point le plus bas des points hauts. Nous avons appris, déjà que le terme d'une agonie pouvait équivaloir soudain à l'article de la vie. Naissance, connaissance : au plus formidable danger quelle plus terrible exposition? (p. 32)

Question

Expliquez le lien que M. Serres établit entre naissance et connaissance.

Ecrire

Pendant ce voyage de pédagogie, je ne conseillerai donc à personne de laisser un enfant gaucher libre de sa main, surtout pour écrire. Travail extraordinaire, écrire mobilise et recrute un ensemble si raffiné de muscles et de terminaisons nerveuses que tout exercice manuel fin, d'optique ou d'horlogerie, est plus grossier en comparaison. Apprendre cette haute école à une population fait d'elle d'abord une collectivité de gens adroits -remarquez au passage ce mot par lequel les maîtres droitiers font leur publicité pour hémiplégiques. Ils pourront devenir chirurgiens du cerveau, mécaniciens de précision, tout faire; découvrir la haute précision musculaire et nerveuse ouvre à la finesse de pensée.

Faire l'entrée dans ce monde nouveau en inversant son corps exige un abandon bouleversant. Ma vie se réduit peut-être à la mémoire de ce moment déchirant où le corps explose en parts et traverse un fleuve transverse où coulent les eaux du souvenir et de l'oubli. Telle partie s'arrache et l'autre demeure. Découverte et ouverture dont toute une vie professionnelle d'écriture décrit, par la suite, la cicatrisation différée.

Cette balafre suit-elle avec fidélité la suture vieille de l'âme et du corps? Le gaucher dit contrarié devient-il ambidextre? Non, plutôt un corps croisé, comme une chimère : resté gaucher pour le ciseau, le marteau, la faix, le fleuret, le ballon, la raquette, pour le geste expressif sinon pour la société -ici, le corps -, il n'a jamais cessé d'appartenir à la minorité maladroite, sinistre, prétend le latin - vive la langue grecque qui la dit aristocrate! Mais droitier pour la plume et pour la fourchette, il serre la bonne main après la présentation - voici l'âme -; bien élevé pour la vie publique, mais gaucher pour la caresse et dans la vie privée. A ces organismes complets les mains pleines.

Comment acquérir enfin tolérance et non-violence, sinon en se plaçant du point de vue de l'autre, savoir de l'autre côté?

Je ne conseillerai à personne de priver un enfant de cette aventure, de la traversée du fleuve, de cette richesse, de ce trésor que je n'ai jamais pu épuiser, puisqu'il contient le virtuel de l'apprentissage, l'univers de la tolérance et le scintillement solaire de l'attention. Les dits gauchers contrariés vivent dans un monde dont la plupart des autres n'explorent que la moitié. Ils connaissent limite et manque et je suis comblé : hermaphrodite latéral.(p.35-36).

Question

Expliquez ce que Michel Serres cherche à expliquer en racontant son passage de gaucher à droitier.

Le but de l'instruction est la fin de l'instruction, c'est-à-dire l'invention. L'invention est le seul acte intellectuel vrai, la seule action d'intelligence. Le reste? Copie, tricherie, reproduction, paresse, convention, bataille, sommeil. Seule éveille la découverte. L'invention seule prouve qu'on pense vraiment la chose qu'on pense, quelle que soit la chose. Je pense donc j'invente, j'invente donc je pense : seule preuve qu'un savant travaille ou qu'un écrivain écrit. A quoi travailler, à quoi bon écrire, autrement? Dans les autres cas, ils dorment ou se battent et se préparent mal à mourir. Répètent. Le souffle inventif donne seul la vie, car la vie invente. L'absence d'oeuvre et de pensée. Celui qui n'invente pas travaille ailleurs que dans l'intelligence. Bête. Ailleurs que dans la vie. Mort.

Les institutions de culture, d'enseignement ou de recherche, celles qui vivent de messages, d'images répétées ou d'imprimés copiés, les grands mammouths de l'Université, des médias ou de l'édition, les idéocraties aussi, s'entourent d'une masse d'artifices solides qui interdisent l'invention ou la brisent, la redoutent comme le pire péril. Les inventeurs leur font peur comme les saints mettaient en danger leurs églises, dont les cardinaux, parce qu'ils les gênaient, les chassaient. Plus les institutions évoluent vers le gigantesque, mieux se forment les contre-conditions de l'exercice de la pensée. Voulez-vous créer? Vous voilà en danger.

L'invention, légère, rit du mammouth, lourd; solitaire, elle ignore le gros animal collectif; douce, elle évite la haine qui colle ensemble ce collectif; j'ai admiré ma vie durant la haine de l'intelligence qui fait le contrat social tacite des établissements dits intellectuels. L'invention, agile, rapide, secoue le ventre mou de la lente bête; l'intention vers la découverte porte sans doute en elle une subtilité insupportable aux grosses organisations, qui ne peuvent persévérer dans leur être qu'aux conditions de consommer de la redondance et d'interdire la liberté de pensée. (p. 147-148)

Michel Serres, © Le Tiers-Instruit, Editions François Bourin, 1991.

Question

Pensez-vous que l'instruction que vous avez reçue ait eue pour but de vous mener à la possibilité d'invention? Comment?

Bibliographie

Michel Crozier , La société bloquée, Paris, Editions du Seuil, 1970.

François Dubet, La Galère, jeunes en survie, Paris, Fayard, 1987.

Didier Lapeyronnie, Jean-Louis Marie, Campus Blues. Les étudiants face à leurs études, Paris, Editions du Seuil, 1992.

Catherine Valabrègue, La condition étudiante, Paris, Payot, 1970.

Annexe

I. Taux de scolarité des Français

Tranche d'âge de 17 à 24 Proportion de scolarisés (en %) et proportion de scolarisés dans l'enseignement supérieur (post baccalauréat)				
	vers 1970		vers 1987	
	scolarisés	supérieur	scolarisés	supérieur
France	26,4	10	42,1	15
RFA	26,3	7	41,5	11
Espagne	10,7	4	31,9	12
Royaume-Uni	30,2	7	27,5	8
Italie	20,7	---	25,0	---
Japon	----	14	38,4	---
Etats-Unis	39,9	21	39,9	23*

* Si l'on ne retient que les étudiants à temps plein, on a 18,2 au lieu de 23.
Lire ainsi : En France pour l'année 1987, sur 100 jeunes de 17 à 24 ans, 42 sont scolarisés dont 15 dans l'enseignement supérieur.

Source : © <u>Données sociales 1990</u>, INSEE.

II.   Structure de l'enseignement français

Structure de l'enseignement français

Enseignement pré-élémentaire et élémentaire

Ecole maternelle : enfants de 2 à 6 ans.
Ecole élémentaire : enfants de 6 à 11 ans (classes du cours préparatoire ou cours moyen deuxième année).

Collège d'enseignement secondaire

-Classe de sixième et de cinquième (cycle d'observation)
-A la fin de la classe de cinquième commence le cycle d'orientation. L'élève est orienté vers des classes de quatrième - troisième d'enseignement général, technologique ou préparatoire au CAP (Certificat d'Aptitudes Professionnelles qui marque la fin des études)

Lycée

-Si l'élève a été orienté vers une troisième technologique, il continue en seconde, première, terminale technologique. Il passera un Bac STI (Sciences et Technologies Industrielles), un Bac STT (Sciences et technologies tertiaires), un Bac SMS (Sciences Médico-Sociales) ou un Bac STL (Sciences et Techniques des Laboratoires). Il continuera ensuite vers des études courtes (BTS, IUT).

-Si l'élève a été orienté vers une troisième technologique, il peut se diriger vers une seconde, première et terminale professionnelle, passer un Bac professionnel. Ensuite, il cherchera du travail.

-L'élève qui a été orienté vers une troisième technologique peut encore, en classe de seconde, tenter de changer d'orientation et revenir vers une première générale. Cependant, ce n'est plus possible après la classe de première.

Enseignement supérieur

Université : pour obtenir un DEUG, une Licence, une Maîtrise, un DEA ou un Doctorat.
Classes préparatoires aux grandes écoles : deux ans après le Baccalauréat.
Grandes écoles : après les classes préparatoires. Ecole Normale, Ecole Normale d'Administration, Polytechnique, Hautes Etudes Commerciales, etc.
Institut Universitaire de Technologie (IUT) : études courtes.
BTS : Brevet de Technicien Supérieur (en deux ans).

Chapitre 6

La violence

Michel Maffesoli, *professeur de sociologie à la Sorbonne, dirige le Centre d'Etude sur l'Actuel et le Quotidien et le Centre de Recherche sur l'Imaginaire. Il a écrit plusieurs essais sur la violence dont* Essais sur la violence banale et fondatrice.

Les Français ont souvent de l'Amérique l'image d'un pays où la violence règne. Les médias et les films ont sans aucun doute contribué à cette image. Afin de ne pas ajouter à la banalisation de la violence en ayant recours à d'autres narrations encore, nous avons choisi ici d'interroger Michel Maffesoli autour de questions plus théoriques sur ce sujet.

Argument
La violence exerce une fascination en France comme en Amérique. Si elle est condamnable dans ses excès, lorsque maîtrisée, elle permet cependant de créer.

Interview

Nous voudrions parler des phénomènes de violence dans la société française et américaine. Au préalable, il faut bien sûr définir les termes. Lorsque l'on parle de violence dans la société, de quoi parle-t-on? Parle-t-on de la même chose dans les deux cultures?

Michel Maffesoli : Définir la violence, c'est difficile sinon impossible. La violence est une structure de base, une 'structure anthropologique', pour reprendre les termes de Gilbert Durand[1], qui existe d'une part au sein de[2] tout individu sous diverses formes et également au sein de la société dans son ensemble. C'est donc comme si je devais donner une définition de la mort ou de l'amour. On peut dire néanmoins[3] que la violence est une structure de base intrinsèque à l'intérieur d'une structure individuelle ou sociale et extrinsèque entre les individus, entre les nations. En même temps, il faut se rendre compte que la violence est polyphonique : certaines formes de violence sont acceptables, d'autres sublimées[4], d'autres encore sanguinaires et perverses. La palette[5] est extrêmement large et sous ce terme, on met beaucoup de choses. En ce sens, j'ai toujours dit qu'il est impossible d'arriver à une définition. On peut par contre avoir des angles d'attaque. J'ai par exemple un angle d'attaque qui verrait la violence comme étant l'une des structures fondatrices[6] qui permet en quelque sorte d'exister en tant que[7] tel à un individu, à une société. Je ne fais pas trop de séparation entre les deux.

Maintenant, est-ce qu'on parle de la même chose en France et aux Etats-Unis? Je ne suis pas vraiment compétent pour parler des Etats-Unis, j'y vais trop peu. Par contre, je peux dire qu'en France, il y a toujours une attitude très

---

1 **Gilbert Durand** : prof. d'anthropologie culturelle et de sociologie à l'Université de Grenoble.

2 **au sein de** : dans, parmi, chez.

3 **néanmoins** : toutefois, cependant, pourtant.

4 **sublimer** : transposer.

5 **palette** n.f. : ensemble des couleurs dont se sert habituellement un peintre.

6 **fondateur, fondatrice** adj. : créateur.

7 **en tant que** : considéré comme.

ambivalente, très ambigüe en ce qui concerne la violence. A priori, la violence comme mot en général est quelque chose que l'on va critiquer, que l'on va condamner mais en même temps, il y a une fascination depuis la fascination du bandit d'honneur de Robin des Bois jusqu'à la fascination que peuvent exercer des formes de sports violents. Je crois que l'on pourrait dire des choses semblables pour les Etats-Unis.

A votre avis est-ce que l'on peut dire que le type de socialisation français et américain est suffisamment similaire pour induire des mêmes formes de violence ou y-a-t-il différences?

On pourrait dire, en reprenant des clichés habituels que la France, qui est une civilisation plus ancienne, a appris d'une certaine manière à domestiquer cette violence structurelle. Des travaux tels que ceux de Michel Foucault* et de Norbert Elias[1] ont montré comment, au moins depuis le XVe siècle, s'est effectué en France ce qui s'est appelé la 'civilisation des mœurs[2]'. Le terme montre bien qu'on a pu réaliser, domestiquer tous les éléments en apprenant comment se comporter par rapport aux autres. Par contre, les Etats-Unis se sont construits sur un autre mythe, un mythe de conquête, un mythe de violence. Le cowboy en est l'expression parachevée, le Far West offre ce côté un peu barbare lié à tout le nouveau monde. Il est évident que de ce fait, les Etats-Unis n'ont pas pu encore domestiquer totalement cette charge de violence structurelle à tout corps social. De fait, des manifestations comme le port d'arme ou toute chose de cet ordre restent spécifiques à ce pays et paraissent pour les Français quelque chose de 'barbare'. Cependant, cette barbarie, on l'envie un peu aussi. Il y a une fascination vis-à-vis de tout ce qui est de l'ordre du grossier, du brutal, de la bête.

Il y a donc certainement entre les Etats-Unis et la France deux attitudes différentes. D'un côté une 'civilisation' - dans le sens le plus simple du terme où l'on a civilisé les choses- qui vient de loin et qui donc entraîne des rapports sociaux peut-être plus policés et au moins de moindre violence apparente. De l'autre côté quelque chose, disons, de la brutalité qui apparaît même dans un pays hyper

---

[1] **Norbert Elias** : (1927-1990) sociologue allemand.

[2] **mœurs** m.pl. : coutumes, usages.

technologisé, hyper développé tel que le sont les Etats-Unis.

Autre type de violence "banale" dans une société: la fête. Prend-elle des formes différentes dans les deux cultures? En particulier, pourriez-vous comparer Halloween et le carnaval?

Je connais bien ici le carnaval, je le connais dans d'autres pays mais je n'ai jamais assisté à Halloween. Il me paraît donc délicat d'en parler. Ce qu'on m'en a dit semblait indiquer que c'était là encore un élément structurel, un processus d'inversion nécessaire dans toute société comme soupape de sûreté pour qu'à un moment donné, ça déborde, pour qu' il y ait une décharge de cette énergie trop longtemps comprimée. Ceci était le propre du carnaval dans sa structure ancienne. Le carnaval actuellement est en train de reprendre cela dans certains pays, en particulier en pays Rhénan, bien sûr au Brésil et dans certains carnavals français également. Je crois que ceci dépasse de beaucoup le problème de la comparaison France-Etats-Unis. Il me semble qu'il y a des structures qui dépassent les diverses spécificités nationales ou même des continents et que l'on retrouve étrangement semblables aux quatre coins du monde. Il faudrait alors peut-être faire la comparaison entre cette fête et les fêtes des 'tricksters' qui étaient les fêtes d'inversions des indiens, des natifs aux Etats-Unis et qui se rapprochaient de ce qu'était le fou[1] du roi et le carnaval ici en Europe. Sans avoir vu Halloween, il me semble difficile d'en dire beaucoup plus!

La société américaine ne canalise pas toujours la violence de la même façon que la société française: par exemple dans le rôle de l'interdit et spécifiquement l'interdiction de l'alcool aux moins de 18 ans. Comment comprenez-vous cet interdit?

Toute prohibition, quelle qu'elle soit me paraît néfaste[2]. On pourrait dire, en reprenant Georges Bataille*, que la violence est 'une part maudite[3]', ou pour

---

1 **fou** m.s. : le fou du roi était le bouffon attaché au roi au Moyen Age.

2 **néfaste** adj. : nuisible, mauvais, désastreux.

3 **maudit** adj. : détestable, damné.

reprendre Ernst Bloch que la violence est 'l'instant obscur' qui existe dans toute société. Il vaut mieux trouver un moyen de canaliser, de ritualiser, d'homéopathiser[1] son expression. La prohibition n'est pas un bon apprentissage. Les sociétés qui ont le mieux ritualisé la violence ont été celles qui ont su injecter à dose homéopathique cette part maudite, cette part obscure dès la jeunesse. Ainsi, on la gouverne mieux, on s'en protège mieux. Par contre, quand il y a prohibition, c'est-à-dire quand il y a un interdit brutal comme un âge limite, il y a toujours des transgressions qui s'opèrent et d'autre part, on n'a pas l'apprentissage. Tel le retour du refoulé[2], la violence revient alors d'une manière que l'on appelle perverse, *per via*, c'est-à-dire qui prend des voies[3] détournées et qui à ce moment-là est beaucoup moins maîtrisable que l'apprentissage homéopathique. Pour moi, la prohibition de l'alcool n'est pas un bon moyen. Il faut ne pas l'interdire draconiennement[4], c'est une manière d'apprentissage beaucoup plus subtile. Je crois qu'on pourrait dire la même chose pour la drogue.

Autre interdit, celui exercé par rapport au langage. Les Américains banissent toute forme de langage grossier dans les médias. On parle beaucoup du 'politically correct'. Qu'en pensez-vous?

Apparemment, il y a là quelque chose qui est toujours excessif et l'excés en général dénote exactement son contraire. C'est parce que vous ne maîtrisez pas par ailleurs cette violence que vous allez essayer de la brider[5] dans les expressions officielles par exemple en ce qui concerne le langage ou le 'politically correct'. C'est toujours signe de faiblesse quand on n'arrive pas à[6] intégrer. Ma thèse par rapport à la

---

[1] **homéopathie** n.f. : méthode thérapeutique qui consiste à soigner les malades avec des remèdes à doses infinitésimales capables, à des doses plus élevées, de produire sur l'homme sain des symptômes semblables à ceux de la maladie à combattre.

[2] **refoulé** n.m. : ce qui résulte de l'acte de refouler, c'est-à-dire de réprimer, d'éliminer inconsciemment un désir.

[3] **voie** n.f. : un chemin.

[4] **draconiennement** adv. : rigoureusement, inexorablement.

[5] **brider** : limiter, contrôler.

[6] **arriver à** : réussir à, parvenir à.

violence est celle-ci : il faut savoir l'intégrer, la ritualiser. C'est ainsi qu'on peut la canaliser. Mon image de l'homéopathie montre bien cela : on combat le mal par le mal.

Les Américains considèrent le 'système D'[1] des Français comme violence faite à l'ordre public. Cela indique-t-il un type de rapport différent de l'individu au légal?

C'est un problème vaste car ce 'système D' trouve des expressions multiples et diverses en Europe et marque le monde latin, méditérannéen par opposition au monde anglo-saxon. Les Etats-Unis ont certainement une attitude plus rigoriste par rapport à la loi. Le 'système D' est une manière de ruser[2] avec l'aspect contraignant de la loi et donc finalement de s'en accommoder. Par contre, si vous l'acceptez, vous pouvez à un moment donné vous révolter. Ce sont les éclats violents que l'on peut trouver aux Etats-Unis et qui sont alors beaucoup plus sanguinaires. Le 'système D' peut être vu comme une forme de violence, mais je dirai que là encore, c'est une violence homéopathique, une violence ritualisée alors que l'on peut rester soumis *stricto sensu* à la loi et quand il y a révolte, cela va être sanguinaire comme au travers des meurtres, de la délinquance, de l'anomie[3] qui caractérise, en partie, la société américaine. En tant que latin, je valorise le 'système D' comme étant une manière, encore une fois, plus civilisée, une espèce de sagesse. La loi, c'est une forme de mort. Il faut se soumettre à la mort. On sait qu'on mourra, mais on intègre tous les jours sa mort et pour cela, il faut trouver des moyens de l'oublier. La ruse est un moyen d'oublier cette contrainte, cette mort qui sont là, inhérentes à toute structure mondaine.

Les médias en France font souvent le portrait d'une Amérique cauchemardesque[4] en ce qui concerne la violence. Voir la violence

---

[1] **le système D** : le système débrouille. Système des gens débrouillards c'est-à-dire habiles, malins. Avec ce système, les gens s'arrangent pour se sortir de problèmes facilement, même s'ils trichent un peu.

[2] **ruser** : agir de façon habile, maline, machiavélique, astucieuse.

[3] **anomie** n.f. : absence d'organisation naturelle ou légale.

[4] **cauchemardesque** adj. : plein de tourments, de choses effrayantes.

aux Etats-Unis l'identifier "là-bas", quel rôle cela joue-t-il dans notre social? Quel est, dans ce domaine, le rôle de l'Amérique dans notre imaginaire?

La violence imaginaire, il vaut mieux la voir lointaine. L'imaginer lointaine est une manière de se satisfaire en sachant que quelque part, il y a de la violence mais que cela ne me touche pas, ne touche pas mon pays. Au pays des cow-boys, il peut y avoir de la violence. En le voyant à la télé, par les films, par d'autres formes culturelles de cet ordre, j'y participe d'une certaine manière sans en être totalement submergé.

Que pensez-vous de la violence souvent présente dans le cinéma américain?

J'ai assisté à un colloque récemment en Italie spécifiquement sur ce problème de la violence dans les médias et dans les films. En général, les analyses que l'on fait ont tendance à condamner cette violence. Ma position est autre. Elle est de dire que d'une certaine manière, la violence que l'on voit dans les films ne donne pas forcément comme l'on croit, comme l'on craint[1], des modèles. Au contraire, pour moi, c'est une des formes de ritualisation, de mise-à-distance. Dès le moment où on la met en scène, on s'en protège. Ma position vient de cette vieille idée aristotélitienne[2] du théâtre. Le théâtre met en scène des choses paroxystiques. Pour nous, maintenant, cela paraît anodin[3] de voir des pièces de Shakespeare, de Racine. Mais c'est violent. L'affect des émotions qui sont remises en jeu est très fort. Aristote montrait en général comment le théâtre, en particulier la tragédie, permettait de se catharsiser, de se purifier de quelque chose qui est en soi. Je prendrai le même schéma en disant que la violence dans le cinéma n'a pas du tout d'influence aussi nocive sur les enfants qu'on le fait croire mais qu'au contraire, cela peut être un moyen de se purifier dans le sens cathartique, c'est-à-dire de

---

[1] **craindre** : avoir peur.

[2] **aristotélitien** adj. : qui s'inspire de la doctrine d'Aristote et de sa tradition philosophique.

[3] **anodin** adj. : inoffensif, sans danger.

s'habituer à quelque chose qui est là et que l'on voit grossi[1]. La violence cinématographique, c'est finalement une caricature.

Le cinéma joue un rôle très important aux Etats-Unis. Les Américains ont su, pas complètement à mon avis puisque l'on sait bien que cette violence existe par ailleurs, trouver un des moyens d'objectivation de quelque chose d'immaîtrisable.

Dans votre vécu aux Etats-Unis, avez-vous eu cette sensation de violence dont on nous parle souvent en France?

J'ai traîné un peu dans quelques villes des Etats-Unis et je n'ai pas senti à proprement parler cette espèce de violence dont on parle. Je me promène régulièrement à New York, je prends le métro sans crainte. Bien sûr, on sent qu'il y a une ambiance mais qui pour moi est une ambiance étrangère. De ce point de vue, l'étrangeté est quelque chose qui est toujours inquiétant. A titre personnel, mais je précise que c'est une simple impression, je n'ai pas ressenti cette atmosphère de violence dont on parle. Je vais refaire l'expérience d'ici peu et peut-être que je vais me faire agresser, allez savoir!

Questions

1. Y a-t-il aux Etats-Unis le même phénomène de fascination/condamnation face à la violence que celui décrit pour la France par Michel Maffesoli?

2. Que pensez-vous de la légalité du port d'arme aux Etats-Unis?

3. Le langage est souvent considéré comme non violent. Il est l'élément qui permet les négociations par exemple. Les Français voient le "politically correct" comme une forme de violence. Et vous?

4. Le système D français, c'est le système de la débrouille: tout est souvent bon pour passer au delà du "système" de lois. Donnez des exemples de ce que vous avez vu en France et expliquez vos réactions.

5. Que pensez-vous de l'idée de Michel Maffesoli selon laquelle la violence au cinéma en Amérique serait un moyen de canaliser la violence elle-même? Quelles en seraient les implications?

---

[1] **grossir** : amplifier.

Idées à développer

I. LA VIOLENCE RENDUE IMAGINAIRE

Yves Michaud, philosophe, analyse ici la banalisation de la violence au travers des images que nous recevons si souvent :

Quelle que soit leur intensité, les images ne sont que des images. Dans l'expérience immédiate, la violence, ce sont du bruit, du sang, de la fureur, de la peur et l'on est rarement simple spectateur : il faut agir, obéir, faire son travail, s'abriter. L'implication est corporelle, sensorielle, pratique. Du sang, ce n'est pas seulement une flaque brillante sur le papier glacé d'un magazine de luxe ou des taches noires sur un mauvais belino, c'est poisseux, tiède, douceâtre, ça coule, il faut l'arrêter ou éventuellement on n'a même pas le temps de s'en occuper. En ce sens, l'effectivité de la violence est celle d'une dégradation irréversible, l'infigurable même. Les images de la violence se bornent à tourner autour, elles en donnent l'avant ou l'après. Avant : le déploiement des forces, la menace, l'attirail, les insignes - casques, bottes, masques, armes, insignes, sirènes. Après : les dégâts, les bilans - travelling sur la désolation ou chiffres abstraits de la mort. Spectacle stylisé d'un flot d'images toutes semblables qui deviennent les redites de l'habitude. C'est pourquoi les images banalisent la violence : elles la rendent à la fois commune et normale dans un monde fantastique où il n'y a plus que les clichés de la fureur.

Si l'on manque le rôle éminent de la communication dans la construction de la réalité, les images de la violence ne sont plus que le reflet édulcoré d'une violence en soi. Dans les sociétés où la liberté de l'information est devenue le droit au quadrillage par les médias, ce qui n'est que le collage, la superposition ou l'émission simultanée de versions antagonistes qui produisent un bourdonnement continu apparaît alors comme le monde délirant d'une violence aussi omniprésente qu'inassignable mais finalement peu dérangeante. Les recherches aveugles à la diversité des catégories qui président à l'appréhension de la violence, celles qui prennent les images à la lettre en viennent immanquablement à dresser le catalogue désordonné de l'hétérogène sans se rendre compte qu'il ne s'agit que d'un collage aussi bigarré que la première page d'un quotidien à sensation. Y figurent côte à côte Charles Manson, le lieutenant Calley, les bagnes de Poulo-Condor, le goulag, la Maffia, le vampire de Düsseldorf, Pinochet, Buchenwald, l'étrangleur de Boston. Dans ce monde aussi fantasmagorique que réel, M. le maudit finit par côtoyer Idi Amin Dada et Staline Jack l'éventreur, les Israéliens arrivent comme Zorro et Carlos sillonne le monde comme un agent n-uple d'un film de John Huston (La lettre du Kremlin). Ce monde fait de fragments de réalité, de flashes d'information, de monstres réels qui se transforment en personnages de cinéma et inversement, de savoirs partiels ou branlants et d'interprétations mythologiques pour rendre présentable le tout, où des images des objets et des textes sont juxtaposés comme dans une œuvre de Rauschenberg ou de Jim Dine, est celui où nos convictions sur la violence vont chercher des illustrations d'où elles sortiront renforcées.

© Violence et Politique, Paris, Gallimard, 1978. pp. 51-53.

Question

Comme l'indique Michel Maffesoli dans son interview, il a été vérifié par la psychologie expérimentale que les images de la violence ne rendent pas violent. Mais, objecte Yves Michaud, " en revanche, elles ne contribuent pas peu à la banalisation de la violence et la font apparaître comme normale. En ce sens les scènes de violence ne sont certainement pas innocentes." Quels sont les effets des images médiatiques ou cinématographiques sur notre façon de vivre et de penser la violence au quotiden? Avez-vous noté des différences, si vous êtes allés en France, entre la France et les Etats-Unis?

II. LA CATHARSIS

Dans son interview, Michel Maffesoli parle de la catharsis. En voici la définition donnée par Aristote dans La poétique.

"La tragédie est donc l'imitation d'une action noble, conduite jusqu'à sa fin et ayant une certaine étendue, en un langage relevé d'assaisonnements dont chaque espèce est utilisée séparément selon les parties de l'œuvre; c'est une imitation faite par des personnages en action et non par le moyen d'une narration, et qui par l'entremise de la pitié et de la crainte, accomplit la purgation (traduction classique du mot *katharsis*) des émotions de ce genre."

Aristote, La poétique. Chapitre VI.

Aristote avait en effet insisté sur l'étrange pouvoir de la représentation - Pascal s'en souviendra dans les Pensées -, capable de nous faire prendre plaisir à des "images" "dont la vue nous est pénible dans la réalité" (1448b). Confronté au théâtre à une histoire pitoyable ou effrayante, le spectateur éprouvera ces émotions sous une forme épurée, fruit du travail et de l'art du poète; et ces émotions épurées, loin d'engendrer un malaise, susciteront le plaisir, fin du spectacle tragique.

Introduction à la Poétique d'Aristote. Paris, Librairie Générale Française, 1990, p.49.

Bibliographie

Michel Maffesoli, Essais sur la violence banale et fondatrice, Paris, Librairie des Méridiens, Klincksieck et Cie, 1984.

Yves Michaud, Violence et Politique, Paris, Gallimard, 1978.

Enfantillages

Photographie © Eva Sanz

Troisième partie

Images

"**P**ourquoi aller en Amérique?" demande Hubert Tonka, architecte dans son interview. Peut-être vaut-il mieux laisser à l'Amérique sa puissance de support pour l'imaginaire et ne jamais y aller?

Nous avons voulu cerner de façon plus précise dans cette partie les mythes véhiculés par les Français sur l'Amérique. Outre Hubert Tonka, nous avons pour cela interrogé des étudiants. Ils "se racontent" en Amérique ou "s'imaginent" là-bas. Ils nous font part de leurs images de l'Amérique. Nous avons ensuite demandé à François Dubet, sociologue, d'analyser le rôle de ces images dans l'univers des jeunes français.

Alexis de Tocqueville soulignait dans La démocratie en Amérique : "J'avoue que dans l'Amérique j'ai vu plus que l'Amérique". Cette remarque s'applique tout à fait aux interviews qui suivent. En effet, si les étudiants content avec exagération une Amérique patriote, pieuse, négligeant ses pauvres, s'ils sont impressionnés par les expressions américaines de solidarité, de respect du bien commun et du devoir, c'est parce qu'ils réfléchissent sur leurs propres valeurs, sur leurs représentations de la société.

Pour comprendre les images évoquées dans les interviews qui suivent, il faudra donc cerner "le fond" français sur lequel elles apparaissent. Les tableaux ci-dessous en proposent un permier tracé.

Tableaux 1 et 2

Si vous deviez caractériser l'identité française aujourd'hui, par quelles valeurs le feriez-vous?	
-Liberté d'opinion	51%
-Démocratie	33%
-Culture	26%
-Tolérance	26%
-Langue	18%
-Laïcité	13%
-Patriotisme	13%
-Religion	8%
Source:© Le Point, Octobre. 1989	

Les dix mots les plus importants pour les Français	
Santé	43%
Travail	36%
Amour	33%
Famille	31%
Argent	25%
Enfants	20%
Amitié	19%
Bonheur	17%
Loisir	13%
Liberté	8%

Note : Les classements sont différents selon les sexes : les femmes privilégient les valeurs familiales. Par ordre décroissant: amour, famille, enfants, amitié, bonheur, maison. Les hommes accordent la priorité à la vie active et aux activités extérieures : travail, argent, loisirs, vacances, vie, paix.

Source : © Le Point, Janvier 1989.

Tableau 3

Valeurs qu'il paraît important aux Français de sauvegarder	
-La justice	71%
-L'honnêteté	59%
-La politesse	53%
-La liberté	52%
-L'esprit de famille	50%
-Le respect du bien commun	47%
-L'égalité	45%
-Le sens du devoir	45%
-La solidarité	41%
-La responsabilité	33%
-L'hospitalité	31%
-L'honneur	30%
-La compétitivité	22%
-Le respect de la tradition	22%
-L'esprit d'entreprise	20%
-L'autorité	19%
-Le sens du beau	19%
-Le sens de la fête	18%
-Le pardon	17%
-La réussite matérielle	8%

Source : L'almanach Pèlerin Magazine (Mai 1991)

Tableau 4

La vie quotidienne des 15-25 ans

* Ils sont 8,2 millions et représentent 15,5% de la population française.
* 72% habitent chez leurs parents; ils sont encore 24% à 24 ans.
* 16% sont mariés ou vivent en couple (35% entre 21 et 24 ans). 3 millions d'entre eux sont actifs, soit 37%. Les autres sont scolarisés ou font leur service militaire (540 000).
* Leur revenu mensuel est en moyenne de 2 900F, il est composé de l'argent de poche (127F), de celui gagné en faisant des petits travaux (829F), de l'argent reçu en cadeau (251F) et de salaires pour les actif (1720F). Au total, le revenu annuel des 15-24 ans représente près de 3000 milliards de francs.
* 59% possèdent personnellement un walkman, 53% un téléviseur, 19% un magnétoscope, 52% une chaine hi-fi, 36% une carte de crédit, 36% une voiture,19% un cyclomoteur, 7% une moto, 16% un micro-ordinateur, 14% un lecteur de disques compacts, 4% une planche à voile. Mais 7% ne possèdent rien de tout cela.
* 50% lisent le plus souvent des bandes dessinées, 35% des livres d'aventure, 31% des livres policiers, 26% des livres de science-fiction.
* 46% vont au cinéma aumoins une fois par mois, 44% moins souvent et 10% jamais.

© Francoscopie, Larousse, 1993.

Silvia

Photographie © Eva Sanz

Chapitre 1

Paysages imaginaires: l'Amérique, la France

Hubert Tonka, *philosophe, architecte, éditeur, vient de créer, après avoir dirigé plusieurs maisons d'édition, en association avec Jeanne-Marie Sens sa propre maison d'édition, Sens & Tonka, éditeurs. Il a ouvert une réflexion sur l'architecture ainsi que sur le livre.*

Argument

Pour Tonka, la force imaginaire de l'architecture américaine est en rapport avec l'immensité de l'Amérique. Quant au paysage américain, il parle par le mythe des grands espaces, par le mythe de l'Ouest. Si Tonka ne part pas à la découverte de l'Amérique réelle, c'est un peu parce qu'il a peur de perdre un rêve en la trouvant moins archaïque qu'il aime l'imaginer.

Interview

N'ayant pas vu de villes américaines puisque vous n'avez jamais été aux Etats-Unis, comment imaginez-vous la grande ville américaine?

Hubert Tonka : Je n'ai rien vu avec mes pieds[1], je n'ai, donc, que des connaissances scolastiques. J'ai vu des films, des reportages, des photos aériennes, j'ai eu des discussions avec un certain nombre de gens qui s'y sont rendus. J'ai beaucoup lu, surtout des romans, des B.D[2]. Je n'aurais donc que des visions imaginaires.

J'imagine d'abord que Los Angeles n'est pas la même ville que New York, tout comme je m'imagine Chicago un peu intermédiaire entre Los Angeles et New York. Los Angeles plat et étendu. Chicago, buildings et ville un peu européens. New York, historique et ailleurs. Cette ville est très proche[3], dans ma tête, des nôtres. Elle a une forte installation géographique, une vieille installation, elle reflète un certain nombre de préoccupations européennes. Ce qui m'intéresse, c'est cette espèce d'île en langue où soudainement, comme... bon, il n'y a plus de place, alors s'arrête (où elle commence, dit-on!) l'Amérique, elle s'élève verticalement. La verticalité me semble importante, un immense terrain vide avec soit des pitons[4], soit des étendues. J'y vois là une réponse européenne de l'émigrant, oublier et s'y reconnaître. Washington est certes[5] encore plus européennement conçue. Le tracé a été dressé par un urbaniste français. On se trouve dans l'idée de la ville contemporaine européenne bien claire, bien repérable[6], avec une topologie objective et des angles droits rassurants. Quant à Los Angeles, ce n'est pas dans

---

[1] Depuis cette interview, je suis allé aux USA deux heures, entre deux avions. J'ai passé une demi-heure dans un bar au milieu d'Américains le nez sur un écran géant où matchaient des basketteurs, et une heure et demi en taxi à sillonner Boston, où j'ai eu l'impression d'être déjà en Europe.

[2] **B.D.** n.f. : abréviation familière de 'bande dessinée' - suite de dessins qui racontent une histoire.

[3] **proche** adj. : similaire.

[4] **piton** n.m. : fome élevée, isolée, en forme de pointe ; comme un pic en montagne.

[5] **certes** : en vérité.

[6] **repérable** adj. : reconnaissable.

mon imaginaire une ville américaine car ces villes basses[1] qui font des dizaines de kilomètres d'étendue[2] et où il est quasiment devenu impossible d'y marcher à pied ne sont pas des villes qu'américaines mais des villes de notre modernité, ce qui n'est pas tout à fait pareil[3]. Los Angeles, c'est la ville sans visage, sans figure. Sans limites. C'est la ville contemporaine faite de rues et de bâtiments pas faite d'urbain, pas de concrétion. C'est la ville réputée commode.

Comment parler de villes? Ça devient difficile parce que les non-villes nous ont volé le mot. Les villes ont une figure très marquée[4] qui se façonne[5] d'une façon absolument secrète. On ne sait pas quel est le processus d'avènement[6] de l'esthétique d'une ville. Si on me bandait les yeux[7] et que l'on me transporte puis que l'on me lâche[8] dans n'importe quel point d'une ville que je connais ou que je ne connais pas, je pense que très rapidement, j'en situerais les caractéristiques évidentes. Je ne confondrai[9] jamais Londres et Paris. Je ne suis jamais allé à New York mais je pense que je la reconnaîtrai. Je ferai toutefois peut-être des confusions mentales justement sur les rapports esthétiques. C'est-à-dire que certains endroits de New York que, photographiquement, je connais très bien, je risque de les confondre avec certains endroits[10] de Londres que j'ai longuement parcouru. Il y a des proximités parce qu'il y a effectivement des identités culturelles, esthétiques, qui se sont promenées[11] dans les mondes anglo-saxons. Je confonds toujours Milan et Lille-Roubaix-Tourcoing[12] parce que ce sont deux villes de briques aux

---

[1] **bas** adj. : contraire de haut.

[2] **étendue** n.f. : surface.

[3] **pareil** adj. : identique.

[4] **marqué** adj. : distinctif.

[5] **façonner** : élaborer, fabriquer, former.

[6] **avènement** n.m.: arrivée, création.

[7] **bander les yeux** : fermer les yeux à l'aide d'un bandeau (morceau d'étoffe) de façon à ce que l'on ne puisse plus voir.

[8] **lâcher** : laisser, poser, mettre.

[9] **confondre** : mélanger, faire une confusion.

[10] **endroit** n.m.: place, lieu.

[11] **se promener** : passer, aller.

[12] **Lille-Roubaix-Tourcoing** : villes du département du Nord à 22O km de Paris.

gens sérieux et préssés. J'ai aussi des difficultés de reconnaissance imaginaire entre Toulouse et Rome pour la simple raison que Toulouse est la seule ville de France qui utilise la brique romaine, une brique extrêmement longue, évidemment j'affabule, je rêve, je les reconnaîtrais, on ne saurait confondre Milan, Lille Toulouse et Rome... ce sont les briques qui, là, transportent mes songes, mes rêveries.

Aujourd'hui la ville est d'abord des mouvements, que l'on pourrait appeler énergie ou tension, qui constituent l'image mentale ou la représentation des lieux. La ville est de plus en plus "désituée", elle devient partout pareil quand je suis là je suis ailleurs comme si j'étais là. Fin des différences et des figures. C'est peut-être ça la ville américaine. New York n'est pas américaine alors?

Existe-t-il encore une figure qui distingue les villes? C'est pourtant quelque chose de très fort esthétiquement. Je ne crois pas du tout, contrairement à mes confrères[1] urbanistes, que l'on puisse faire, concevoir, l'esthétique d'une ville, par contre, on peut abîmer[2] très facilement l'esthétique d'une ville. On sait la politique de la ville de Paris qui actuellement[3] reprend le Paris grisâtre d'un passé qui a beaucoup vécu, héritière. En voulant respecter le passé, on détruit quelque chose. On a éradiqué la pensée de la ville, Paris, ville de la truanderie[4], ville gourgandine[5], ville royale. Paris ville lumière, de la mode, du futil, de l'éternel... La vie de la ville ça ne marche pas, les urbanistes[6] arrêtent la figure d'une ville à un moment et sous prétexte de respecter sa figure, on la défigure. On ne peut pas respecter la figure d'une ville, on ne peut que l'inventer. Une ville, c'est plus fort que l'ensemble de nos pensées. C'est de l'énergie pure. Ce sont dans les difficultés de navigation à l'intérieur de la ville avec tout ce que l'existence contemporaine permet, y compris la spéculation immobilière[7], y compris la voyouserie[8], y

---

[1] **confrère** n.m. : collègue.

[2] **abîmer** : détériorer.

[3] **actuellement** : maintenant, à présent.

[4] **truanderie** n.f. : ensemble d'hommes "du milieu", voleurs.

[5] **gourgandine** n.f. : femme facile, dévergondée.

[6] Entendre par **urbaniste** tous les intervenants institutionnels.

[7] **immobilier** adj. : qui concerne les immeubles (bâtiment, habitation).

[8] **voyouserie** n.f. : action de jeunes mal élevés et qui traînent dans les rues, détériorant les choses.

compris la violence mais aussi les volontés esthétiques peaufinées[1] d'un certain nombre de fous de la ville que la ville trouve sa figure et son lieu. C'est l'ensemble de ces mouvements que j'appellerais énergie et qui constituerait la figure de la ville, toujours composite, mixant les tendances les plus variées, ce qui crée une esthétique très surprenante. C'est uniquement en cela que la ville est toujours la ville, en fait le visage, le regard est éphémère. Les réglementations protègent la ville contre l'escroquerie[2] mais fixent la ville; en France, à l'excès, la peur dans la ville suscite des règlements pour la protéger d'elle-même qui tuent la ville. J'aime la peur procurée par la ville.

La ville est peut-être la seule esthétique non pas contrôlée par un artiste mais par quelque chose de bizaroïde comme un inconscient collectif dont l'indéfinition est monstrueuse et vu que nous avons une culture planétaire nous n'avons plus de développement particulier, nous imaginons donc une seule et même ville rompue en morceaux.

Y a-t-il des différences de conceptions entre le building New Yorkais et le building de la Défense* à Paris?

Les nécessités diverses ont fait que les architectes américains ont peut-être trouvé quelque chose de proprement américain: l'aspect dispendieux[3] (foin[4] du puritanisme). Je crois bien connaître la typologie du building de New York sans jamais y avoir été. Le bas du building a une existence réelle. Or, nulle part[5] à Paris, il n'y a de bas de building. Ça n'existe pas exactement, il n'est pas considéré autrement qu'un rez-de-chausée d'immeuble ordinaire. Les "bas" de buildings de la Défense, ce sont des entrées d'immeubles à six étages, ce qui est presque impossible (j'espère) dans l'imaginaire de l'architecte américain et des promoteurs. Il y a, à New York, des bas de buildings qui sont quasiment des places publiques, avec des végétations luxuriantes, sorte de squares où les

---

[1] **peaufiner** : préparer minutieusement, très soigneusement.

[2] **escroquerie** n.f. : fraude qui consiste à s'approprier le bien d'autrui.

[3] **dispendieux** adj. : qui exige une grande dépense, une dépense "surnuméraire" avec une consonnance de potlatch.

[4] **foin!** : marque le mépris, le dédain, le dégoût.

[5] **nulle part** : dans aucun endroit.

personnes âgées taillent la bavette[1]. L'immeuble est modifié puisqu'on le creuse de six étages et plus... A partir de ce moment-là tout change. La raison du bâtiment change. A la Défense, ce sont des bâtiments qui ont mal grandi, ils ont subi une poussée de croissance[2] technique avec une conscience de six étages gonflée. Il n'y a pas d'idée du *building* en France. On ne sait pas faire. L'école de Chicago et l'Ecole New Yorkaise, les gens qui construisent des grands immeubles en France les connaissent mais ils ne savent pas faire. Les buildings français sont petits comme la France, ceux d'Amérique sont grands comme un pays très vaste. L'imaginaire a, là, bien joué.

Pourquoi cela?

Je pense que c'est tout simplement un rapport à l'économie et une sublimation de l'économie en culture. Le building en France, c'est une économie de superposition. Nous ne sommes pas dans la logique de la densité américaine, ici on conçoit du vide autour de grands pleins. On fait en sorte que les grands pleins coûtent le moins cher possible. Or, dans l'architecture, la manière avec laquelle on imagine la répartition des espaces fonde[3] des choses. Je pense qu'en France, tout le monde doit se dire qu'avec les six étages en creux on pourrait gagner plus d'argent. Les américains doivent penser pareillement mais il y a une force imaginaire plus grande qui fait que ce ne serait pas un lieu convenable[4], qu'il n'y aurait pas l'accueil[5], que ça ne valoriserait pas ce qu'il y a au-dessus, c'est une logique de grand hôtel, le hall est plus beau que les chambres. Ce qui m'interesse aussi c'est l'inversion du plein et du vide. En France, on écarte les IGH (Immeuble de Grande Hauteur), en Amérique on les creuse. Le vide (ou l'espace) n'est pas au même endroit. Nous avons quelques difficultés à dessiner les choses nouvelles bien qu'on ait une grande culture.

Autre chose que je trouve très intéressant, à New York, quand on construit

---

[1] **tailler une bavette** : (familier) bavarder.

[2] **poussée de croissance** f. : le fait de grandir rapidement, comme dans l'enfance.

[3] **fonder** : justifier.

[4] **convenable** adj. : adéquat.

[5] **accueil** n.m.: manière de recevoir quelqu'un.

un immeuble, on en donne le coût et la date de démolition parce qu'un immeuble n'est pas une chose définitive. Il n'a qu'un certain nombre de raisons d'existence. Il n'y a pas d'éternité. Les grands immeubles américains ont à peu près le même statut qu'une machine. On sait qu'une machine s'use, qu'au bout d'un moment, elle ne répondra plus à un certain nombre de critères et qu'il faut la remplacer. Alimenter, par exemple, l'Empire State Building en fibres optiques et le câbler en réseau ordinateur[1] va coûter une fortune. Il va être détruit! Il a été acheté par volonté historique. Ridicule! S'il n'avait pas été acheté, il aurait été effacé[2]. Là, l'Amérique perdure[3] dans son inexistence - ou sa fraîcheur - historique. Il y a des buildings moins célèbres qui ont été détruits au profit d'autres qui sont montés plus haut. On a rentabilisé[4] le temps (j'ai l'impression que l'espace n'existe pas, règne seulement l'étendue). Quand on vous donne un permis de construire, on vous donne un permis de démolir. Un côut de construction est accompagné d'un coût de démolition et en conséquence, on juge votre bâtiment sur un certain nombre de critères qui ne sont pas simplement l'édification mais aussi la destruction. Apparition, disparition - même mouvement. A partir de ce moment-là, vous pensez le bâtiment différemment. Il se développe une logique différente du bâtiment. A mon sens, un bâtiment transpire la logique de création, la logique économique certes mais la logique imaginaire aussi.

Je me dis qu'en France, quand on a construit la Défense, on l'a construite pour toute l'éternité, comme les pyramides d'Egypte. C'est terrifiant, l'Arche de la Défense* me fait peur comme pendant du Louvres, l'éternité avant que le béton[5] ne fige. A New York, on construit un building pour quelques années. Les fonctions ludiques[6] du bâtiment sont complètement autres parce qu'on pose comme principe que le bâtiment n'est là que pour un moment. Tandis que[7] dans notre imaginaire de l'architecture française, ce n'est pas le temps qui va décider si le

---

1 **ordinateur** n.m. : machine électronique avec mémoire.

2 **effacer** : faire disparaître, oblitérer.

3 **perdurer** : durer toujours (jusqu'à la fin).

4 **rentabiliser** : rendre bénéfique, avantageux financièrement.

5 **béton** n.m. : matériau de construction formé d'un mortier et de pierres concassées.

6 **ludique** adj. : activité de jeu de l'être humain.

7 **tandis que** : alors que (marque l'opposition dans la simultanéité).

bâtiment va rester, c'est l'imaginaire de l'architecte et du constructeur qui imagine d'abord que le bâtiment est là pour toute l'éternité. Je crois que c'est un gros défaut de l'architecture française, renforcé sous Mitterrand président.

Il y a actuellement un grand nombre d'expositions sur l'architecture en France. Pourquoi mettre l'architecte au musée?

Parce que l'on met tout au musée, tout et n'importe quoi! Mais l'architecture, on ne la met pas au musée quoiqu'on fasse. L'architecture est dans la rue. Dans le musée, on trouve les déchets[1]. Plus intéressants seraient des centres de promotion non-inféodés[2]. Ne rêvons pas, l'architecture n'est qu'une puissance financière, pas un art, donc pas de liberté possible.

Pourquoi n'avoir jamais été en Amérique?

Pourquoi? A cause du hasard et du destin. Ça ne s'est jamais fait pour diverses raisons, même quand c'était bien enclenché[3].

Quelle image vous faites-vous de l'Amérique?

Mon image de l'Amérique est celle d'un pays archaïque. Exemple: je me fais venir du tabac des Etats-Unis parce qu'il arrive dans un petit paquet en kraft[4], avec une ficelle[5] en papier autour, avec des nœuds faits par des doigts, chose qui n'existe plus dans notre pays moderne depuis les années 40! Cette année, les Nouvelles Galeries[6] ont vendu des produits alimentaires américains. L'emballage[7] des produits m'ont fait mourir de rire de non modernité. Si un jour je dois filer dans la

---

[1] **déchet** n.m. : résidu, ce qui tombe d'une matière qu'on travaille.

[2] **inféoder** : soumettre (comme à un seigneur, à l'Etat, à un parti) ; aliéner.

[3] **enclencher** : (ici, sens figuré) mis en place, décidé.

[4] **papier kraft** m. : papier très résistant, marron, pour faire des paquets.

[5] **ficelle** n.f. : fine corde pour attacher.

[6] **Nouvelles Galeries** : nom d'un grand magasin français.

[7] **emballage** n.m. : ce qui sert à envelopper quelque chose (boîte, carton, bouteille etc.).

modernité américaine, je ne serai pas du tout dans notre modernité. Je suis persuadé, d'après les images que je connais, d'après les narrations que j'ai pu entendre, d'après mes lectures, que les supermarchés américains sont hyper-archaïques pour nous. Chez nous, c'est super américain mais ça n'a rien à voir avec l'Amérique du moins celle que j'imagine raisonnablement. C'est un jeu de reflet entre nos deux pays. L'effet de miroir, nous, nous sommes plus purs que l'image que l'on nous envoie. J'ai peur en allant en Amérique d'être imaginairement déçu[1]. J'ai peur que l'Amérique ne soit pas aussi archaïque que je le pense. J'ai peur qu'elle soit trop comme ce que je vis en ce moment. J'ai peur qu'on me donne un sac en plastique et plus un sac en papier! Je crains de perdre un rêve.

Y a-t-il pour vous un paysage américain?

Mais bien sûr! Mais comme pour les villes: le Colorado est différent du Vermont. Le Colorado, je ne sais pas ce que c'est, mais le Vermont, j'y vais de temps en temps en descendant en Auvergne*! Le paysage américain, ce sont les films, plus exactement : des mouvements de caméra et de la peinture. C'est Pollock. Je me dis que si Pollock n'avait pas été dans sa petite cabane[2] perdue dans un espace fait d'une étendue qu'il ne pouvait pas maîtriser avec les mains, il n'aurait pas fait cette peinture. Les peintres américains, les sculpteurs comme Serra montrent cette impossibilité qu'ont les bras d'aller d'un bout à l'autre, d'une frontière à l'autre. La France, c'est un tout petit pays. Mes mains touchent Strasbourg*, Nice*, Brest* et Marseille* en même temps. Mon corps est grand comme la France! Le mythe de Gargantua[3] existe toujours. Il y a des obèses en Amérique parce qu'il faut des obèses pour engloutir[4] les deux bouts du pays. Là-bas, il faut être gros, il faut être énorme! Je pense que les Américains sont dans une étendue qu'ils ne peuvent pas saisir. Pour moi, le paysage américain, ce n'est pas des images de

---

[1] **déçu** adj. : ressentir une déception.

[2] **cabane** n.f. : petite habitation grossièrement construite.

[3] **Gargantua** : roman de Rabelais (1534). Gargantua, fils de Grandgousier, appartient à des légendes populaires que Rabelais utilisa pour exposer ses critiques contre les "Sorbonagres" et les conquérants.

[4] **engloutir** : absorber.

site, des tableaux, c'est quelqu'un qui prend, de la côte est à la côte ouest, une bagnole[1] pour traverser l'étendue. C'est dingue[2] quelqu'un qui paie un chauffeur pour transporter sa voiture! Baudrillard[3] l'a fait et il a failli[4] crever[5] parce qu'au bout d'un moment, au bout de dix-sept heures de route dans un paysage magnifique sans rien croiser, sans voir personne, avec des trous sur les *express ways* qu'il faut éviter[6], on devient fou. Puis s'arrêter dans des motels incroyables, poussiéreux[7], cassés[8], sans eau, sans rien, désuets[9], inexistants, sans repos posssible. Conduire sans fin définalise l'esprit, on devient brutal, on tire sur tout ce qui bouge. On rejoint le mythe de l'Ouest! Le temps de la route, la vastitude, la nature vidée de ses nâtifs occupée par le passage à quelques miles à l'heure, sans s'arrêter jamais, c'est ça pour moi le paysage américain. C'est la bagnole, c'est le temps, c'est la durée sans fin.

Je pense que les artistes américains sont bons parce que la surface est plus grande que leur pensée, l'espace est trop grand là-bas. Il n'est pas trop grand au sens négatif du terme. Il y a comme une impossibilité de penser l'autre côté. En France, si je m'ennuie, je peux m'évader tout de suite, traverser de multiples paysages en roulant, connaître la variété. New York, Los Angeles, Chicago... tout ça, c'est très éloigné. Je sais qu'il y a l'avion. Mais l'avion, c'est autre chose, c'est décharné[10]; on ne se transporte pas, on vole, on saute, l'avion abstrait les moments, le train les crée. En France, les paysages sont "courts", en Amérique ils n'en finissent pas.

Voilà mon paysage américain. Les dimensions imaginaires sont différentes.

---

[1] **bagnole** n.f. : (familier) voiture.

[2] **dingue** adj. : (familier) fou, insensé.

[3] **Jean Baudrillard** : sociologue et philosophe contemporain. Voir son extrait dans "Idées à développer".

[4] **faillir** : n'être pas loin de, être sur le point de.

[5] **crever** : mourir.

[6] **éviter** : chercher à ne pas rencontrer, fuir.

[7] **poussiéreux** adj. : pas propre, vieux, abandonné.

[8] **cassé** adj. : en mauvaise condition, mal entretenu, vieux.

[9] **désuet** adj. : à l'abandon.

[10] **décharné** adj. : aride, sec, sans substance.

Je comprends très bien qu'on ait fait des buildings car vu qu'on[1] ne peut étendre[2] les bras et toucher les deux bouts du pays, on est monté vers le ciel. C'est la même dimension symbolique. La longueur des Etats-Unis, c'est la hauteur de Dieu! On se trouve dans une énorme sphère. Notre sphère à nous est toute petite, elle est comme un ballon de rugby, ovale, ovalisée par l'histoire, par le passé. L'Europe est morcelée[3], les contours déchiquetés[4]. L'Amérique c'est comme le baseball, on tape sur une sphère puis on court très vite, le plus vite possible.

Aux Etats-Unis, il y a des frontières mais elles sont géométriquement abstraites, des lignes droites qui ne tiennent aucun compte[5] du sol[6] comme les Romains. Il n'y a toujours pas de sol, c'est une étendue envahie. Ce n'est pas un pays. L'Amérique, c'est un Eden (pas un paradis), un lieu fait autrement. Le pays, c'est la déchiqueture du solide et du liquide. A partir de ce moment-là, pour moi, il n'y a plus de raison que le passage du solide au liquide ne soit pas le passage du solide à l'aérien. C'est formidable, non!

P.S. (Avril 1993). Je relis ce texte pour la publication. Je suis un peu déçu par mon imaginaire sur l'Amérique. Dans le fond y aller ne sert à rien parce que j'y suis tout le temps, par les journaux, la télévision. M'est-il possible d'avoir un imaginaire débordant d'un lieu (même absent du dessous de mes semelles) ordinaire où languirait mon existence? Un ailleurs non visité très réel. Par contre, je crois qu'en y allant, je ne trouverai pas l'Amérique trop réelle, trop présente , j'y trouverai sans doute un magnifique flash qui laminerait mon imaginaire; la pauvreté, la vulgarité, un lieu sans qualité... Que sais-je? Nous sommes simultanément sur tous les points de la planète, il ne nous reste, pour imaginer, que les coins et des coins, il y en a partout. L'Amérique en est un. Je pense sans doute à l'Eden, au sens de "décrocher l'Amérique", qui est un peu "décrocher la lune".

---

[1] **vu que** : puisque (indique la cause).

[2] **étendre** : allonger, déplier, ouvrir.

[3] **morceler** : partager, diviser en plusieurs morceaux.

[4] **déchiqueté** adj. : contour inégalement découpé.

[5] **tenir compte de** : prendre en considération.

[6] **sol** n.m. : la terre.

Questions

1. *"New York n'est pas américaine alors? Existe-t-il encore une figure qui distingue les villes?" (p. 172) Comment répondriez-vous à cette interrogation?*

2. *Quelles sont les villes que vous rapprochez à cause de rapports esthétiques que vous avez établis?*

3. *"On peut abîmer l'esthétique d'une ville". Y a-t-il des villes que vous connaissez qui auraient été ainsi abîmées par les urbanistes?*

4. *En quoi Hubert Tonka critique-t-il l'architecture française?*

5. *"Chez nous" dit Hubert Tonka, "c'est hyper américain, mais ça n'a rien à voir avec l'Amérique". Que veut-il-dire?*

6. *A votre avis, si Hubert Tonka fait un jour un long séjour en Amérique, sera-t-il déçu?*

7. *Commentez le P.S. de Tonka.*

8. *Si vous n'avez jamais été France, comment l'imaginez-vous? Si vous avez déjà été en France, comment l'imaginiez-vous avant d'y aller?*

9. *Y a-t-il pour vous un paysage français? Décrivez-le. Regardez les photos du livre. Evoquent-elles la France pour vous? Si oui, en quoi?*

Idées à développer

I. AMERIQUE

Jean Baudrillard, est un penseur "inclassable" : "Je suis à l'Université en sociologie mais je ne me reconnais ni dans la sociologie, ni dans la philosophie philosophante. Théoricien, je veux bien; métaphysicien, à la limite; moraliste, je ne sais pas". Voici un extrait de son livre sur l'Amérique.

Les nuages nous gâchent le ciel en Europe. Comparés aux ciels immenses de Nord-Amérique, avec leurs nuées, nos petits ciels pommelés sont à l'image de nos pensées pommelées, jamais des pensées de l'espace... A Paris, le ciel ne décolle jamais, il ne plane pas, il est pris dans le décor des immeubles souffreteux, qui se font de l'ombre les uns aux autres, comme la petite propriété privée - au lieu d'être la façade miroir vertigineuse les uns des autres, comme celle du grand capital à New York... Ça se voit aux ciels : l'Europe n'a jamais été un continent. Dès que vous posez le pied en Amérique du Nord, vous sentez la présence d'un continent entier - l'espace y est la pensée même.

Face aux *downtowns* et aux ensembles de gratte-ciel américains, la Défense perd le bénéfice architectural de la verticalité et de la démesure pour avoir enserré ses buildings dans une scène à l'italienne, dans un théâtre fermé circonscrit par un boulevard périphérique. Jardin à la française en quelque sorte : un bouquet de buildings avec un ruban autour. C'est contredire à la possibilité que ces monstres en engendrent d'autres à l'infini, se défient les uns les autres, dans un espace rendu dramatique par cette compétition (New York Chicago Houston Seattle Toronto). Là s'engendre l'objet architectural pur, celui qui échappe aux architectes, qui nie au fond catégoriquement la ville et son usage, nie l'intérêt de la collectivité et des individus, persiste dans son délire et n'a d'équivalent que l'orgueil des villes de la Renaissance.

Non il ne faut pas humaniser l'architecture. L'anti-architecture, la vraie, pas celle d'Arcosanti, Arizona, qui rassemble toutes les technologies douces au cœur du désert - non, la sauvage, l'inhumaine, celle qui dépasse l'homme, elle s'est faite ici toute seule, à New York, et sans considération de niche, de bien-être ou d'écologie idéale. Elle a joué les technologies dures, elle a exagéré toutes les dimensions, elle a parié sur le ciel et sur l'enfer... L'éco-architecture, comme l'éco-société, c'est l'enfer en douceur du Bas-Empire.

La merveille des démolitions modernes. C'est un spectacle inverse de celui d'un lancement de fusée. Le building de vingt étages glisse tout entier à la verticale vers le centre de la terre. Il s'effondre droit comme un mannequin, sans perdre sa contenance verticale, comme s'il descendait dans une trappe, et sa propre surface au sol absorbe ses décombres. Voilà un art merveilleux de la modernité, qui égale celui des feux d'artifice de notre enfance.

On dit : en Europe la rue est vivante, en Amérique elle est morte. C'est faux. Rien de plus intense, de plus électrisant, de plus vital et de plus mouvementé que les rues de New York. La foule, le trafic, la publicité l'occupent tantôt avec violence, tantôt avec désinvolture. Des millions de gens l'occupent, errants, nonchalants, violents, comme s'ils n'avaient rien d'autre à faire, et sans doute n'ont-ils réellement rien à faire que de produire le scénario permanent de la ville. La musique est partout, le trafic intense, relativement véhément et silencieux (ce n'est pas le trafic nerveux et théâtral à l'italienne). Les rues, les avenues ne désemplissent jamais, mais la géométrie claire et aérée de la ville écarte la promiscuité artérielle des ruelles européennes.

En Europe, la rue ne vit que par accès, dans des moments historiques, révolutions, barricades. Sinon les gens passent vite, personne ne traîne vraiment (on n'y erre plus). C'est comme les voitures européennes : on n'y vit pas, elles n'ont pas assez d'espace. Les villes non plus n'ont pas assez d'espace - ou plutôt cet espace est réputé public, il est marqué de tous les signes de la scène publique, ce qui interdit de le traverser ou de le hanter comme un désert ou un espace indifférent.

La rue américaine ne connaît peut-être pas de moments historiques, mais elle est toujours mouvementée, vitale, cinétique, et cinématique, à l'image du pays lui-même, où la scène proprement historique et politique compte peu, mais où la virulence du changement, qu'il soit alimenté par la technologie, la différence des races, les media, est grande : c'est la violence même du mode de vie.

Amérique, © Grasset, Paris, 1986, p. 37-41.

Questions

1. Décrivez les rues d'une ville française de votre choix en exprimant ce que la rue parvient à communiquer pour vous. Si vous n'avez pas été en France... imaginez!
2. "Il ne faut pas humaniser l'architecture". Expliquez ce que veut dire Baudrillard. Qu'en pensez-vous?

II. LA NATURE COMME PAYSAGE

John Dixon Hunt, historien, définit en Amérique et en France trois types de nature:

Je voudrais diviser le territoire américain, comme la Gaule, en trois parties. D'abord, il y a la terre sauvage, où l'homme n'est pas encore entré, c'est-à-dire la première nature. Si nous autres, Européens, ne pouvons qu'imaginer ce qu'est la *wilderness*, aux Etats-Unis il est encore possible de trouver (et de se trouver dans) des espaces où rien n'a gâté cette première nature. C'est justement cette nature qui a semblé si terrifiante, si hostile aux nouveaux colons en Virginie et au Massachusetts. Mais, en même temps, ce paysage pouvait apparaître comme un nouveau paradis terrestre, un nouveau jardin d'Eden. Au centre de l'expérience américaine du paysage, il y a donc ce paradoxe que dans cette *wilderness* on trouva soit des Indiens hostiles, soit de bons sauvages.

La deuxième nature, comme l'a expliqué Cicéron il y a bien longtemps, c'est un territoire que l'homme a marqué, où il a laissé ses traces en aménageant des espaces pour l'agriculture, pour l'habitation, pour sa sécurité et ses aises dans le monde. Cette deuxième nature peut marquer très légèrement la surface de la terre ou bien -comme dans les strips suburbains des cités américaines - elle peut l'écraser ou l'engloutir. Entre ces deux extrêmes, au XIXe siècle les exemples les plus connus sont les tableaux qui représentent les chemins de fer au milieu de la campagne. On peut y voir soit une nature sauvage colonisée et exploitée, soit un paradis terrestre, encore amélioré par les dernières inventions.

La troisième nature, comme nous l'ont expliqué les commentateurs de la Renaissance italienne, sont les jardins. Qu'ils soient insérés en bloc dans le paysage sauvage ou développés avec raffinement à partir de la nature secondaire, les jardins sont toujours une réification des attitudes mentales de l'homme face aux deux autres natures.

John Dixon Hunt, "Le paysage américain est-il devenu non européen?
© Le Débat, n. 65, mai-août 1991, pp. 60-61.

Question

Expliquez quelles peuvent-être les attitudes mentales de l'homme face à ces trois natures.

III. QU'EST-CE QU'UN PAYSAGE?

Gérard Simon, philosophe et historien des sciences tente d'apporter quelques éléments pour répondre à la question : "qu'est-ce qu'un paysage?"

Un paysage, chacun le sait, exige à la fois recul et proximité. Il n'apparaît que si une large portion d'espace se trouve dégagée selon des conditions strictes de visibilité : présence d'un premier plan et étagement de lointains, ampleur et continuité du spectacle, effets de lumière ou de nébulosité. Trop près, on est soi-même inclus dans le paysage, directement en présence des choses et des êtres; trop loin, comme par exemple à l'approche d'une côte, quand des horizons commencent vaguement à se dessiner, le paysage n'est encore qu'une promesse guettée par une attente, et si l'on se détourne de la côte pour revenir au spectacle de ma mer, il faudra toujours la vague proche pour estimer le creux de la houle lointaine. Les peintres, par leur cadrage, n'ont fait que matérialiser et qu'exploiter les multiples possibilités incluses dans ces exigences d'un point de vue.

Il s'ensuit qu'un paysage n'existe pas par lui-même, à la manière d'une chose. Celle-ci doit son unité à sa forme, à sa coloration, à sa voluminosité, par laquelle elle se distingue de tout ce qui l'entoure et du fond sur lequel elle se détache. Un paysage, lui, n'est pas un élément du visible, il est à lui seul tout le visible, et il est constitué d'une pluralité de choses, de lieux et de plans se succédant jusqu'à des horizons devenant indistincts. Son unité ne vient pas de sa structure objective; vu d'un autre endroit où, par exemple, un premier plan malencontreux lui fait perdre son caractère, il n'est plus rien. De plus, non seulement il est lié au point de vue, mais à l'œil du spectateur. Que celui-ci cesse d'être attentif, et il se dissout. Il n'y a pas de paysage pour le citadin qui se rend tous les jours à son bureau ou pour le paysan qui va cultiver son champ, à moins que d'un seul coup ils ne redeviennent pour quelques instants disponibles. La perspective urbaine, les ondulations du terroir offrent certes en permanence à un regard averti la possibilité de les constituer en spectacle. Mais ce n'est jamais acquis : on peut aussi bien y regarder l'heure à une horloge monumentale ou se demander si les blés sont mûrs. L'unité virtuelle de tant de choses éparses ne devient réelle que lorsqu'il s'en dégage une signification, commune à toutes et propre à aucune.

Le paysage n'existe donc que dans la tête de celui qui le contemple, même si certains sites sont plus que d'autres aptes à déclencher l'alchimie qui transforme un coup d'œil distrait ou préoccupé en un regard disponible et attentif.

Gérard Simon, "Le paysage, affaire de temps" © Le Débat, n.65, pp. 43-44.

Questions

1. Analysez votre disposition personnelle à "voir" un paysage en réfléchissant sur votre propre expérience.

2. Analysez cette même disposition chez un poète, écrivain ou peintre de votre choix.

Bibliographie

Jean-François Augoyard, L'Habitant des villes et son paysage urbain, Paris, U.D.R.A / E.S.A., 1980.

Revue Le Débat, n. 65, mai-août 1991.

Pierre Terrail, L'architecture aujourd'hui, Paris, Editions P. Terrail, 1991.

Chapitre 2

Images de l'Amérique
chez les jeunes français

Quatre interviews de jeunes qui nous ont fait part de leur vision de l'Amérique constituent la première partie de ce chapitre. Nous ne spécifierons pas l'argument de chacun afin de laisser aux échanges leur caractère spontanné. Nous avons ensuite interrogé un sociologue, François Dubet, en lui demandant d'expliquer certaines réactions de jeunes Français face à l'Amérique et à sa culture. Il répond souvent de façon comparative, ce qui permet l'éclaircisssement de nombreux clichés. Ses propos seront plus particulièrement intéressants pour ceux qui se posent la question de la place faite aux jeunes dans la société française.

1.Virginie. *Elève de première au Lycée Sainte-Marie de La Bastide à Bordeaux, elle a passé plusieurs étés en Amérique.*

2.Yannick, Juliette, Jean-Michel, Sébastien et Sandrine.
Eudiants en seconde année de BTS, ils ont effectué plusieurs voyages aux U.S.A.

3. Marie-Pierre. *A présent professeur de français dans un lycée à Vichy*, elle a passé un an à Bowdoin College (Maine) en 1989 comme assistante de français alors qu'elle était étudiante en troisième année à l'Université de Clermont-Ferrand.*

4. Agnès, Nathalie et Claude. *Etudiants en première année de BTS, ils ne sont jamais allés aux Etats-Unis. Ils évoquent ici leurs visions de l'Amérique.*

5. François Dubet *est sociologue à l'Université de Bordeaux I. Il est l'auteur de nombreux ouvrages sur les jeunes dont La galère, jeunes en survie et Les lycéens.*

Arguments
a. La société américaine a donné à la jeunesse une place que la société française ne lui a, elle, jamais donnée. Ceci explique l'image séduisante que peut avoir l'Amérique aux yeux des jeunes Français.
b. Si certains phénomènes tels la place des marginaux, la présence des gangs, l'intégration des jeunes dans la société montrent que la France va vers une société de type américain, il ne faut pas voir en cela un phénomène d'imitation mais un nouveau mode de structuration sociale.

Interview 1 : Virginie

L'Amérique, qu'est-ce que cela évoque pour vous?

Virginie : D'abord, c'est un rêve, c'est un futur. Je suis folle des Etats-Unis. Je ne pense qu'à repartir là-bas. C'est complètement différent de la France. Tout d'abord, c'est immense. De New York par exemple, j'ai pris l'avion pour Huston. Le voyage a duré trois heures et j'étais toujours dans le même pays. C'est quelque chose qu'un Européen ne peut pas connaître. Rejoindre Paris depuis Bordeaux, cela ne prend qu'une heure en avion. Ensuite, les gens vivent différemment. Ils ont moins de soucis que nous, ils vivent à l'improviste[1]. Les Etats-Unis restent un idéal pour moi, même si mes expériences n'y ont pas toujours été faciles. Tous mes amis ici veulent y partir. L'Amérique, c'est un rêve!

Pourquoi est-ce un rêve auprès des jeunes à votre avis?

Ils croient que là-bas, tout marche bien[2], que les problèmes n'existent pas. Bien sûr, on se rend compte[3] une fois là-bas que les Américains pensent la même chose de l'Europe! Je ne sais pas expliquer ce rêve. La seule chose que je puisse vous dire c'est que, dès que je rentre en France, je ne pense qu'à repartir.

Pourriez-vous parler de vos divers séjours?

La première fois, j'étais dans une famille très pratiquante[4]. Cela a été un peu difficile mais j'ai voulu recommencer une autre expérience car il fallait absolument que je fasse des progrès en anglais. La deuxième année, je suis allée dans une famille du Michigan. J'ai passé quinze jours à l'Université d'été avec l'une des filles de la famille. J'appréhendais cela avant le départ. Tout compte fait, j'ai

---

[1] **à l'improviste** : en prenant la vie comme elle vient.

[2] **marcher** : (familier) aller.

[3] **se rendre compte** : réaliser.

[4] **pratiquant** adj. : qui observe avec exactitude les pratiques de la religion.

rencontré beaucoup d'étudiants. Tous les Américains étaient autour de moi parce que j'étais française. L'ambiance était extraordinaire. Il y avait des gens de toute sorte en apparence... J'ai retrouvé des éléments qui m'avaient marquée dans les séries américaines que j'avais vues à la télé. Je me croyais comme dans les films! Dans la cité universitaire, nous partagions avec ma copine[1] une chambre qui communiquait avec les voisins. J'y ai retrouvé la même ambiance que dans les films, c'est-à-dire une impression très conviviale. Si les jeunes ne se connaissent pas, ils se disent quand même bonjour quand ils se croisent. A peine dans l'ascenseur, ils se parlent, se racontent des anecdotes, ils discutent entre eux. Nous, en France, si on ne se connaît pas, on se croise sans se dire bonjour, même si on est dans la même école. Chacun a ses copains, ses copines mais sortis de là... les gens ne s'adressent pas la parole[2].

Y a-t-il autre chose que vous avez apprécié dans cette expérience scolaire?

Oui. Lors[3] d'un autre séjour, j'ai passé un mois dans une "high-school". J'y ai trouvé la sensation d'une grande liberté. Quand j'ai parlé de mes horaires scolaires[4] à mes amis américains, des devoirs que j'avais à faire en rentrant, du fait que j'avais cours le samedi matin, ils se sont étonnés. Et il y avait de quoi! En Amérique, les cours finissent à deux heures, ce qui permet après de faire autre chose. J'ai pu suivre des cours de psycho, de théâtre. Le sport occupe également une place importante. On ne trouve pas cela en France où on doit, jusqu'à dix-huit ans, étudier sans possibilité de s'épanouir[5]. Imaginez... pouvoir faire de la psycho à quinze ans, c'est super!

Quand je suis rentrée en France, j'ai retrouvé un système dans lequel les profs infantilisaient[6] les élèves. Tout ce qui compte, c'est le Bac*. Aux Etats-

---

1 **copine** n.f. (copain, m.) : (familier) ami, camarade.

2 **s'adresser la parole** : se parler.

3 **lors de** : pendant, au cours de, durant.

4 **horaires scolaires** m.pl. : heures de classe.

5 **s'épanouir** : se développer dans toutes ses possibilités.

6 **infantiliser** : donner à qqn un comportement d'enfant; traiter comme un enfant.

Unis, les jeunes sont plus indépendants. Ils ont souvent une autonomie financière, ils travaillent parfois pour gagner de l'argent. En France, pas question de travailler, le système ne le permet pas. Les possibilités arrivent plus tard, pour certains, bien plus tard. Il y a plein d'étudiants à la fac[1] qui sont encore chez leurs parents. Je trouve cela étonnant après avoir vécu aux Etats-Unis...

Qu'est-ce qui vous a surpris durant vos divers séjours?

Un élément de surprise pour moi a été la façon de s'habiller des Américains. On peut toujours reconnaître les Européens à leur façon de s'habiller. En fait, en Amérique, on me faisait toujours des compliments. Mais lorsque je me mettais en tailleur[2], à côté des autres, cela faisait bizarre. Les Américains sont toujours 'décontracts[3]'. Je vais vous donner un exemple. Je suis allée à un mariage en Amérique. Comme je n'avais rien de très habillé, une camarade américaine m'a prêté une robe. Lorsque j'ai montré les photos chez moi, tout le monde s'est étonné de la robe que j'avais portée. Ce n'était pas, à leurs yeux, une tenue pour aller à un mariage! Il n'y a pas de haute couture comme chez nous.

Avez-vous eu l'impression que les relations entre les jeunes étaient différentes des vôtres en France?

Un peu. Ils se réunissent souvent, ils font des "parties". Nous, en France, on aime bien sortir entre copains, copines, aller au restaurant. Eux, c'est toujours centré autour de leurs soirées. Je pense qu'ils sont beaucoup plus sociables entre eux. En France, on a des relations bizarres. Si quelqu'un ne vous plaît pas physiquement, vous n'irez jamais lui parler. Eux, ils parlent vraiment à n'importe qui. Ils ne se basent pas sur les apparences contrairement à nous. Ils jugent après. Nous, nous jugeons avant même de parler à quelqu'un.

---

[1] **fac** n.f.: (familier) université.

[2] **tailleur** n.m. : costume de femme composé d'une veste et d'une jupe de même tissu.

[3] **décontract** adj. : (familier pour **décontracté**) détendu, simple, pas snob.

Quels conseils donneriez-vous à un Français qui irait aux Etats-Unis?

Je lui dirais d'être un peu ouvert et de laisser son esprit critique chez lui. Les Américains ne cherchent pas toujours à vous enfoncer comme cela se fait en France où il faut toujours faire ses preuves[1]. Que les Français apprennent à être positifs et aimables comme les Américains, à mettre les autres en valeur!

Est-ce que cela vous plairait d'aller vivre aux Etats-Unis?

Ah oui! En allant là-bas, j'ai pris goût à l'anglais. Pour moi, c'est maintenant quelque chose qui compte. Parler anglais, ça crée déjà une vie différente.

Les Américains sont aussi moins stressés que nous. Une fois par exemple, j'ai été dans une réunion de famille dans un parc. Ils avaient amené le pique-nique, les affaires de baseball et des jeux. Durant toute la journée, la famille a joué. C'était sympa[2]. Ici, on ne ferait jamais ça! Lorsque l'on se retrouve en France, c'est pour un repas autour d'une table et on discute toute la journée. Les Américains, eux, ne se retrouvent pas forcément pour manger. Ils organisent des sorties entre amis, vont passer l'après-midi chez les uns, chez les autres. J'ai eu l'impression qu'ils gardaient un contact facile avec les personnes qu'ils rencontraient. En comparaison, le Français ne pense qu'à lui!

Il y a d'autres petites choses qui font que j'apprécie l'Amérique. Par exemple, ce que je trouve formidable là-bas, c'est qu'autour des maisons, il n'y ait pas de clôture[3]. En France, chaque maison a sa barrière. J'aime beaucoup aussi leur système de trottoirs avec les pistes cyclables. J'aimerais bien partir vivre là-bas... et pour tout vous avouer, je suis follement amoureuse d'un Américain!

Questions

1. Quelles sont les valeurs que Virginie met en avant dans son interview?

2. Qu'avez-vous appris sur la France et les Français par cette interview?

---

[1] **faire ses preuves** : prouver.

[2] **sympa** adj.: (familier) sympathique.

[3] **clôture** n.f. : barrière.

Interview 2 : Sandrine, Yannick, Jean-Michel, Juliette.

Qu'est-ce qui vous a surpris lors de votre arrivée aux Etats-Unis?

Sandrine : L'accueil[1] est extraordinaire. J'ai été plusieurs fois aux Etats-Unis dans des familles. A l'aéroport, elles nous attendaient avec des banderoles[2] : "Welcome Sandrine", avec des ballons.

Yannick : C'est vrai, les Américains ont peut-être des défauts mais ils sont vraiment accueillants! Je me souviens m'être trouvé à la gare de Bordeaux pour recevoir des Américains. Aucune comparaison avec l'accueil américain et certainement pas de banderole!

Jean-Michel : On tient trop compte[3] en France du regard des autres. On ne va pas arriver à la gare avec des banderoles de peur que le voisin dise que ça ne va pas bien.

Sandrine : Dans les familles américaines, ils offrent tout. On peut se servir dans le frigo[4] sans demander. Ils proposent même leurs fringues[5] si on en a besoin. On se sent vraiment chez soi. En France en comparaison, on est beaucoup plus réservé. On attend de voir, on observe avant d'accueillir.

Juliette : Lorsque j'ai voyagé en Greyhound avec ma copine, j'ai rencontré plein de gens qui nous ont proposé de rester chez eux. Une fois, un gars[6] est venu discuter avec nous simplement parce qu'il avait des cousins en France. Il nous a hébergées[7] pendant une semaine et nous a laissé les clés sans aucun problème. C'est quelque chose qui ne se fait pas en France.

---

[1] **accueil** n.m. : manière de recevoir qq.

[2] **banderole** n.f. : petite bannière en forme de flamme.

[3] **tenir compte de** : prendre en considération, accorder de l'importance.

[4] **frigo** n.m. : fam. réfrigérateur.

[5] **fringues** n.f.pl : (familier) vêtements.

[6] **gars** n.m. : (familier) type, homme.

[7] **héberger** : loger, donner un endroit où dormir.

Comment avez-vous perçu les relations entre jeunes?

Sandrine : C'est difficile à dire parce que nous étions étrangers. Mais les Françaises sont très convoitées[1] par les Américains.

Jean-Michel : Je suis allé dans des boîtes[2]. C'était différent de ce que nous trouvons en France. Si par exemple vous voyez une fille parler à un mec[3], personne ne l'abordera[4] ou n'ira l'inviter à danser. Dans les boîtes, sur la piste, il y a toujours un mec, une nana[5] - un mec, une nana. Ils n'y vont pas comme nous, tous ensemble ou même tout seul se joindre au groupe qui danse sur la piste. C'est comme leurs histoires de bal de fin d'année. Il faut y aller en couple.

Sandrine: Ah oui! C'est incroyable ces robes que les filles portent. On dirait des robes de mariées. Deux mois avant, elles ne parlent que de ça. On ne ferait jamais des choses comme ça en France!

Juliette : J'ai trouvé que les relations filles-garçons restent très conventionnelles. Je suis sortie avec un garçon, c'est tout juste s'il ne m'a pas offert des roses! Quand on partait en voiture, il m'ouvrait toujours la portière, puis faisait le tour! Ça faisait bizarre. Ça m'a fait rire! En France, le mec rentre puis, de l'intérieur, vous ouvre à peine la portière! Les Américains sont gentils et attentionnés.

Yannick : Pour revenir à la façon dont ils sortent ensemble, c'est vrai que les filles sont tout le temps accompagnées. Quand je voyais des filles toutes seules... j'attendais un peu... j'étais sûr que des types allaient arriver et qu'ils étaient avec elles... Au début, je ne savais pas, je me faisais toujours avoir[6], mais plus à la fin!

Jean-Michel : J'ai trouvé que les Américains n'aimaient pas être critiqués. Parfois, quand je discutais avec des jeunes, j'avais l'impression qu'ils se sentaient directement attaqués si j'exprimais des opinions critiques vis-à-vis de l'Amérique. Ils prenaient tout personnellement.

---

1 **convoiter** : ambitionner, envier.

2 **boîte** n.f. : aller en boîte: aller danser dans une boîte de nuit.

3 **mec** n.m.: (familier) gars, type, homme.

4 **aborder** : aller à qq. pour lui adresser la parole.

5 **nana** n.f. : (familier) une fille.

6 **se faire avoir** : se faire prendre.

Quelles ont été vos impressions des activités des jeunes?

Jean-Michel : Tout est basé sur le sport. Que ce soit filles ou garçons, ils font tous du sport. L'école ça compte, mais le sport tout autant.

Sandrine : En tant que jeune, si on ne fait pas partie d'une équipe, si on n'est pas dans quelque chose, on est mal vu[1]. La côte[2] de popularité de chacun compte énormément à l'école aux Etats-Unis.

Sébastien : Moi, j'ai apprécié leurs activités extra-scolaires. Dans la vie, il n'y a pas que le boulot[3]. On peut former son esprit mais aussi son corps. En cours, ce qu'ils font paraît simplet[4]. Je suis allé dans l'équivalent de la Terminale[5]. Je comprenais tout. Mais c'est sûr qu'en sports, ils sont cent fois meilleurs que nous. Ils ont d'autres avantages. Ils passent le permis au sein de l'école par exemple.

Juliette : Moi, je trouve que ce faisant, ils délaissent le reste. En culture générale par exemple, ils sont nuls[6].

Quels sont vos critères pour dire qu'en culture générale, ils sont nuls?

Jean-Michel : Je suis resté là-bas trois mois. J'ai regardé les informations télévisées : ils ne parlent que des Etats-Unis. J'ai demandé à ma correspondante si elle connaissait au moins le président français. Non! Quand je disais que je regardais régulièrement les informations en France, que je m'intéressais à ce qui se passe dans le monde, les gens avaient l'air surpris. Nous, on connaît quand même des villes aux Etats-Unis! Eux, quand on leur dit "la France", c'est Paris, c'est tout. Bordeaux, ils connaîtront par le vin mais ne sauront pas le situer.

Sandrine: Ils connaissent la côte d'Azur parce qu'ils ont entendu parler des filles qui font du monokini sur les plages. Ça, ils n'en reviennent pas!

---

[1] **être mal vu** : être mal considéré.

[2] **côte** n.f. : degré.

[3] **boulot** n.m. : (familier) travail.

[4] **simplet** adj. : trop simple.

[5] **Terminale** : dernière année de Lycée.

[6] **nul** adj. : mauvais.

Jean-Michel : Pour un pays qui se veut libéral! Cette histoire d'avoir dix-huit aoire, c'est incroyable. Ils ne peuvent pas sortir en boite...

Qu'est-ce qui vous a étonnés aux Etats-Unis?

Sébastien : Leur façon de célébrer le 4 juillet. Ils sont vraiment partiotes. Le drapeau[1] flotte devant chaque maison même quand ce n'est plus le 4 juillet. Ce serait inimaginable en France. Ils installent des stands dans les parkings. En France, on ne se mobilise pas ainsi... imaginez que pour le 14 juillet, chacun mette son petit drapeau!

Juliette : Si on le mettait, ce serait pour plaisanter[2], on tournerait ça en dérision. A mon avis, les Américains se raccrochent aux rites. je trouve que les Etats-Unis, c'est le pays des extrêmes : il y a ceux qui sont très patriotes, fiers de leur pays, et ceux qui le mettent au fond d'un gouffre[3]. Ils ne sont pas modérés.

Yannick : J'ai visisité le Musée de la Nasa. C'est fantastique. On voit les engins qui ont été sur la lune, les équipements. Mais bien sûr, on trouve une énorme fresque, superbe, de l'Amérique conquérante. Un cosmonaute tient un drapeau américain. On ne voit que le drapeau d'ailleurs. Là, on sent qu'ils sont fiers d'eux. J'avais un ami qui avait dans sa chambre un immense drapeau

Yannick : Lorsque les Américains manifestent pour le 4 juillet, ils semblent dire qu'ils se tiennent les coudes[4]. C'est faux. Quand on voit la pauvreté qu'il y a et la ségrégation... Pour nous qui arrivons avec des yeux neufs, il est choquant de voir ces quartiers de superbes maisons et à côté ces ghettos.

Cela vous a tous frappé?

Sandrine: A moi, oui. Dans les musées, il n'y a que des noirs plantés à

---

[1] **drapeau** n.m. : pièce d'étoffe portant les couleurs d'une nation.

[2] **plaisanter** : s'amuser, jouer.

[3] **gouffre** n.m. : trou vertical, abîme, précipice.

[4] **se tenir les coudes** : être solidaire, montrer de la solidarité.

surveiller[5] les salles. Le premier jour où je suis arrivée à New York, je suis rentrée dans un bus et je n'ai vu que des noirs. Ça m'a choquée. Il y a des McDo pour les noirs et d'autres pour les blancs. En Floride, j'ai senti la ségrégation entre les Américains et les Canadiens qui sont dénigrés[6]. Si les Américains entendent parler un Français non-canadien, ils sourient. Mais pour les Canadiens, c'est différent.

Yannick : Ce qui m'a frappé aussi, c'est la ségrégation de classes sociales. A Chicago, j'avais l'impression qu'une rue de maisons hyper-chics côtoyait une rue de maisons hyper-pauvres. Pas étonnant que cela engendre[7] la violence de la part des pauvres!

Avez-vous été témoins[8] de violence?

Yannick : Un jour, en Floride, j'étais dans un bar à l'extérieur de mon hôtel. Je parlais avec un Américain et j'ai entendu un grand coup de freins[9]. Je me suis retourné et à 50 mètres de nous, j'ai vu une fusillade[10] : un mec tirait sur un policier puis il s'est fait prendre. Nous étions trois Français au comptoir. Nous sommes les seuls à avoir sursauté[11]. Les Américains n'ont pas bronché[12], ils ont continué à boire!

Une autre fois, j'étais avec un copain. Nous sommes tombés en panne d'essence[13] en Alabama. Nous avions un bidon dans le coffre. J'ai commencé à marcher pour trouver un poste d'essence. Je suis tombé sur[14] une ferme isolée.

---

[5] **surveiller** : contrôler.

[6] **dénigrer**: critiquer, déprécier, rabaisser, attaquer.

[7] **engendrer** : causer, créer.

[8] **témoin** n.m. : personne qui a vu ou entendu et qui peut attester la vérité de qqch.

[9] **frein** n.m. : ce qui permet d'arrêter une voiture qui roule.

[10] **fusillade** n.f. : combat avec armes à feu.

[11] **sursauter** : avoir un mouvement brusque.

[12] **sans broncher** : sans manifester d'opposition.

[13] **une panne d'essence** : ne plus avoir assez de carburant pour faire marcher une voiture.

[14] **tomber sur** : arriver à.

Pas de sonnette[15], rien. Je suis rentré dans le jardin. Un mec est sorti avec son fusil! Je lui ai fait voir le bidon[16] et je suis vite reparti...

Sébastien : J'ai rencontré un Américain qui avait toujours sous son siège dans sa voiture une longue carabine. Je me suis dit qu'il était fou. Pour moi, c'était l'image de l'Amérique violente qui pèse tout le temps, même si on ne la voit pas.

Sandrine : C'est vrai. J'ai eu un sentiment permanent d'insécurité quand je me promenais seule à peine la nuit tombée. Je ne sais pas pourquoi. Peut-être parce qu'on m'avait dit avant mon départ qu'il fallait toujours faire très attention, ne pas prendre le métro à New York par exemple, être chez soi dès qu'il fait nuit. J'ai eu l'occasion d'aller en Asie et c'était tout l'opposé.

Yannick : Mais quand tu vois que là-bas, un enfant sur cinq est armé, tu comprends que c'est indispensable. Cela me paraît grave de voir que des jeunes vont au lycée armés. J'ai été surpris au départ de voir des flics[17] dans des discothèques ou même sur des campus... imaginez un flic sur un campus en France! Mais vu la violence, il est normal qu'il y ait des flics.

Juliette : Moi, ce qui m'a marquée, ce sont les journaux télévisés. Il y a un journal qui dure une heure et qui ne consiste qu'en des nouvelles de viols[18], de meurtres. C'est incroyable!

Vous imaginez-vous vivre en Amérique?

Sébastien : Ce qui me ferait hésiter à aller y vivre c'est que, lorsque j'ai travaillé là-bas, je me suis rendu compte qu'au point de vue converture sociale[19], ce n'était pas au point[20]. Le docteur, c'est cher; les médicaments, c'est de leur poche. Quand ils sont à la retraite[21], ils doivent se la faire tout seul; quand ils sont au

---

15 **sonette** n.f. : petit instrument métallique qui sonne pour avertir, pour dire que qq est là.

16 **bidon** n.m. : récipient pour les liquides, jerrycan.

17 **flic** n.m. : (familier) policier.

18 **viol** n.m. : acte de violence par lequel un homme a des relations sexuelles avec une femme contre sa volonté.

19 **couverture sociale** : f. : assurance maladie, vieillesse, chômage, etc.

20 **être au point** : être en état de fonctionner.

21 **retraite** n.f. : état d'une persnne qui ne travaille plus parce qu'elle est âgée.

chômage[22], ils n'ont rien. Ils n'ont aucune aide. Pour l'éducation de leurs enfants, ils payent tout.

Juliette : Moi, je trouve qu'ils n'exploitent pas assez leur côté cosmopolite. Je ne pourrais pas y vivre pendant très longtemps. J'irais, mais pour aller y faire du fric[23].

Jean-Michel : J'irais, mais jeune. Lorsqu'on est vieux, je pense qu'il doit être difficile de vivre là-bas.

Sandrine : Je ne suis pas d'accord. Tout est mâché là-bas, tout est facile. Je trouve donc que c'est un pays de vieux. Si je voulais vivre l'aventure, ce n'est pas aux Etats-Unis que j'irais. Je ne pourrais pas y vivre trop longtemps parce que j'adore les cafés et là-bas, il ne sortent pas au café comme nous! Certaines valeurs me seraient difficiles à accepter. Par exemple j'ai trouvé surprenant que les mariages entre noirs et blancs soient si mal vus.

Yannick : Moi, j'irais bien y travailler. Lorsque j'ai fait mon stage[24] en entreprise, ils m'ont énormément appris, surtout au niveau du marketing. Ils sont très professionnels. Tous les bureaux étaient informatisés[25]. Ils vont vraiment jusqu'au bout. Ils ont des heures de travail mais s'ils n'ont pas fini à 6 heures, ils restent jusqu'à huit heures! Alors que pour le Français, l'heure, c'est l'heure. S'il n'a pas fini à 6 heures, tant pis pour ce qui reste à faire, ça attendra le lendemain. Voilà la mentalité du fonctionnaire[26] français.

Ce que j'ai aimé aux Etats-Unis et qui me pousserait à aller y passer quelques années, c'est que c'est un pays très cosmopolite. On n'a pas cela ici à Bordeaux. On le trouve à la limite à Paris, un peu à Lyon* ou à Marseille*. Aux Etats-Unis, j'ai rencontré des Chiliens par exemple. Où les rencontrer ici? De plus, j'aime l'immensité de ce pays, sa variété, sa diversité. Les paysages sont extraordinaires. La facilité des locomotions est impressionnante: l'avion se prend là-bas comme le train ici! La qualité de vie est appréciable aussi. On sent dans ce

---

[22] **chômage** n.f. : inactivité forcée dûe au manque de travail.

[23] **fric** n.m. : (familier) l'argent.

[24] **stage** n.m. : période de formation professionnelle.

[25] **informatisé** adj. : techniques de la transmission et de l'utilisation des informations traitées automatiquement à l'aide de programmes sur ordinateurs.

[26] **fonctionnaire** n.m. : personne qui a un travail permanent dans la fonction publique.

pays un potentiel incroyable. On sent en Amérique une puissance, une richesse colossale. J'irais bien y vivre!

Question

Classez les énoncés de ces étudiants selon les deux éléments suivants :

-Nous, Français, nous sommes...

-Eux, Américains, ils sont...

Ensuite, commentez.

Interview 3 : Marie-Pierre

Pouvez-vous expliquer dans quel contexte vous êtes partie aux Etats-Unis?

Marie-Pierre: Je faisais une licence* d'anglais et j'ai eu l'occasion de me présenter pour un poste d'assistante à Bowdoin College. Cela m'a tentée pour la bonne raison que je n'étais jamais partie de chez moi. J'avais besoin de changer un peu d'air.

Pourquoi avez-vous choisi les Etats-Unis plutôt que l'Angleterre?

Oh, cela me semblait plus loin déjà, un peu plus excitant que l'Angleterre que je connaissais déjà. Les Etats-Unis présentaient une plus grande aventure.

Avant de partir aux Etats-Unis, quelle était votre idée de l'Amérique?

Je n'en avais pas beaucoup, hormis[1] les clichés habituels: le coca, les hamburgers, une société qui va vite, qui change vite. Une société moderne, en perpétuel mouvement.

Par quoi avez-vous été surprise lors de votre séjour aux Etats-Unis?

D'abord, je ne pensais pas être dépaysée comme je l'ai été. On a l'impression, en France, d'être baigné dans une certaine culture américaine par les films par exemple. Je m'étais dit que je ne serais pas dépaysée[2] une fois là-bas et en fait, je l'ai été beaucoup plus que je ne le pensais. L'Américain moyen ne vit pas du tout le cliché qu'on en a et qui se rapporte plutôt à New York ou à la Californie mais pas à l'Américain du fin fond du Maine! Je pense par exemple à l'importance de la

---

[1] **hormis** : sauf.

[2] **dépayser** : désorienter par un changement de milieu, d'habitudes.

religion, au poids du "qu'en dira-t-on", au fait que les gens sont très à l'écoute de ce que pense le reste de la société sur eux. C'est à l'opposé de ce que je pensais.

L'autre surprise, c'était la découverte d'un certain puritanisme. Je ne m'y attendais pas. Par exemple, j'avais une copine[1] qui avait mal au genou et qui a été à l'infirmerie du collège. Elle y est allée en jupe. Pour lui examiner le genou, le médecin lui a donné un short. Il est sorti pour qu'elle se déshabille et passe ce short! Quand elle m'a raconté ça, je lui ai dit que ce n'était pas possible, que vraisemblablement, c'était parce qu'il voulait qu'elle courre un peu qu'il lui avait donné un short. Mais non, il ne l'a pas faite courir. Il lui a juste examiné le genou puis est ressorti pour qu'elle remette sa jupe. Nous avons été très surprises. Nous avons parlé à des étudiants qui nous ont dit que le médecin risque à tout moment se faire attaquer pour attentat à la pudeur[2]! Nous avons dit, "hou là, là..!!!". J'ai vu des films américains. En France, lorsqu'il y a une scène d'amour, on en voit un petit peu. Aux Etats-Unis, elle est invisible : on voit les amants s'embrasser et puis 'pof', la caméra se détourne!

Une autre marque de puritanisme s'exprime dans l'obéissance à l'ordre. Un jour, j'étais en voiture avec une dame. Devant nous, roulait une voiture de jeunes qui, selon elle, faisaient un peu n'importe quoi. Elle a pris le numéro de la plaque d'immatriculation et en rentrant, elle a téléphoné à la police. En France, ce genre de chose ne se ferait jamais. Un coup de klaxon, une petite discussion et c'est terminé.

Un autre élément de surprise a été le repas. En France, c'est un moment social, on y passe pas mal de temps. Si on sort au restaurant, on s'éternise[3] un peu, pareil au café. Aux Etats-Unis, j'ai eu l'impression que c'était beaucoup plus le fait de manger et voilà. C'est un moment moins important que chez nous. A la cafétaria, nous, les Françaises, nous restions longtemps alors que les autres mangeaient et partaient. Nous avions l'impression d'être les seules à rester ainsi. Aux Etats-Unis, si vous invitez quelqu'un à manger, même si la soirée est super chouette, il considère qu'être parti après neuf heures, ce n'est pas possible. Il gardera toujours à l'esprit l'heure à laquelle il doit partir!

---

[1] **copine** f.s. : (copain m.) amie, camarade.

[2] **attentat à la pudeur** : agression contre la décence.

[3] **s'éterniser** : prendre du temps, s'attarder.

Ce qui est aussi surprenant au début, mais très agréable d'ailleurs, c'est que tout le monde se dise bonjour. Les gens ont une face plus aimable qu'en France où l'on peut croiser des gens qu'on connaît même un peu et qui ne diront même pas bonjour!

Avez-vous apprécié votre vie sur le campus?

Par rapport à l'université française, j'ai trouvé cela formidable... sans parler du campus lui-même! A Clermont*, c'est vraiment sinistre en comparaison. Les contacts entre étudiants sont rarement extra-scolaires, sauf si on a des amis de longue date. Quand je suis arrivée en licence d'anglais, je ne connaissais personne et même en étant très amicale avec les gens, une fois sortie de l'université, c'était fini. Aux Etats-Unis, j'ai trouvé la vie sociale sur le campus beaucoup plus intense. Le fait que les étudiants soient internes contribue à créer ce climat.

Vous êtes-vous liée d'amitié avec des Américains?

Cela a été difficile. J'ai gardé l'impression que les gens ne s'investissaient pas tellement dans les relations amicales. C'était peut-être parce que je n'étais là que pour un an. Cependant, une fois revenue en France, je n'ai eu que peu d'échos des gens que j'avais pourtant côtoyés[1] pendant une bonne année.

Comment imaginez-vous l'amitié entre deux Américains?

J'ai eu l'impression que c'était plus épisodique que chez nous. Pas moins durable mais que les amis se voient intensivement pendant une certaine période puis vivent une grande période de vide et recommencent après plus intensivement.

Avez-vous participé à des activités avec les étudiants sur le campus?

J'ai été voir les réalisations de leur théâtre. J'ai trouvé ça très bien. Ils s'investissent pas mal dans des activités comme le théâtre, la danse, le chant, les

---

[1] **côtoyer** : se rapprocher de, aller avec.

activités sportives. A Clermont au contraire, il faut vraiment le vouloir! Les terrains de sport sont éloignés du campus et les horaires contraignants.

Avez-vous suivi des cours?

Oui. En cours, les étudiants participaient beaucoup plus qu'en France où on se retranche[1] un peu parce que souvent, nous avons des cours d'amphis où nous sommes nombreux. Ainsi pour nous, poser une question, c'est tout un monde! Nous sommes un peu timorés[2]. Aux Etats-Unis, j'ai trouvé que dans les classes, un climat qui se créait. Les gens se parlent, prennent la parole, ils n'ont pas peur comme en France.

Par contre, j'ai trouvé la façon de travailler des Américains moins structurée. En France, pour la dissertation par exemple, on a un esprit très cartésien. Il faut que ce soit en deux ou trois parties. Aux Etats-Unis, c'était beaucoup plus libre à ce niveau-là. Ce n'était pas non plus le même genre d'exercice qui était demandé.

Que pensez-vous de cela?

Pour moi, c'était déroutant[3].

Si vous deviez décrire la vie d'un étudiant américain à un étudiant français, comment le feriez-vous?

Je dirais que le rythme d'études n'est pas le même. Les cours fonctionnent sur un trimestre, ce qui permet durant l'année de suivre des cours très diversifiés. L'année scolaire n'est pas sanctionnée[4] par des examens de fin d'année mais par un système de devoirs et de contrôles continus. L'échec[5] m'a semblé rare. Les

---

1 **se retrancher** : se protéger, se séparer.

2 **timoré** adj. : timide.

3 **déroutant** : déconcertant, qui crée une certaine confusion.

4 **sanctionner** : marquer officiellement.

5 **échec** n.m. : contraire de réussite. Ne pas arriver à faire qqch.

professeurs sont très encourageants et ont, avec leurs étudiants, des contacts personnels et approfondis. Ils sont d'ailleurs très accessibles et ont un caractère moins sacré qu'en France.

La motivation des étudiants m'a parue différente aussi. Peut-être est-ce dû au fait que les études sont si chères. Les étudiants semblent moins préoccupés par leur futur que par les notes qu'ils reçoivent. Ils cherchent à faire un travail original. Ce n'est pas comme en France où, en gros[1], on va en cours, on s'assied et on écoute pour tout ressortir le jour de l'examen.

La part de la bibliothèque est bien plus importante aux Etats-Unis. D'abord, elle est vraiment conçue pour les étudiants, ouverte le week-end et jusqu'à minuit en semaine! Elle semble être un lieu où les étudiants sont sensés[2] être, où les étudiants font leur recherche.

Qu'avez-vous apprécié lors de[3] votre séjour aux Etats-Unis?

J'ai apprécié le fait que les étudiants en Amérique n'ont aucun complexe. Ils n'ont pas peur de parler alors que nous, en France, nous sommes coincés[4]. Je me souviens des cours de conversation d'anglais par exemple. Chacun est tassé sur sa chaise. Ce sont toujours les mêmes qui parlent. Aux Etats-Unis, les élèves n'avaient pas de pudeur[5], ils y allaient et tant pis si la phrase était mal construite. Ils n'ont pas le même sens de la langue que nous. J'ai l'impression qu'ils sont beaucoup moins pointilleux[6] sur leur façon de parler ce qui fait que, dans une langue étrangère, du moment qu'ils se font comprendre, peu importe la façon. Quand je suis arrivée aux Etats-Unis, j'étais perfectionniste. Je ne voulais pas parler parce que j'avais peur de faire des fautes. De ce fait, je m'exprimais peu, je ne faisais donc pas de progrès. J'ai finalement compris que le message était ce qui

---

[1] **en gros** : sans entrer dans les détails.

[2] **être sensé** : devoir.

[3] **lors de** : durant, pendant, au cours de.

[4] **coincer** : être mis dans une position où l'on n'a pas de choix.

[5] **pudeur** n.f. : modestie.

[6] **pointilleux** adj. : formaliste, minutieux.

primait[1] et que la façon dont c'était dit, ils n'y faisaient pas tellement attention, ils n'y étaient pas très sensibles. Ça m'a un peu débloquée car au départ, je n'osais[2] pas. J'avais été conditionnée par tout un enseignement durant lequel j'ai toujours entendu "Ce n'est pas français", "Ne dis pas cela car ce n'est pas français". J'ai eu l'impression que la langue américaine était même plus libre que l'anglais. Les étudiants américains sont donc complexés que nous, ils sont plus épanouis[3].

Pour continuer sur les mentalités, je n'ai pas eu l'impression que les étudiants trichaient[4] à Bowdoin. En licence d'anglais à Clermont, je me souviens par exemple de l'épreuve de linguistique. Je m'y connaissais un peu car j'en avais déjà fait en français et il y a deux filles à côté de moi qui m'ont carrément[5] passé leurs copies[6] pour que je leur fasse le devoir. Dans tout l'amphi, c'était la folie. Il y en avait qui sortaient leurs cours. A la limite, c'était écœurant[7].

Qu'avez-vous fait lorsque ces filles vous ont demandé de les aider?

Moi, j'étais ennnuyée. Je leur ai passé quelques renseignements. Je n'allais pas leur dire non, c'étaient des amies... c'est toujours gênant[8]. J'ai trouvé le système américain plus honnête. J'ai même vu à Bowdoin des étudiants qui avaient des examens qu'ils pouvaient passer[9] chez eux. Il ne leur serait même pas venu à l'idée de se servir de documents. En France, ce serait impossible! Avec mes élèves, s'ils ont un examen et que je sors de la classe cinq minutes, ils cherchent immédiatement à discuter entre eux.

---

1 **primer** : occuper la première place.

2 **oser** : risquer.

3 **épanoui** adj. : ouvert, développé dans toutes ses qualités.

4 **tricher** : frauder.

5 **carrrément** : franchement, fermement.

6 **copie** n.f. : feuille sur laquelle on fait un devoir.

7 **écœurant** adj. : dégoûtant.

8 **gênant** adj. : embarrassant.

9 **passer un examen** : se présenter à un examen.

Lorsque vous êtes rentrée en France après un an aux Etats-Unis, qu'avez- vous remarqué?

La faculté[1] m'a parue bien sinistre. J'y ai constaté un manque de vie sociale. Il doit y avoir une pièce de théâtre par an à la fac[2] et en plus, il faut vraiment être au courant que ça existe. Aux Etats-Unis, sur les campus, les étudiants se rencontrent, ils font des soirées. D'autres petites choses : aux Etats-Unis par exemple, ça ne viendra jamais à l'idée des gens de passer vous voir sans téléphoner avant. En France, sur ce plan-là, il y a plus de spontanéité... Quoi d'autre? En rentrant en France, j'ai trouvé que tout était beaucoup plus petit, étroit, étriqué[3] : les rues, l'espacement des maisons.

Auriez-vous aimé rester plus longtemps?

Non, j'ai eu l'esprit trop critique là-bas.

N'avez-vous rien regretté à votre départ?

Si bien sûr! J'ai trouvé les Américains beaucoup plus disciplinés qu'en France. Des fois, ce n'est pas un mal! Dans les banques par exemple, il y des files d'attentes matérialisées par un cordon, une ligne blanche - la petite ligne est peut-être de trop - mais... En France, c'est "je te pousse et je passe devant". Le téléphone est extraordinaire aussi. D'une cabine publique, vous téléphonez, vous mettez le montant[4] de la première minute puis une opératrice vous rappelle en fin de communication pour vous dire la somme que vous devez. En France, ce système ne marcherait jamais. La plupart des gens cavaleraient[5] pour ne pas avoir à payer. Même moi, j'en ai eu la tentation. Dans les auberges de jeunesse pour donner un autre exemple, on trouve plein de petite nourriture laissée à la disposition de

---

[1] **faculté** n.f. : l'université.

[2] **fac** n.f. : (familier pour faculté) université.

[3] **étriqué** adj. : étroit, petit.

[4] **montant** n.m. : le total.

[5] **cavaler** : (familier) courir.

chacun. Si l'on se sert, on laisse *50 cents* dans un coffret. En France, cela ne se voit pas et si cela se voyait, le coffret serait au moins fermé à clé. La mentalité est différente, on ne fait pas confiance aux gens ici. Sur le campus à Bowdoin, je n'ai pas eu l'impression qu'il y ait de gros vols[1]. Si j'oubliais un parapluie, je le retrouvais. En France, si vous oubliez un parapluie, vous ne le retrouverez jamais. Nous avons l'esprit moins discipliné qu'eux... il n'y a pas de doute, nous avons encore des choses à apprendre!

Questions

1. Quelles sont les valeurs personnelles émises par Marie-Pierre?

2. Quelles images de la France avez-vous par cette interview?

---

1 **vol** n.m. : le fait de prendre le bien d'autrui frauduleusement.

Interview 4 :
Nathalie, Agnès, Claude

L'Amérique, qu'est-ce que cela représente pour vous?

Nathalie : Pour moi, cela représente le hamburger, le Coca Cola, les buildings.

Agnès : Quand on dit Amérique, j'associe toujours cela au rêve américain c'est-à-dire la conquête, que ce soit du paysage ou économique. L'Amérique, c'est l'Amérique conquérante. Le reste existe aussi comme stéréotype : le problème de l'obésité, le building et la pollution. Mais quand je pense à l'Amérique, je pense de suite au rêve américain et à ses grands espoirs[1].

Claude : L'Amérique, c'est un pays qui m'attire par la surface et la variété de paysages qu'il peut y avoir : des zones très peuplées et des zones quasiment désertiques. L'Amérique, c'est également une grande puissance. J'ai l'image d'un esprit américain comme d'un esprit d'initiative, d'une rigueur d'esprit. Les Américains essaient de s'implanter avec Mc Donald par exemple ou Euro Disney. Cela nous fait percevoir, à nous Français, une image de l'Amérique où tout est organisé, structuré.

Qu'imaginez-vous d'autre et comment avez-vous construit ces images?

Agnès : L'Amérique est un pays neuf construit par différentes cultures. C'est de cela qu'elle tient sa richesse. Mais du fait de sa suprématie, j'ai l'impression qu'un certain protectionisme s'est instauré[2] et que les Américains vivent en vase clos[3]. Je tiens mes images de la presse et de mes cours en Terminale[4]. Ce qui me frappe[5]

---

[1] **espoir** n.m. : le fait d'espérer, d'attendre avec confiance, conviction, certitude.

[2] **instaurer** : établir.

[3] **en vase clos** : confiné.

[4] **Terminale** : dernière année de Lycée.

[5] **frapper** : surprendre, étonner.

aussi, c'est la pauvreté, la violence et les problèmes raciaux.

Claude : Par les actualités[1], je sais que la criminalité est très très forte là-bas. On s'imagine ici qu'à New York et Washington, il y a des heures pour être dans la rue, sinon[2] on se fait attaquer. On entend dire que toutes les quinze minutes, il y a un meurtre. On voit des ghettos, des quartiers où les jeunes se révoltent. On s'imagine donc une certaine forme de violence. Cela peut s'expliquer par le fait que co-existent des catégories sociales assez élevées et d'autres vraiment très défavorisées[3].

Nathalie : Par les films, j'ai l'image qu'en Amérique, si on veut réussir, il faut foncer[4]. C'est la loi de la jungle. C'est un pays où il faut de l'argent et où il vaut mieux être blanc et bien portant[5].

J'imagine aussi l'Amérique de luxe. Là, cela rejoint le rêve dont on parlait au début. Est-ce que le rêve correspond à la réalité? En voyant Dallas, on peut croire que tout le monde vit dans un univers comme celui que nous avons décrit mais il y a peut-être d'autres facettes[6]. Le côté qui nous reste réellement inconnu est celui de leur vie quotidienne.

Comment l'imaginez-vous, cette vie quotidienne?

Nathalie : J'ai l'impression qu'ils passent beaucoup plus de temps que nous dans les transports. C'est du temps perdu, de la fatigue. Ensuite, l'environnement des villes est assez pollué, bruyant[7]. Les journées doivent être longues. J'imagine que la journée continue[8] existe plus qu'ici. Je pense que les Américains prennent

---

1 **actualité** n.f. : information sur les événements dans le monde.

2 **sinon** : autrement, sans quoi. Si la condition, la supposition ne se réalise pas.

3 **défavorisé** adj. : privé d'un avantage, désavantagé.

4 **foncer** : (familier) aller sans s'occuper des obstacles ou des difficultés.

5 **bien portant** : en bonne santé.

6 **facette** n.f. : côté.

7 **bruyant** adj. : qui fait du bruit.

8 **la journée continue** : journée de travail où l'on ne s'arrête que brièvement pour déjeuner. Traditionnellement en France, la journée était coupée pour le déjeuner de midi à 14 h.

le temps pour se détendre[1]. Je sais qu'ils passent beaucoup de temps devant la télé, qu'ils mangent devant la télé!

Claude : J'arrive difficilement à les imaginer. On les voit toujours avec des sacs en papier quand ils font leurs courses. Ils ramènent tout ça dans un break. On s'imagine la ménagère américaine avec une famille nombreuse habitant dans un beau quartier. Par contre, on voit mal le côté travail car on ne connaît pas les lois. Peuvent-ils par exemple travailler le dimanche? Je me demande cela parce que c'est un sujet d'actualité en France.

Agnès : Je ne sais trop quoi imaginer. J'associe en Amérique la famille à la religion. Pour nous, Français, les Américains paraissent très pieux, puritains même. Regardez par exemple ces grands présidents qui s'en réfèrent toujours à Dieu dans leurs discours!

Que savez-vous sur la politique américaine?

Agnès : Nous, ça nous épate[2] ces élections américaines. C'est la grande fête. Il y a un peu de naïveté tout de même. En France, on a l'esprit plus critique.

Claude : Il y a les Démocrates et les Républicains. Sinon, je pense qu'il doit sans doute y avoir des partis extrêmes. La popularité joue beaucoup. Les journaux américains ont une influence directe je pense sur la politique. Par exemple, si un candidat commet un délit[3], il est dénoncé sur la place publique. On lui fait un procès[4] rapide. En France, ça prendrait longtemps, il y aurait des lois d'amnistie. Là-bas, ils arrivent vite à faire chuter[5] une personne. Je pense que ce pouvoir de la presse apporte une certaine transparence dans le pays. Les journaux doivent traiter l'information telle qu'elle vient et ils essaient d'éviter de mettre en valeur leurs idées politiques. En France par contre, les journaux ont des tendances nettes.

---

[1] **se détendre** : se reposer en supprimant les causes de tension, se délasser.

[2] **épater** : (familier) étonner, stupéfier.

[3] **délit** n.m. : tout à fait illicite, une faute.

[4] **faire le procès de qqn, de qqch** : faire la critique d'une personne, d'une chose.

[5] **chuter** : tomber.

Dans votre quotidien, avez-vous l'impression d'une présence de l'Amérique en France?

Nathalie : Oui, partout, tout le temps. Par la télévision, la musique, les chansons, le cinéma, on est envahi.

Agnès : Sur le plan politique également. Depuis la deuxième guerre mondiale, c'est l'Amérique, l'Amérique, l'Amérique...

Comment vivez-vous cette influence des Etats-Unis?

Nathalie : Moi, personnellement, ça me dérange[1] un petit peu parce que je trouve qu'on en oublie notre culture. C'est bien d'être ouvert sur l'extérieur, mais il faut tout de même garder une identité.

Agnès : Notre identité, on la perd même au niveau de la langue. A la radio, ils ne passent que des chansons américaines. Du fait de leur suprématie économique, les Américains ont une grande influence.

Nathalie : Mais du fait de la tendance économique justement, ceci va peut-être s'estomper[2]. Les gens essaient de comparer et se disent qu'en fait, on n'est pas si mal que ça en France. C'est un sujet différent mais on s'aperçoit qu'aux Etats-Unis par exemple, la sécurité sociale, ça n'existe pas. En France, finalement, nous sommes assez privilégiés.

Quels personnages américains connaissez-vous?

Claude : Les personnalités les plus connues, ce sont les présidents : Bush, Reagan, Carter, Kennedy. En dehors de la politique, j'ai une grande admiration pour les sportifs américains, principalement le basket. Magic Johnson...

Nathalie : Voyons... Oui, Kennedy, Jimmy Carter par rapport aux accords de Camp David.

Agnès : Je citerais, moi aussi, des présidents. Les mêmes en ajoutant Washington et Lincoln.

---

[1] **déranger** : gêner, troubler.

[2] **s'estomper** : s'effacer, diminuer, baisser, devenir plus faible, devenir moins visible.

Aimeriez-vous aller en Amérique?

Claude : Oui, beaucoup. J'aimerais voir les paysages, le Texas, Washington et New York où j'imagine de très hauts buildings, des rues assez sombres et très peu de gens qui habitent centre ville car je crois qu'il y a surtout des bureaux de grandes compagnies.

J'aimerais aller voir cette Amérique car j'ai l'impression qu'il y a deux Amériques un peu opposées. Il y a l'Amérique de ceux qui sont conservateurs et où tout doit rester dans certaines normes et l'Amérique des mouvements originaux, marginaux mêmes. C'est assez bizarre cette contradiction.

Agnès : Moi , j'aimerais aller voir cette immensité. J'irais passer trois semaines là-bas pour voir des paysages qui me passionnent, qui me fascinent. La ville, je n'y mettrai jamais les pieds! Je n'aime déjà pas nos villes françaises, je ne vais pas, en plus, aller dans une ville américaine! Mais je ne pourrais pas vivre aux Etats-Unis. La pollution, ça m'effraie[1], les villes, encore plus, elles sont trop démesurées[2] en Amérique.

Nathalie : Oui, moi aussi, j'aimerais y aller mais pas y habiter. Je voudrais aller voir sur place si mes préjugés sont fondés. Cette dimension, cette grandeur des Etats-Unis, ça me fait peur. On n'a pas l'habitude de cela. C'est vrai, c'est démesuré par rapport à nous.

Si une entreprise vous proposait un poste[3] aux Etats-Unis, partiriez-vous?

Agnès : Moi, je réfléchirais. En France, nous sommes aussi assez protégés du point de vue social. Nous avons la Sécurité Sociale qui est un droit. Chez eux, je dis peut-être une bêtise, mais il faut payer pour avoir ce droit. Je ne pourrais pas m'y habituer.

Nathalie : C'est pareil pour moi. Leur système n'est pas en accord avec mes valeurs. J'irais y passer deux mois, six mois, mais pas y vivre. Je trouve quand

---

[1] **effrayer** : faire peur.

[2] **démesuré** adj. : énorme, gigantesque.

[3] **poste** n.m. : un travail.

même que notre système est plus juste que le leur. Même leurs universités publiques sont payantes par exemple! Quand les étudiants que nous avons reçus nous ont dit le prix de leurs études, j'ai pris une chaise et je me suis assise! Donc, si on me proposait un poste, je pense que je ne partirais pas. Je serais trop perdue là-bas. Je suis habituée à de petites échelles... tout est petit en France...

Claude: L'Amérique, c'est quand même l'inconnu, c'est le pays où je vois les contraires coexister, c'est un pays de contradictions. Cela m'intrigue. Moi, j'aimerais y partir!

Question

Qu'est-ce qui vous surprend dans ce qui est dit par ces étudiants qui n'ont jamais été en Amérique?

Interview 5 : François Dubet

A votre avis, quelles images de l'Amérique les jeunes font-ils vivre en eux et pourquoi?

François Dubet : Il me semble que pour les jeunes Français, depuis la fin de la guerre, l'Amérique reste la puissance culturelle dominante. Elle reste l'image de la modernité. Cela s'est manifesté avec la musique des G.I. à la fin de la guerre, puis en 54 le rock n'roll, et depuis, tant en ce qui concerne les goûts musicaux que le cinéma, les vêtements et les styles de vie, les Etats-Unis, tout en étant une puissance économique déclinante, restent une puissance culturelle absolue. Après tout, cela ne serait pas complètement faux de montrer comment les divers mouvements de mode qui discriminent les générations sont extraordinairement définis par les Etats-Unis depuis la grande vague du rock n'roll, en passant par les mouvements de "*protest*" des années 60, puis dans les années 70, les diverses modes qui se sont succédées. J'ajoute que dans le cas des jeunes immigrés en France, on s'aperçoit que c'est plus directement vers New York qu'ils regardent que vers Paris. Je prends l'exemple du rap et du tag : ce sont des images des Etats-Unis. Le mythe culturel américain est extrêmement fort. Je n'ai pas le sentiment qu'il y ait pour autant un mythe social très fort des Etats-Unis. Il me semble que pour les jeunes Français, autant l'Amérique a une image culturelle forte, autant son image sociale, et pour parler simplement, le triomphe du capitalisme, est une image beaucoup plus faible et probablement beaucoup plus négative. En général, elle est très associée à des mécanismes d'exclusion sociale massive et de pauvreté.

Quels types de relations les jeunes Français, et en particulier les lycéens, établissent-ils entre eux ? Cela vous paraît-il semblable aux Etats-Unis ?

Il me semble que c'est extrêmement différent, moins par les caractéristiques propres[1] de la jeunesse que par les caractéristiques du système scolaire. Le monde américain, en tout cas l'image qu'il donne de lui-même en France à travers les séries en particulier (beaucoup d'entre elles étant centrées sur l'école) révèle une grande autonomie de la culture juvénile. On a l'impression qu'il y a une très vieille tradition d'accueil[2] et d'organisation de la vie juvénile dans l'école : très ancienne mixité, épanouissement[3] des looks, clubs, bals, fêtes de fin d'année, voyage, théâtre. Les jeunes Français qui vont aux USA sont toujours très séduits[4] par le système scolaire américain parce qu'ils trouvent dans le lycée un style décontracté[5], juvénile, des relations aux enseignants beaucoup plus proches[6]. Il est évident qu'en France le système scolaire cohabite[7] avec les jeunes mais ne les encadre[8] pas. En France, pendant très longtemps, le monde scolaire était "anti-jeunes". On refusait un style jeune. Par exemple, dans les années 60, il était interdit d'avoir des blue-jeans, d'avoir les cheveux longs, des pantalons pour les filles, la mixité était rarissime. C'était un monde centré sur un modèle jésuite traditionnel qui ne faisait pas de part aux jeunes. Aujourd'hui en France, la situation est un peu différente. Il y a une coexistence du monde juvénile et du monde scolaire mais certainement pas d'intégration des deux car les activités dites péri-scolaires sont très fortement minoritaires et les jeunes n'y tiennent[9] pas tellement. Ils considèrent que l'école et la vie juvénile sont deux mondes relativement séparés. Il y a donc une image très positive du style américain, mais très ambiguë, car en même temps que ce système est valorisé, il y a en France l'image d'un système scolaire américain qui va très

---

1 **propre** adj. : particulier , spécifique.

2 **accueil** n.m. : manière de recevoir quelqu'un.

3 **épanouissement** n.m. : éclat, plénitude.

4 **séduire** : attirer.

5 **décontracté** adj. : libre, détendu.

6 **proche** adj. : intime.

7 **cohabiter** : habiter, vivre ensemble.

8 **encadrer** : diriger, organiser pour le travail.

9 **tenir à** : avoir un extrême désir de, que.

mal, qui est violent, qui s'effondre[1]. On sait que les Etats-Unis sont la seule société où le niveau[2] baisse vraiment.

Je crois donc que la grande différence pourrait être résumée ainsi : le système scolaire français s'est occupé d'élèves mais pas de jeunes, alors que très tôt, le système scolaire américain tant dans les établissements d'élites que dans ceux plus dévalorisés[3], s'occupe[4] des jeunes et pas seulement des élèves. Une des manifestations les plus simples en est par exemple la comparaison de ce qu'est un campus à la française et un campus aux Etats-Unis.Un jeune américain n'imaginerait pas faire du sport ailleurs[5] que sur son campus. Un jeune Français n'imaginerait pas en faire ailleurs que dans sa ville et jamais sur son campus. Les équipes[6] sportives universitaires sont très faibles[7]. Vous ne trouvez aucun théâtre, aucune activité. Ce sont deux traditions nationales qui s'opposent très fortement.

En ce qui concerne les relations des jeunes entre eux, tout est lié. Quand vous êtes dans un monde où la jeunesse est reconnue, les relations sont à la fois faciles et rapides. Tandis[8] qu'en France, les relations entre les gens sont beaucoup plus difficiles, beaucoup plus formelles. Une fois qu'elles sont établies, elles ont cependant l'avantage d'être plus solides. Je prends un thème très important dans la littérature américaine, c'est celui du garçon ou de la fille "populaire", l'élection du plus "populaire". Pour les Français c'est absolument grotesque car un lycéen français vous dira : "moi, ce qui m'intéresse c'est d'avoir trois ou quatre amis, mais des vrais amis". La recherche de popularité ne fait pas partie de cette culture. D'où, lorsque les Français vont aux Etats-Unis, les adultes aussi, une découverte en deux phases : première phase, on découvre qu'on a des relations avec tout le monde, c'est parfaitement euphorique. Deuxième phase, on découvre qu'on a des

---

1 **s'effondrer** : ne plus tenir, s'écrouler, tomber.

2 **niveau** n.m. : degré social, intellectuel, moral.

3 **dévalorisé** : déprécié, ayant perdu leur standing.

4 **s'occuper de** : penser à, faire des choses pour.

5 **ailleurs** : dans un autre endroit, dans un autre lieu.

6 **équipe** n.f. : personnes travaillant ensemble.

7 **faible** adj. : contraire de fort.

8 **tandis que** : alors que. Locution conjonctive qui marque le contraste, l'opposition.

relations avec personne, car ces relations ne sont pas suivies[1]. J'imagine que les Américains qui viennent en France doivent souffrir au contraire de cette espèce[2] de distance, de manque[3] d'intérêt. On n'invite jamais spontanément quelqu'un à boire un café, mais si on l'invite, c'est un ami.

Les jeunes Américains sont surpris de voir que les jeunes Français continuent à vivre dans le cocon familial au delà de leurs études lycéennes. Comment leur expliqueriez-vous ce phénomène ?

C'est toujours la même histoire. La société américaine est apparue comme un symbole de modernité parce que très tôt elle a donné une place à la jeunesse, ce que la société française n'a jamais donné. Les jeunes par conséquent quittaient le foyer quand ils avaient un travail et qu'ils se mariaient. Aujourd'hui, il ne faut pas exagérer. A vingt-deux ans, la moitié des jeunes Français ne sont plus dans leurs familles. Ceci étant, les raisons pour laquelle les Français restent dans leurs familles sont doubles. Il y a des raisons négatives, notamment dans les catégories les plus défavorisées[4]. On ne part pas parce qu'on ne peut pas trouver de logement, de travail. Il y a des raisons plus positives, c'est que l'évolution de la famille française est telle que les jeunes qui restent dans leurs familles peuvent y trouver une autonomie, en particulier une autonomie sexuelle qui fait qu'ils n'ont plus besoin de partir. Si vous pouvez amener votre copain ou votre copine passer la nuit à la maison, ça limite très fortement la nécessité de partir. Mais là encore, on va vers un modèle de plus en plus américain en France. Je pense en particulier au développement des petits boulots[5]. Ce qui faisait partie du grand modèle éducatif américain : l'image du livreur[6] de journaux, du livreur de lait qui paie ses études. Quand on regarde maintenant en France, la plupart des lycéens et étudiants travaillent, certains pour entretenir leurs études, mais tous travaillent l'été, un mois

---

[1] **suivi** : participe passé du verbe suivre : avoir une continuité.

[2] **espèce** n.f. : un genre de, une sorte de.

[3] **manque** n.m. : absence de quelque chose.

[4] **défavorisé** : pauvre.

[5] **boulot** n.m.: (familier) travail.

[6] **livreur** n.m. : personne qui porte des marchandises chez celui qui les achète.

ou deux, parce que les gens intériorisent l'idée d'une éducation par les petits boulots, par la conquête d'autonomie.

Les jeunes français expriment fréquemment leurs inquiétudes et leur colère par des grèves[1] et des manifestations. Leurs camarades américains choisissent beaucoup moins ce mode d'expression. Selon vous, pourquoi?

Je crois qu'il s'agit de clichés. Ce qui caractérise la situation française, c'est l'extraordinaire centralisation de cette société, et le fait que les événements se jouent toujours au centre. Il y a une extrême visibilité de la société à elle-même. Mais quand on regarde les statistiques, on se rend compte qu'il y a moins de grèves en France qu'aux Etats-Unis et en tout cas, bien souvent, les grèves en France sont beaucoup moins dures[2] que ne le sont les grèves américaines. Il y a eu aux Etats-Unis, dans le monde du travail, des grèves qui ont duré[3] des mois, ce qui n'arrive jamais ici. Je crois que de ce côté-là, on est vraiment dans des clichés. Le cliché français, c'est qu'aux Etats-Unis, il n'y a pas de gauche, il n'y a pas de mouvements sociaux, ce qui est faux. Le cliché américain, c'est que les Français sont tous communistes et passent leur temps à faire la révolution. Si on prend les grèves étudiantes, c'est vrai qu'en France, en raison même du système universitaire français et de son extrême centralisation, il existe une certaine capacité de mobilisation. Quand une décision est prise, elle touche l'ensemble du système, donc crée cette très forte capacité de mobilisation[4]. Les Etats-Unis, étant plus décentralisés, ont des mouvements mais qui n'atteignent[5] jamais cette ampleur car chaque université a ses propres règles, ses propres lois. Il s'agit d'un phénomène d'effet d'optique. Comme Français, je suis très surpris de voir de grandes manifestations aux Etats-Unis sur l'avortement[6], et j'ai envie de dire que les

---

[1] **grève** n.f. : cessation volontaire du travail pour obtenir des avantages matériels ou moraux.

[2] **dur** adj. : fort, rigoureux, inflexible.

[3] **durer** : continuer d'être, se prolonger.

[4] **mobilisation** n.f. : action qui consiste à regrouper des individus autour d'une manifestation.

[5] **atteindre** : arriver à, parvenir à.

[6] **avortement** n.m. : expulsion d'un foetus avant terme, interruption volontaire de grossesse.

Américains sont beaucoup plus mobilisés[1] que ne le sont les Français. Le mouvement noir ne s'est jamais complètement éteint[2]. Je crois que l'on est dans des clichés parce qu'on ne reconnaît pas ses propres mouvements.

Ce qui est très vrai, c'est que la société française est extrêmement politisée, portée par une formidable passion politique. Les Français aiment la politique, même si aujourd'hui il y a un taux d'abstentionnisme plus élevé. Il faut savoir que parmi les pays à votes libres, on est un pays qui oscille entre 70 et 90 % d'électeurs qui ne sont pas obligés de voter. Alors qu'aux Etats-Unis, l'électorat atteint 40 % des Américains, et il y en la moitié qui votent pour le Président. Grosso modo[3], un président est élu par 25 % des Américains. Il y a des sociétés qui ont des passions politiques, d'autres n'en ont pas. La France est une société à passions politiques. On ne peut pas comparer une campagne présidentielle aux Etats-Unis et en France où deux mois avant, c'est comme une veille[4] de football et on fait ses paris[5]. Notre société est beaucoup plus politisée encore une fois parce qu'elle est, dans son histoire, centralisée. Tout se joue au centre, alors que, dit-on, aux Etats-Unis, je ne sais pas si c'est vrai, les gens ont le sentiment que la politique importante se fait plus dans la communauté locale qu'au niveau de la présidence.

Nos deux sociétés induisent-elles des marginalités[6] différentes?

Je dirais que ce qui caractérisait la société française et en faisait à mon avis sa grandeur, c'était qu'elle n'avait guère de marginalité. La société française, comme les sociétés européennes en général, sont construites comme des sociétés de classe dans lesquelles l'affrontement[7] se faisait entre les riches et les pauvres, avec de très grandes facultés d'intégration des marginaux : salaire[8] minimum, sécurité sociale,

---

[1] **mobiliser** : motiver.

[2] **éteindre** : apaiser, calmer, diminuer.

[3] **grosso modo** : en gros, sans entrer dans le détail.

[4] **veille** n.f. : indique le jour qui précède celui dont on parle.

[5] **pari** n.m. : jeu d'argent où le gain dépend du résultat d'une épreuve.

[6] **marginalité** n.f. : état de celui qui est marginal, en marge de la société.

[7] **affrontement** n.m. : s'exposer à un adversaire, opposition, combat, face à face.

[8] **salaire** n.m. : ce qu'un employeur paie à son employé.

école obligatoire. Les Etats-Unis se sont constitués sur les modes intégration/exclusion, c'est-à-dire classes moyennes et exclus et ceci depuis le début. La preuve en est que les noirs n'y sont jamais rentrés, en tout cas pas tous, y compris dans la période de croissance. Je crois que malheureusement de ce côté-là, la France est en train de ressembler aux Etats-Unis. Les capacités de l'Etat providence sont considérablement affaiblies. Nous avons pour la première fois depuis très longtemps, des émeutes[1] urbaines qui ressemblent aux émeutes rituelles des étés américains. De ce côté-là, nous serions en train de passer vers une société de type plus américain, vers une société qui n'est plus structurée par le conflit "exploiteur/exploité", mais par le conflit entre les gens qui sont dedans, qui ont des revenus, qui ont un niveau de participation élevé et les gens qui sont dehors. Mais généralement, les Français qui reviennent des Etats-Unis sont tous extrêmement choqués par l'existence de ghettos considérables, par l'insécurité. On se tue à peu près, par tête d'habitant, dix fois plus aux U.S.A. qu'en France. Il y a sur ce plan-là une image assez négative des Etats-Unis : celle d'une société ayant engendré une forte exclusion sur des critères raciaux.

Et le problème des gangs ?

La France est en train de glisser très doucement vers le modèle américain. Le problème des acteurs sociaux est de trouver des identifications. Quand vous ne pouvez plus vous identifier au travail ou à la citoyenneté, vous vous identifiez à ce qui vous reste, c'est-à-dire au territoire. Comme il se constitue de plus en plus de territoires exclus et marginaux, il se crée nécessairement des identifications de territoires. Je crois qu'il s'agit là non pas de phénomènes psycho-sociaux d'imitation, mais de modes d'organisation de société. Quand les sociétés sont faites de juxtapositions communautaires, (c'est un phénomène très ancien aux Etats-Unis) les manifestations juvéniles reprennent cette identification communautaire sous forme de gang : *West Side Story*. Quand vous avez des sociétés au contraire intégrées sous thème de classes, les identifications communautaires ne se font pas sous forme de gang parce que dans le fond[2],

---

1 **émeute** n.f. : soulèvement populaire, manifestation.

2 **dans le fond** : en réalité, finalement.

l'appartenance au territoire est moins importante que l'appartenance à un groupe social plus large. Quand les groupes sociaux se défont, ce qui vous reste, c'est le territoire. L'évolution de la société française là-dessus n'est donc pas du tout un phénomène de type imitation. C'est un mode de structuration sociale.

La drogue a-t-elle une signification et un usage différent dans les deux sociétés?

Je crois que ce qui distingue les deux sociétés pour le moment, c'est le degré d'usage de la drogue. La France reste une société extraordinairement pacifiée par rapport aux Etats-Unis de ce point de vue-là. Les taux[1] de consommation de drogue ne sont pas du tout comparables. Est-ce que les stratégies ou les significations que les toxicomanes[2] ou les trafiquants donnent à leurs activités sont différentes? Il n'y a pas de raisons de le croire. Ceux qui trafiquent dans les deux cas le font probablement pour les mêmes raisons. Ils font une activité à taux de rentabilité financière écrasant. Il n'y a pas d'équivalent en France de Miami en terme de délinquance, de ville où l'activité que les sociologues appellent l'économie illégale est quasiment la première économie de la ville. Je ne pense pas qu'en France, on ait cela. On peut avoir des quartiers[3], mais l'équivalent du ghetto de Washington, on ne le trouve pas. Ce qui me frappe aux Etats-Unis, c'est l'insécurité. Si autour de minuit, j'ai envie de traverser Bordeaux à pied, je traverse à Bordeaux et vous aussi. Si sur le coup de minuit, vous avez envie de traverser New York, d'abord vous n'en avez pas envie, ensuite vous ne le faites pas. Il y a là une très grande différence de nos deux modes de sociétés, me semble-t-il. Les inégalités sont beaucoup plus fortes aux Etats-Unis, probablement aussi parce qu'il y a des traditions culturelles, notamment de violence qui tiennent à l'armement. Si chaque Français se promenait avec un P38 dans sa boîte à gants, ça élèverait incontestablement la mortalité.

---

1 **taux** n.m. : proportion.

2 **toxicomane** n.m.: drogué.

3 **quartier** n.m. : division ou partie d'une ville.

Les jeunes Français sont surpris lorsqu'ils vont aux Etats-Unis que l'alcool soit interdit aux moins de 21 ans. Pourriez-vous comparer le rôle de l'alcool parmi les jeunes en France et en Amérique ?

Il est évident qu'il y a une grande différence entre les pays catholiques et les pays protestants dans le rapport à l'alcool, et je dirais plus encore les pays de vignes[1] et les pays où il n'y a pas de vignes. Si vous prenez la carte française, plus on va vers les régions productrices de vin, moins il y a d'alcoolisme. Le Bordelais est moins alcoolique que la Normandie*, le Languedoc* que la Bretagne*. Cela signifie que dans les cultures du sud et du vin, le vin est un produit très intégré à la culture. Comme tous les produits intégrés à la culture, ils sont consommés avec une certaine régulation, pas forcément avec modération. Le vin est un produit qui se donne, qui s'échange, qui est objet de discours esthétiques. L'objectif du buveur[2] de vin n'est pas de se saouler[3]. L'objectif, c'est boire du vin même s'il se peut qu'il devienne ivre[4]. Quand vous allez dans les pays d'alcool, le rapport à l'alcool est très différent car il est considéré comme un produit qui doit engendrer l'ivresse. On utilise moins ces produits dans le sens culturel de l'échange. Les taux d'alcoolémie sont beaucoup plus forts en France, pays de vin, qu'aux Etats-Unis mais ce sont des sociétés où on ne boit pas pareil. Aux Etats-Unis, où le puritanisme est très fort, des travaux ont montré que la prohibition de l'alcool a eu des effets catastrophiques. Je n'évoque même pas le développement des délinquances. La prohibion a en particulier accentué la consommation d'alcool, puisque boire de l'alcool devenait un défi[5]. En France, boire de l'alcool n'est en rien un défi.

L'interdit a incontestablement un rôle parce qu'il établit le niveau[6] où l'on va transgresser. L'interdit ne veut pas dire que les choses sont interdites mais que vous allez transgresser à ce niveau-là. C'est pour cela que bien des gens pensent

---

[1] **vigne** n.f. : plante dont le fruit est le raisin. On fait du vin avec le raisin.

[2] **buveur** n.m.: personne qui boit.

[3] **se saouler** : être ivre, avoir trop bu d'alcool.

[4] **ivre** adj. : avoir trop bu d'alcool, saoul.

[5] **défi** n.m. : provocation, déclaration provocatrice.

[6] **niveau** n.m. : degré.

qu'il faut mettre les interdits sur des produits peu dangereux et laisser les produits dangereux libres. Il faudrait par exemple de ce point de vue-là mettre l'interdit sur la marijuana et laisser la cocaïne libre. En France, on ne peut pas dire que les jeunes boivent pour transgresser un interdit. Ce n'est pas vraiment un interdit, c'est une tradition virile.

Quelles structures nos deux sociétés offrent-elles pour le passage des jeunes au monde des adultes?

Je crois qu'aux Etats-Unis, il y a une bien plus grande reconnaissance d'une autonomie de la jeunesse, d'un mode de vie jeune, étudiant, qu'en France où la jeunesse n'est pas complètement reconnue. La jeunesse de masse, c'est une invention américaine. C'est pour cela que l'image de la jeunesse reste fortement une image américaine.

Aux Etats-Unis, il y a une certaine ambivalence à l'égard des phénomènes de gangs, de bandes. Ils sont à la fois rejetés mais font partie de la culture car on considère que la bande, le groupe de copains sont une part de l'existence normale. Par exemple dans les universités américaines, il y a toujours eu des fraternités (ou des sororités) avec d'ailleurs des problèmes de délinquance. Sur les campus français, vous ne trouvez absolument rien d'équivalent.

Les jeunes Français que nous avons interrogés nous ont dit qu'ils se voyaient beaucoup plus ouverts sur le monde que leurs camarades américains. Qu'en pensez-vous ?

Je ne voudrais pas avoir l'air antiaméricain, mais les enquêtes[1] faites aux Etats-Unis là-dessus sont absolument incroyables. En tant qu'universitaire, il m'est arrivé d'être extrêmement choqué par l'américanocentrisme. Les Américains s'imaginent que la France est un pays où les gens vivent à vélo, avec des bérets[2], avec un accordéon sur le porte-bagages. Il y a une image, bien sûr pas chez les intellectuels, invraisemblablement pro-américaine : il n'y a que les avions

---

[1] **enquête** n.f. : étude d'une question sociale à partir des avis et opinions des gens.

[2] **béret** n.m. : chapeau de laine souple, rond et plat, typiquement français.

américains qui volent et qui ne tombent pas. Je crois que c'est triste par ce que c'est une grande puissance qui décline[1] et reste dans un mythe de grande puissance qu'elle n'est plus, d'où les mouvements anti-japon. Leurs voitures ne marchent plus, l'informatique s'est effondrée. Je suis frappé par cela. J'ai découvert par exemple dans les colloques auxquels je participe aux Etats-Unis, des attitudes extrêmement blessantes. Si quelqu'un parle espagnol ou français avec la traduction simultanée, bien des gens quittent la salle parce que ce que dit un non-américain est jugé inintéressant. Un peu l'attitude que les Français auraient à l'égard de la Zambie. Il y a probablement aux Etats-Unis ce complexe de très grande puissance.

Diriez-vous que les jeunes Français s'identifient plus facilement comme français, européens, citoyens du monde?

Les enquêtes sont très nettes. Quand on leur demande de hiérarchiser leur appartenance, ils se sentent d'abord local, puis européens, puis français. Ce qui est d'ailleurs assez normal, les gens se sentent participer à des communautés très larges et à des communautés très petites. L'espace national proprement dit[2] étant un espace qui vise à[3] se rétrécir[4]. Ce sont des sondages. Il faut être prudent car le patriotisme existe toujours fortement. Ce n'est pas plus mal. Le thème de l'Amérique au sens de "l'oncle d'Amérique, c'est l'Amérique", est un thème qui me paraît extrêmement faible.

Qu'est-ce qui fait peur aux jeunes Français?

Je crois fondamentalement que ce qui effraie[5] d'abord, c'est l'emploi qui reste pour la plupart des gens une obsession normale. La deuxième chose, c'est l'environnement. Les gens ont le sentiment que la terre est finie, ce qui a complètement transformé la conscience du monde chez les jeunes. La troisième

---

[1] **décliner** : perdre de la puissance, baisser.

[2] **proprement dit** : au sens exact.

[3] **viser à** : avoir tendance à.

[4] **se rétrécir** : devenir plus petit.

[5] **effrayer :** faire peur.

chose, c'est l'instabilité politique liée à l'effondrement[1] des deux blocs qui a complètement ouvert l'espace : le sentiment que la situation internationale est devenue trop confuse, le sentiment de ne plus être dans des sociétés qui sont derrière leurs frontières.

Là-dessus, les Etats-Unis gardent leur capacité culturelle. Disneyland, le cinéma, ça reste l'Amérique. L'Amérique d'Hollywood existe toujours. L'Amérique de Détroit n'existe plus. Pendant les années 50, l'Amérique c'était la modernité culturelle, politique, économique et technologique. Ça n'est plus la modernité politique, ça n'est plus la modernité technologique, ou du moins notre représentation n'est plus celle-ci. Mais elle reste la modernité culturelle. Ne serait-ce que parce qu'elle a réussi culturellement une espèce d'intégration pluri-ethnique qui fascine. L'Amérique exporte aussi bien Schwarzenegger qu'Eddy Murphy!

Questions

1. Qu'est-ce qui vous surprend dans la description des jeunes Français?

2 Les peurs des jeunes Français sont-elles similaires aux vôtres?

3. Dubet mentionne à trois reprises que la France va vers un modèle de plus en plus américain. Comment explique-t-il cette évolution?

4. Quelles images de l'Amérique François Dubet met-il en avant?

5. Dubet, Toinet et Winock sont tous les trois professeurs. Leur style d'expression diffère-t-il de celui de Chaban-Delmas, politicien (voir interview du chapitre 4 de cette section)?

---

[1] **effondrement** n.m. : destruction, ruine.

Idées à développer

I. REFLEXIONS D'ETUDIANTS ETRANGERS SUR LES FRANÇAIS

"Des milliers de jeunes étrangers, filles et garçons, ont séjourné cette année en France, pour leurs études, leur formation professionnelle et personnelle. Ils seront les interlocuteurs et les partenaires privilégiés de la France dans les échanges internationaux de demain. Comment se sentent-ils traités dans l'immédiat? Ils sont d'autant plus sensibles aux "petites phrases" des Français qu'ils apprennent leur langue." Le journal Libération (tendance de gauche) a sollicité leurs témoignages. Voici certaines de leurs observations après une année en France.

L'administration : "c'est fatiguant"
Abe (USA). "A la Préfecture*, c'est infernal. On voit vite que vous n'avez pas l'habitude d'accueillir beaucoup d'étrangers en même temps. Il faut passer des journées entières, seulement pour ouvrir un compte bancaire et dépenser en France!"

Les rencontres : "chaque Français est sur une île".
Alexandra (Brésil). "Ils n'ont pas la patience de t'écouter".
Richard (USA). "Ils pensent que je comprends pas, alors ils parlent plus fort. Ils font des grimaces."
Erotochitos (Grec de Chypre). "C'est toute une cérémonie pour connaître un Français. Ça reste un mystère pour moi."
Alexandre (Moscou). "C'est un pays impossible à prendre d'assaut. Presque chaque Français est sur une île. J'ai appris à insister, à prendre les gens par la gorge."

Leur ego : "c'est gênant."
Alexandre (Russie). "Dans l'humour français, à la radio, à la télé, c'est tout autour du cul. C'est pas amusant. L'humour en Russie, c'est basé sur les choses

injustes de la vie quotidienne."

Denis (Canadien de Hong-kong) "Tu vois une comédie américaine, tout le monde rigole. Tu vois une comédie française, il faut réfléchir."

Abe (USA). "Ce serait impossible aux USA, dans le même milieu, d'entendre les plaisanteries qu'on entend ici chez les gens éduqués. Les mots qu'ils emploient : coco, pédé, et même youpin. "Le Sentier ça pue l'argent!"... Mais pourquoi ça puerait plus que les autres business?"

L'info : "ça nous vient dans la figure."

Daniel (USA). "Les journaux français veulent être autre chose qu'un journal. Par exemple Libé ne sait pas dire les choses directes. Comme s'ils faisaient un effort pour être compliqués.

Le racisme : "l'étranger, c'est un venimeux"

Abe (USA). "Quand je suis allé chercher ma carte de séjour, il y avait un Africain et un Malgache dans la queue devant moi. On m'a appelé monsieur, en me faisant signe de passer devant eux. J'ai dit non. On m'a dit : "Ça va vous prendre longtemps!" Quand j'ai entendu Edith Cresson* sortir ces trucs sur les Japonais et les Anglais, je me suis dit : merde, si c'est la gauche qui le dit, qu'est-ce que la droite doit penser!"

Leurs manies : "c'est étonnant."

Michael (Allemagne). "Ils fêtent le jour de l'Armistice! Personne en Allemagne ne pense à cette chose-là!"

Richard (USA). "Je ne comprends pas que certains hommes politiques soient toujours là, après toutes ces affaires. Et les Français disent : on saura jamais la vérité, et c'est comme ça, c'est embêtant."

Lutz (Allemagne). "La deuxième question des Français (après : d'où tu es?) c'est : quel est ton signe astrologique?"

Denis (Canadien de Hong-kong). "Quand tu vas dans une fête française, tout le monde se regarde."

Louise (Canada). "Les communistes en France, je les aime bien. Il ne faut pas que ça disparaisse. Je les vois comme les derniers gardiens de certaines idées qui ont fait la grande France."

Abe (USA). "Aux USA, les flics ne sont pas aimés mais on a conscience de ses droits s'ils font quelque chose de pas légal. Ils ne peuvent pas demander les papiers. Ici le public reste impuissant. Les Français ne sont pas très conscients de leurs droits spécifiques."

Johanna (Pays-Bas). "Etonnant : le déjeuner du dimanche jusqu'à cinq heures de l'après-midi, et les femmes qui vont toutes à l'hôpital pour accoucher."

Richard (USA). "Quand je parle du sida avec des amis français, au bout de cinq minutes ça les fait chier.

©Libération, samedi 28 et dimanche 29 décembre 1991.

Question

Quelles images de la France et des Français ces étudiants ont-ils?

Bibliographie

Louis Dirn, La société française et ses tendances, Paris, PUF, 1990.

F. Dubet, La galère. Jeunes en survie, Seuil, Paris, 1991.

     Les Lycéens, Paris, Seuil, 1991.

P. Favre, La Manifestation, Paris, Presse de la FNSP, 1990.

Philippe Gavi, Les Français du coq à l'âne. L'histoire d'une révolution des mentalités, Paris, Plon, 1992.

J.P.Lauly, D. Moreaux, La France contemporaine, économie et société. Paris, Bordas, 1991.

D. Lapeyronnie, J.-L. Maris, Campus blues, les étudiants face à leurs études, Paris, Seuil, 1992.

A. Prost, Education, société et politiques. Une histoire de l'enseignement en France de 1945 à nos jours, Seuil, Paris, 1992.

Annexe

I. Chiffres sur la pauvreté

<table>
<tr><td colspan="6">Seuils de pauvreté
Proportion des individus ayant un revenu moindre que le demi revenu net par unité d'équivalence médian (le revenu médian est celui au-dessous duquel se situent 50% desindividus. <u>En %</u>.</td></tr>
<tr><td>Pays</td><td>Population totale</td><td>Familles âgées</td><td>Familles monoparentales</td><td>Familles biparentales</td><td>Familles autres</td></tr>
<tr><td>Etat-Unis</td><td>16,9</td><td>20,5</td><td>51,7</td><td>12,9</td><td>9,8</td></tr>
<tr><td>Israël</td><td>14,5</td><td>23,8</td><td>n.s</td><td>14,9</td><td>5,1</td></tr>
<tr><td>Canada</td><td>12,1</td><td>11,5</td><td>37,5</td><td>11,0</td><td>8,5</td></tr>
<tr><td>Grande Bretagne</td><td>8,8</td><td>18,1</td><td>29,1</td><td>6,5</td><td>4,1</td></tr>
<tr><td>France</td><td>8,4</td><td>3,8</td><td>25,2</td><td>9,0</td><td>8,8</td></tr>
<tr><td>RFA</td><td>6,0</td><td>9,3</td><td>18,1</td><td>3,9</td><td>5,4</td></tr>
<tr><td>Suède</td><td>5,0</td><td>n.s</td><td>9,2</td><td>5,0</td><td>7,0</td></tr>
<tr><td>Norvège</td><td>4,8</td><td>4,6</td><td>12,6</td><td>3,4</td><td>5,7</td></tr>
<tr><td colspan="6">Source : © <u>Données Sociales 1990</u>. INSEE
Lire ainsi : En France, 3,8% des individus appartenant à une famille âgée ont un revenu net par unité d'équivalence situé sous le seuil de pauvreté de la demi-médiane. L'ordre des pays, en allant du pourcentage le plus fort au plus faible, correspond à une idée couramment admise sur les inégalités.</td></tr>
</table>

II. Les Français et la religion

Pratiques religieuses des Français

**La moitié des catholiques (51%) ne sont pas pratiquants, 15%
sont pratiquants occasionnels, 14% partiquants réguliers.**

La pratique régulière de la religion catholique est croissante avec l'âge. Elle
concerne
- 5% des 18-24 ans
- 7% des 25-34 ans
- 12% des 35-49 ans
- 18% des 50-64 ans
- 26% des 65 ans et plus.

- 28% des Français prient souvent ou tous les jours, 39% rarement, 33%
jamais.
- 70% des fidèles ne se confessent jamais, contre 32% en 1950. La baisse
de la pratique est particulièrement forte dans l'Est, on observe au contraire
une hausse en région
parisienne et dans le Centre.
- Si les taux de pratique régulière constatés actuellement chez les jeunes
restent inchangés au fur et à mesure qu'ils vieilliront ainsi que pour les
prochaines générations, la part des
catholiques pratiquants réguliers devrait se réduire considérablement :
environ 10% en l'an 2000, seulement 3% en 2030. Il faut noter cependant
que, si la fréquentation des églises diminue, les Français continuent
largement de s'y rendre lors des moments importants de la vie: naissance,
mariage, décès.
Source : Gérard Mermet, Francoscopie 1991, © Librairie Larousse,
1990.

III. Les Français et l'alcool

L'alcool

L'alcool consommé provient de moins en moins des boissons moyennement acoolisées comme le vin (10 à 13 degrés) et de plus en plus des boissons faiblement alcoolisées (bière, 4 à 7 degrés) et fortement alcoolisées. (Source : INSEE).

- consommation de vin .... 13,7% en 1980 - 11% en 1990 (chez les 14 ans et plus)
- consommation de bière.... 3,1% en 1980 - 3,6% en 1990
- consommaiton de spiritueux... 3,5% en 1980 - 4,1% en 1990
- consommation de cidre... 0,5% en 1980 - 0,1% en 1990

Il tend donc à devenir une boisson de loisir plus qu'un composant de l'alimentation. Ainsi, les jeunes boivent plus souvent des apéritifs et des alcools: avant 24 ans, un garçon sur deux et une fille sur trois en prennent au moins une fois par semaine.
Les personnes plus âgées sont les moins nombreuses à boire régulièrement (87% des hommes de plus de 75 ans consomment au moins une boisson alcoolisée chaque jour), mais c'est entre 45 et 54 ans que les hommes consomment les plus grosses quantités (35 à 44 ans pour les femmes). Les métiers où l'on boit le plus sont ceux de l'agriculture, de l'artisanat et du commerce, où les traditions sont plus solidement installées.
Les femmes sont généralement beaucoup plus sobres que les hommes : 39% d'entre elles consomment régulièrement des boissons alcoolisées, contre 66% des hommes. Parmi les consommateurs occasionnels, les femmes boivent trois fois moins que les hommes. Ce sont les jeunes hommes de 15 à 24 ans qui sont en bonne partie responsables de l'augmentation de la consommation moyenne.
Source : Gérard Mermet, Francoscopie, 1991, ©Librairie Larousse, 1990.

IV. Les Français et les loisirs

Proportion des Français âgés de 15 ans et plus qui ont pratiqué au cours des 12 derniers mois les activités suivantes (en %)

-aller dans les magasins pour l'ameublement ou la décoration
  du domicile.. 44
-faire les boutiques pour acheter des vêtements à la mode....... 49
-faire des mots croisés... 32
-faire soi-même des vêtements.................................. 14
-faire du tricot... 24
-faire de la broderie, du crochet, de la tapisserie.............. 14
-essayer de nouvelles recettes de cuisine...................... 39
-faire soi-même des travaux de petit bricolage (étagère, tapisser) 50
-faire soi-même des travaux de bricolage plus important:

  (maçonnerie, plomberie)...................................... 21
-s'occuper de sa voiture ou de sa moto (la laver, la réparer).... 37
-s'occuper d'un jardin potager................................. 27
-s'occuper d'un jardin d'agrément (fleurs, pelouse)............ 38
-jouer aux cartes.. 43

-jouer au tennis.. 13
-pratiquer un sport d'équipe................................... 13
-faire du jogging ou du footing................................ 23
-faire de la gymnastique chez soi ou dans une salle spécialisée.. 20
-jouer aux boules... 20
-aller à la pêche... 16
-aller à la chasse.. 5

Source: Les pratiques culturelles des Français 1988/1989 © INSEE

234

V. Les Français et les sorties du soir

Proportion des Français âgés de 15 ans et plus qui sortent le soir pour....

-aller au cinéma.. 37
-aller au spectacle... 22
-aller chez ses parents.. 51
-aller chez des amis.. 60
-aller à une réunion autre que familiale ou amicale
(réunion de parents d'élèves, de locataires, d'associations..)....... 29
-aller au restaurant.. 47
-aller se promener, retrouver des amis, dans la rue ou au café....... 31

Source : Les pratiques culturelles des Français 1988/1989 © INSEE

Le banc public

Photographie © Eva Sanz

Quatrième partie

Idées reçues à déconstruire

Nous avons tenté, dans cette section, de clarifier le sentiment d'antiaméricanisme qui transparaît au sein de certaines interviews en interrogeant Marie-France Toinet, professeur de Sciences Politiques, Michel Winock, historien et Jacques Chaban-Delmas, ancien premier ministre du président Pompidou (1969-1972). Ces interviews tendent à confirmer ce que nous avons précédemment établi: nous devons lire les réactions des Français face à l'Amérique comme un baromètre de leur vie sociale et individuelle. Pour Marie-France Toinet, l'antiaméricanisme est difficilement identifiable et définissable. En effet, les réactions des Français face à l'Amérique changent selon la conjoncture. Ainsi l'histoire, depuis la deuxième guerre mondiale, n'a pas été sans provoquer certains tangages dans les relations franco-américaines: guerre froide des années 50, opposition formulée par de Gaulle en 1966 à l' "hégémonisme américain" en retirant la France de l'OTAN, réserves de François Mitterand dans la première phase de la crise du Golfe, tensions économiques etc. Marie-France Toinet souligne qu'il convient de voir toute manifestation d'antiaméricanisme ou d'américanophilie comme un "instrument d'appréhension des mentalités collectives, de l'évolution historique des idées". Elle rappelle dans un autre texte que l'incompréhension mutuelle dont ont fait preuve la France et les Etats-Unis vient du fait que tous deux cherchent à promouvoir des valeurs universelles:

"Aux Etats-Unis, cela s'appelle démocratie; en France, civilisation. Mais pour s'appeler différemment, les racines de la concurrence de l'incompréhension qui en découlent se trouvent dans cette soif d'universalisme, dans cette tentation de croire "ses" valeurs supérieures et plus universelles, de les exporter, voire de les imposer au reste du monde. C'est là, nous semble-t-il, que réside le seul vrai sentiment que l'on puisse qualifier d'antiaméricanisme - ou d'anti "gallicisme" : le sentiment d'avoir quelque chose d'unique à apporter au monde qui est remis en cause par l'autre: l'américanisation de la France, réelle ou supposée mais vécue comme destructrice de ses valeurs les plus fondamentales; la critique française du comportement américain au Vietnam, vécue comme destructrice de la mission démocratique des Etats-Unis. La rivalité entre la France et les Etats-Unis, pour autant qu'elle puisse exister entre le pot de terre et le pot de fer, repose en fait sur une auto perception éminemment morale de la société nationale. A ce titre elle est irréductible : fascination et rejet continueront à marquer les jugements français des Etats-Unis; dans une moindre mesure (car la France intéresse peu les Américains), ce double sentiment continuera aussi à marquer le jugement américain de la France". (L'Amérique dans les têtes, Hachette, Paris, 1986 p. 287).

Michel Winock montre également en quelle mesure les expressions antiaméricaines trouvées au cours des interviews ne peuvent être comprises qu'avec un regard sur l'histoire de ces deux cultures. Il nous rappelle par cela l'importance du contexte pour la bonne interprétation de certains propos et nous amène à nous interroger sur le sens de certains termes tels que nation, culture, histoire, politique.

Jacques Chaban-Delmas termine ce recueil d'interviews en évoquant l'Histoire et le respect mutuel que se portent nos deux peuples.

Juste une vie!

Photographie © Eva Sanz

Chapitre 1

Français et Américains
face à leurs institutions

Marie-France Toinet *est Directeur de recherches à la Fondation nationale des sciences politiques et professeur à l'Institut d'Etudes Politiques de Paris. Sa connaissance approfondie des Etats-Unis l'a amenée à y enseigner régulièrement. Elle travaille plus particulièrement sur l'Etat et la Cour Suprême.*

L'aspect institutionnel d'une société est important en ce qu'il permet d'en comprendre le côté plus permanent de ses structures. Marie-France Toinet propose ici un commentaire sur certains aspects des institutions françaises et américaines. Par des exemples précis, elle remet en cause des idées reçues sur la façon dont Français et Américains perçoivent leurs institutions.

Argument
Malgré certaines différences fondamentales dans les systèmes de gouvernements français et américains, les citoyens de ces deux pays entretiennent avec leurs institutions des relations assez semblables.

Interview

Pour l'Américain, la Constitution paraît un document de base. Le Français, lui, connaît à peine la sienne. Comment expliquer cela?

Marie-France Toinet : C'est vrai que les Américains font référence à leur Constitution mais je ne suis pas sûre pour autant qu'ils la connaissent bien. En France, ce n'est que depuis la Constitution de la Ve République* que nous avons le sentiment qu'il y a une loi suprême. Avant, la Constitution était une loi comme les autres et si elle ne convenait pas, on essayait d'en faire une meilleure. Je crois que le principe américain était tout à fait différent. Aux origines, en Amérique, les Pères Fondateurs souhaitaient mettre en place une loi suprême mais ils étaient très dubitatifs[1] sur ce qu'ils avaient réussi. Or, cette Constitution dure depuis deux cents ans. Toutefois, ce n'est plus tout à fait la même constitution sauf sur un point que l'on oublie toujours: cette constitution, dès les origines, prévoyait[2] une centralisation qui effectivement s'est produite. Ceci est très intéressant dans un contexte de construction européenne.

En ce qui concerne la France donc, il a fallu attendre le début de la Ve République pour qu'on ait une loi suprême avec, de plus, la mise en place d'un contrôle de constitutionnalité qui existait théoriquement dans les constitutions antérieures mais qui, en fait, n'avait rien à voir avec ce qui se fait notamment aux Etats-Unis. Ce contrôle mettait en cause un principe qui nous est cher à nous Français : le contrôle parlementaire c'est-à-dire le Parlement en tant que représentant de la nation comme élément central du système politique. Théoriquement, c'est une vision très séduisante. Dans la pratique, il faut bien reconnaître que le Parlement au centre n'a pas toujours fonctionné d'une manière aussi convaincante. Inversement, je ne suis pas sûre que l'on puisse dire que le système américain fonctionne de façon tout à fait satisfaisante. Je crois que les Français se rendent moins compte de cela que les Américains, car les Américains sont très critiques, non pas à l'égard du système politique en tant que tel, non pas à

---

[1] **dubitatif, ive** adj. : qui exprime le doute.

[2] **prévoir** : envisager, considérer des possibilités et organiser en conséquence.

l'égard de la Constitution en tant que telle, mais à l'égard de la manière dont ce système fonctionne. Le mépris[1] croissant qu'ils ont à l'égard du monde politique, le fait qu'on vote de moins en moins aux Etats-Unis, l'ascension météorique (même si elle est temporaire) d'un Ross Perot montrent bien une insatisfaction fondamentale avec les règles du jeu telles qu'elles fonctionnent.

Les concepts de liberté et d'égalité dans les esprits de nos deux peuples sont-ils différents?

On nous dit toujours que les Américains sont plus attachés à la liberté et les Français plus attachés à l'égalité. Je ne crois pas que ce soit exact. Nous sommes, en tant que peuple, aussi attachés à la liberté qu'à l'égalité dans les deux pays. Je crois en revanche que ce n'est pas tout à fait le même sentiment au niveau de nos gouvernants ou de nos systèmes politiques. Mais si on veut parler d'opinion, je trouve tout à fait intéressantes les réactions qui commencent à se faire jour aux Etats-Unis devant les inégalités qui se sont développées sous les régimes conservateurs de Ronald Reagan et Georges Bush. Dans l'International Herald Tribune, une étude du bureau de recensement parue en mai 1992 montre que le nombre de gens qui ont des salaires équivalents au niveau de la pauvreté est passé de 12 à 18% des salariés. Le gouvernement des Etats-Unis n'était pas ravi[2] que cette étude sorte parce qu'on ne tient[3] pas, en haut lieu, que cela puisse servir d'argument électoral. Il n'y a peut-être pas de sentiment de classe aux Etats-Unis mais il y a le sentiment qu'il existe des inégalités. Je me suis amusée à faire le calcul des salaires horaires des chefs d'entreprise. Evidemment, je trichais[4] un peu parce qu'on ne sait pas l'horaire d'un chef de grande entreprise par rapport au 'smicard[5]'. L'homme le plus payé des Etats-Unis, M. O'Reilly, dirige la firme Heinz. Il gagne à l'heure 205.000 Francs. Le smicard américain gagne 25 Francs de l'heure soit 8.000 fois moins. Un salaire 1.500 fois plus élevé que le mien... et

---

[1] **mépris** n.m. : indifférence, dédain, dégôut.

[2] **ravi** adj. : heureux, très content.

[3] **tenir** : ici: désirer, vouloir.

[4] **tricher** : frauder.

[5] **smicard** n.m. : personne qui gagne le Salaire Minimum d'Insertion.

je travaille beaucoup! Je serais prête à accepter que quelqu'un vaille[1] 100 fois ce que je vaux, mais 1.500 fois pour fabriquer du ketchup, c'est beaucoup d'orgueil[2]!

Inversement, sur la liberté. Nous serions moins attachés à nos libertés que les Américains. Je ne crois pas que ce soit vrai du tout. On serait très choqué en France de savoir que l'accès aux urnes[3], qui est une forme de liberté, a été bien longtemps, sauf pour les femmes, plus restreint[4] aux Etats-Unis que ce n'a été le cas en France. Nous avons un grand nombre d'idées reçues. Les Américains sont ainsi persuadés qu'en France, on est coupable[5] jusqu'à ce qu'on ait été déclaré innocent. En revanche, nous avons le sentiment qu'il y a beaucoup plus de libertés aux Etats-Unis. Il faut cependant aller voir ce qui se passe dans les Etats. Regardez par exemple le *Plea bargaining*, c'est-à-dire l'idée qu'on va négocier sa peine[6] parce qu'on se déclare coupable et qu'on espère donc avoir une peine inférieure. Personnellement, je trouve que cela ressemble beaucoup plus au 'on est coupable aussi longtemps qu'on n'a pas été prouvé innocent'. Dans le vécu[7] français, à propos des libertés américaines, je m'amuse toujours à raconter à un certain nombre de mes interlocuteurs qu'aux Etats-Unis, dans la moitié des Etats, certaines pratiques sexuelles sont criminalisées, y compris au sein d'un couple légitime et, bien sûr, nous parlons d'adultes consentants. Franchement, en France, c'est inimaginable. On pourrait multiplier les exemples, sur la censure, la contraception, le droit d'expression, la peine de mort : aux Etats-Unis, les entités publiques interviennent beaucoup plus dans la vie privée des citoyens que ce n'est le cas en Europe.

Il faut comprendre que nous avons à propos de ces concepts de liberté et d'égalité bon nombre d'idées reçues. Je ne connais pas de pays au monde où, quand les gens en ont l'occasion, ils ne vous fassent savoir qu'ils sont attachés aux libertés, à leurs droits ainsi qu'à une égalité, à un accès égalitaire à un certain

---

[1] **valoir** : correspondre à une certaine valeur.

[2] **orgueil** n.m. : vanité, arrogance.

[3] **urne** n.f. : urne de vote.

[4] **restreindre** : limiter.

[5] **coupable** adj. : punissable, condamnable, responsable, fautif.

[6] **peine** n.f. : condamnation, pénalité.

[7] **vécu** n.m. : qui appartient à l'expérience de la vie.

nombre de choses comme l'éducation, la santé ou l'emploi.

Avez-vous l'impression que les attentes du citoyen par rapport à l'Etat soient différentes dans nos deux pays?

Là aussi, je vais vous choquer. On dit toujours que les Français n'ont pas de respect pour l'Etat. Je crois que ce n'est pas bien différent aux Etats-Unis. Les Américains n'aiment pas beaucoup l'Etat. Le citoyen américain dira plus aisément "Moi, j'irai jusqu'à la Cour Suprême" ou "Vous allez m'entendre aux élections". Mais ceci est au niveau du discours: aller à la Cour Suprême n'est pas si commode[1] que cela et les Américains ne votent pas. Je crois qu'il y a fondamentalement dans les deux pays l'idée qu'il faut qu'un certain nombre de protections soient accordées par l'Etat. Par exemple, les Américains voudraient maintenant un système de santé qui les couvre tous. Dans nos deux pays, on trouve que l'Etat ne gère[2] pas si bien les choses. Nous attendons tous que l'Etat soit plus irréprochable que quelqu'un qui fonctionne pour son propre bénéfice. C'est vrai que la fraude, le manque de responsabilité fait que nous sommes plus durs à l'égard de l'Etat que nous ne le sommes à l'égard du petit commerçant ou du grand industriel. Je crois que nous sommes un peu injustes mais qu'il est sain[3] d'attendre plus du service public.

Autant aux Etats-Unis qu'en France, les citoyens auraient tendance à dire qu'il y a plus d'Etat en France et moins d'Etat aux Etats-Unis. Je ne suis pas sûre que ce soit vrai. Quand on regarde de près, on se rend compte que les choses sont globalement semblables. Il y a des domaines où il y a un peu moins d'Etat aux Etats-Unis qu'en France et il y a des domaines où il y a beaucoup plus d'Etat aux Etats-Unis qu'en France. Par pur plaisir, je demande souvent à mes étudiants français ou américains quelle est la taille[4] en terme de pourcentage du territoire national du domaine public fédéral aux Etats-Unis et du domaine public français, donc de l'Etat central. Que diriez-vous?

---

[1] **commode** adj. : facile.

[2] **gérer** : diriger, gouverner, administrer.

[3] **sain** adj. : normal.

[4] **taille** n.f. : dimension.

Trente pour cent du territoire national appartient à l'Etat en France et 10% aux Etats-Unis?

Cinq pour cent en France, y compris les forêts de Guyane qui sont extrêmement importantes en terme de territoire national. Aux Etats-Unis, 33% du territoire dont 90% de l'Alaska, 50% de la Californie et 6% du Connecticut. Petit détail!

Autre fait: la manière dont les états locaux s'immiscent[1] dans les libertés des Américains. Dans un tiers des bibliothèques scolaires, Roméo et Juliette (explicitement sexuel) est censuré, Les Hauts de Hurlevent (incestueux) également! On peut vous interdire d'aller dans un pays étranger (Cuba ou Libye). On se rend compte lorsque l'on y regarde de près qu'il y a fichtrement[2] d'Etat aux Etats-Unis. Un autre exemple encore: il n'est pas possible à la ville de Chicago d'ouvrir un stand de cacahuète[3] dans un zoo municipal sans une autorisation de l'Etat de l'Illinois. C'est exclu dans cette France soit disant jacobine[4]! Vous avez donc toute une série d'idées reçues. Mais effectivement, si on enlève les dépenses publiques dans la protection sociale en France et dans les dépenses de santé, on s'aperçoit qu'il n'y a pas plus d'Etat en France qu'aux Etats-Unis.

Les Français qui vont en Amérique ont souvent le sentiment que les Américains vivent leur citoyenneté de façon différente, presque comme une religion. Qu'en pensez-vous?

Là encore, je ne suis pas sûre que ce soit fondamentalement différent. Certes, en Amérique, on prête serment[5] au drapeau... c'est vrai que nous ne prêtons pas serment en France. La seule fois où nous ayons dû prêter serment, c'était à Vichy*. Cela nous a laissé un mauvais souvenir: on prêtait serment d'allégeance personnelle au Maréchal Pétain*. Ceci ne nous plaît pas en France alors qu'aux Etats-Unis, cela se fait couramment, en plus sur la Bible. Nous avons en France

---

[1] **s'immiscer** : intervenir, s'introduire indûment.

[2] **fichtrement** : extrêmement.

[3] **cacahuète** n.f. : nom du fruit de l'arachide.

[4] **jacobin** adj. : républicain ardent et intransigeant. (Histoire: surnom donné aux membres d'une société politique révolutionnaire établie à Paris dans un ancien couvent de Jacobins. 1790).

[5] **prêter serment** : faire une promesse solennelle.

une relation à la laïcité[1] qui est très importante. En anglais, le mot laïcité n'existe pas: vous ne pouvez pas dire *lay school'*, vous dites *non denominational* school pour dire école *laïque*. Vous dites *lay person* mais cela veut dire un *profane* c'est-à-dire quelqu'un qui est ignorant, ce qui est différent de *laïque*. Cependant, je crois que le sentiment d'identité nationale est plus fort en France qu'en Amérique. Mais le nationalisme est plus visible aux Etats-Unis qu'en France. Tocqueville[2] se plaignait dans un de ses textes du nationalisme exacerbé des Etats-Unis. L'Américain vous demandera toujours: "*What do you think of the United States?*". Lorsque vous répondez que vous aimez mais que vous retournerez en France, on vous juge *unamerican*! Tocqueville montre qu'au-delà de ce nationalisme un peu fatigant, il y a une sorte d'inquiétude sourde[3] et diffuse sur la solidité de ce qui a été accompli. Cela explique cette notion de *unamerican*. Voici un concept qui n'existe pas pour nous. Nous le traduisons par *anti-américain*. Ce n'est pas cela du tout. C'est *in-américain*, comme *incommode* ou *inutile*. Dire que quelque chose est *unbritish* est différent. Cela veut dire que cela ne se fait pas: on ne mange pas ses petits pois dans le creux de la fourchette, on ne triche pas. *Unamerican* veut dire que si vous n'êtes pas dans la norme, vous n'êtes pas tout à fait américain, vous avez renoncé à votre être national. Qui est citoyen? Quel droit cela donne-t-il? Voilà des questions intéressantes. Je suis contre le multiculturalisme tel qu'il s'exprime aux Etats-Unis quand cela consiste à dire à un gamin[4] que, pour préserver son identité, il vaut mieux qu'il continue à parler espagnol. Les parents et le gamin savent très bien qu'il faut qu'il parle anglais. Je suis pour qu'on en fasse de parfaits petits Américains. En France, je dirais ainsi que le *tchador* à la maison, tant qu'on veut, mais le *tchador* à l'école, non! Tout le monde comme des petits Français. C'est absolument indispensable. Quitte[5], bien sûr, à ce que chacun s'inspire de l'autre, afin que le couscous[6] devienne, s'il ne l'est déjà, un

---

[1] **laïcité** n.f. : principe de séparation de la société civile et de la société religieuse.

[2] **Alexis de Tocqueville** : auteur de De la démocratie en Amérique, 1831.

[3] **sourd** adj. : vague.

[4] **gamin** n.m. : enfant.

[5] **quitte à** : au risque de, en admettant la possibilité de.

[6] **couscous** n.m. : plat (spécialité culinaire) arabe consistant en de la semoule servie avec de la viande et des légumes.

plat bien de chez nous. Autrement dit, intégration avec influences réciproques, et non assimilation.

Cette identité en France est si forte qu'elle n'est pas remise en cause[1].
Dans le phénomène du *politically correct* aux Etats-Unis, on trouve une espèce de dogmatisme qui est très grave. Je pense que chez soi, chacun fait ce qu'il veut. Je n'ai pas besoin qu'on vienne criminaliser mes mœurs[2], qu'on vienne m'enlever un morceau de cerveau[3] si je suis violente (Vol au dessus d'un nid de coucou). En Virginie, entre 1924 et 1972, on a simplement stérilisé contre leur gré[4] les handicapés mentaux. Je reconnais qu'il n'y a pas de solutions très simples à des problèmes réels. Mais tout de même, faire passer par référendum l'euthanasie par exemple, je trouve que c'est la pire des choses. Je ne suis pas sûre que tout doive être défini dans nos sociétés. Il faut laisser des espaces gris, avec des abus possibles, car l'abus est toujours possible même quand il y a loi et réglementation. J'aime mieux que les choses viennent un peu plus lentement, sans loi, comme avec l'*affirmative action* par exemple. En France, on a eu des femmes ministres avant qu'elles n'aient le droit de vote! Léon Blum* avait trois femmes secrétaires d'Etat. La loi ne suffit pas à réparer l'injustice et elle peut avoir des effets pervers lorsqu'elle "moralise".

Comment expliquez-vous le rapport à la loi dans nos deux pays? Les procès[5] sont nombreux aux Etats-Unis, en France pas encore, mais cela viendra-t-il?

Si les Pères Fondateurs ont écrit la Constitution centralisatrice de 1787, c'était bien sûr pour éviter l'éclatement de l'Union mais aussi pour permettre le développement national. Pendant un siècle, cette souveraineté centralisée va permettre le développement économique national. Dès 1793, la Cour Suprême affirme que seul

---

1 **remettre en cause** : remettre en question.

2 **mœurs** n.f.pl. : coutumes, habitudes de vie d'un peuple.

3 **cerveau** n.m. : masse nerveuse contenue dans le crâne.

4 **gré** n.m. : volonté.

5 **procès** n.m. : dispute soumise à une juridiction.

détient la souveraineté l'Etat central. Hurlement[1] des Etats qui font littéralement établir le 11e amendement selon lequel les Etats sont souverains. La Cour Suprême va, dès lors, laisser une part de souveraineté aux Etats : en matière de droits individuels. Il faut attendre le 14e amendement pour que fondamentalement la souveraineté nationale commence à s'appliquer aux citoyens dans leurs états. Il y a là une évolution qui est totalement différente de ce que nous avons connu en France. Quand, en 1789, nous faisons une Révolution, la première chose que nous mettons en place, c'est une Déclaration des Droits. Ce n'est que bien après que nous commençons à mettre en place une Constitution. Fondamentalement, cela nous intéressait beaucoup moins que les droits. Aux Etats-Unis, c'est l'inverse car, en 1787, les droits, ils les ont. Cette différence est fondamentale. Tout ce qui s'est passé après cette fin de XVIIIe siècle aux Etats-Unis a permis la construction de l'Etat central au dépens[2] des droits individuels alors qu'en France, c'est plutôt l'inverse. Les droits individuels sont mieux acquis et au fond mieux développés parce qu'ils restent le problème central mais du coup, nous avons mis beaucoup plus de temps à développer un Etat constitutionnel convaincant.

Questions

1. Qu'est-ce qui, à votre avis, a permis de développer cette idée fausse pour Marie-France Toinet selon laquelle les Américains seraient plus attachés à la liberté et les Français à l'égalité.

2. Résumez les arguments de Marie-France Toinet sur la question de l'identité nationale en France et aux Etats-Unis. Etes-vous d'accord?

3. "En Amérique, la majorité trace un cercle formidable autour de la pensée. Au-dedans de ces limites, l'écrivain est libre; mais malheur à lui s'il ose en sortir. Ce n'est pas qu'il ait à craindre un autodafé, mais il est en butte à des dégoûts de tous genres et à des persécutions de tous les jours. La carrière politique lui est fermée : il a offensé la seule puissance qui ait la faculté de l'ouvrir. On lui refuse tout, jusqu'à la gloire. Avant de publier ses opinions, il croyait avoir des partisans; il lui semble qu'il n'en a plus maintenant qu'il s'est découvert à tous; car ceux qui le blâment s'expriment hautement, et ceux qui pensent comme lui, sans avoir son

---

[1] **hurlement** n.m. : cri aigu que poussent certains animaux.

[2] **aux dépens de** : en sacrifiant.

courage, se taisent et s'éloignent. Il cède, il plie enfin sous l'effort de chaque jour, et rentre dans le silence, comme s'il éprouvait des remords d'avoir dit vrai. (...). Il n'y a pas de liberté d'esprit en Amérique. Alexis de Tocqueville, De la démocratie en Amérique, Paris, Gallimard, pp. 266-267.

A votre avis, Tocqueville ferait-il , en 1992 cette même remarque écrite en 1831?

4. Relevez dans cette interview, puis éventuellement dans l'interview de François Dubet (IIII,2) et de Michel Winock (IV,2) les commentaires sur le rôle social de l'Etat providence en France.

Idées à développer

I. EXTRAITS DE LA CONSTITUTION DU 4 OCTOBRE 1958

Préambule

Le peuple français proclame solennellement son attachement aux Droits de l'Homme et aux principes de la souveraineté nationale tels qu'ils sont définis par la Déclaration de 1789, confirmée et complétée par le préambule de la Constitution de 1946.

Article 1. La République et les peuples des territoires d'outre-mer qui, par un acte de libre détermination, adoptent la présente Constitution, instituent une Communauté.

La Communauté est fondée sur l'égalité et la solidarité des peuples qui la composent.

TITRE PREMIER
DE LA SOUVERAINETE

Art. 2. La France est une République indivisible, laïque, démocratique et sociale. Elle assure l'égalité devant la loi de tous les citoyens sans distinction d'origine, de race ou de religion. Elle respecte toutes les croyances.

L'emblème national est le drapeau tricolore, bleu, blanc, rouge.

L'hymne national est "la Marseillaise".

La devise de la République est : "Liberté, Egalité, Fraternité."

Son principe est: gouvernement du peuple, par le peuple et pour le peuple.

Art. 3. La souveraineté nationale appartient au peuple, qui l'exerce par ses représentants et par la voie du référendum.

Aucune section du peuple ni aucun individu ne peut s'en attribuer l'exercice.

Le suffrage peut être direct ou indirect dans les conditions prévues par la Constitution. Il est toujours universel, égal et secret.

Sont électeurs, dans les conditions déterminées par la loi, tous les nationaux français majeurs, des deux sexes, jouissant de leurs droits civils et politiques.

TITRE II
LE PRESIDENT DE LA REPUBLIQUE

Art. 5. Le président de la République veille au respect de la Constitution. Il assure, par son arbitrage, le fonctionnement régulier des pouvoirs publics ainsi que la continuité de l'Etat.

Il est le garant de l'indépendance nationale, de l'intégrité du territoire, du respect des accords de la Communauté et des traités.

Art. 6. Le président de la République est élu pour sept ans au suffrage universel direct.

Art. 7. Le président de la République est élu à la majorité absolue des suffrages exprimés. Si celle-ci n'est pas obtenue au premier tour de scrutin, il est procédé le deuxième dimanche suivant, à un second tour. Seuls peuvent s'y présenter les deux candidats qui, le cas échéant, après retrait de candidats plus favorisés, se trouvent avoir recueilli le plus grand nombre de suffrages au premier tour. (...)

Art. 8. Le président de la République nomme le Premier ministre. Il met fin à ses fonctions sur la présentation par celui-ci de la démission de son gouvernement.

Sur la proposition du Premier ministre, il nomme les autres membres du gouvernement et met fin à leurs fonctions.

Art. 9. Le président de la République préside le Conseil des ministres.

Art. 10. Le président de la République promulgue les lois dans les quinze jours qui suivent la transmission au gouvernement de la loi définitivement adoptée.

Il peut, avant l'expiration de ce délai, demander au Parlement une nouvelle délibération de la loi et de certains de ses articles. Cette nouvelle délibération ne peut être refusée.

Art. 11. Le président de la République, sur proposition du gouvernement, pendant la durée des sessions ou sur proposition conjointe des deux Assemblées, peut soumettre au référendum tout projet de loi publiées au Journal Officiel portant sur l'organisation des pouvoirs publics, comportant approbation d'un accord de Communauté ou tendant à autoriser la ratification d'un traité qui, sans être contraire à la Constitution, aurait des incidences sur le fonctionnement des institutions.(...)

Art. 12. Le président de la République peut, après consultation du Premier Ministre et des présidents des Assemblées, prononcer la dissolution de l'Assemblée nationale.(...)

Art. 15. Le président de la République est le chef des armées. Il préside les conseils et comités supérieurs de la défense nationale.

Art. 16. Lorsque les institutions de la République, l'indépendance de la Nation, l'intégrité de son territoire ou l'exécution de ses engagements internationaux sont menacés d'une manière grave et immédiate et que le fonctionnent régulier des pouvoirs publics constitutionnels est interrompu, le président de la République prend les mesures exigées par ces circonstances, après consultation officielle du Premier ministre, des présidents des Assemblées ainsi que du Conseil constitutionnel.

Il en informe la Nation par un message.

Ces mesures doivent être inspirées par la volonté d'assurer aux pouvoirs publics constitutionnels, dans les moindres délais, les moyens d'accomplir leur mission. Le Conseil constitutionnel est consulté à leur sujet.

Le Parlement se réunit de plein droit.

L'Assemblée nationale ne peut être dissoute pendant l'exercice des pouvoirs exceptionnels.

TITRE III

LE GOUVERNEMENT

Art. 20. Le gouvernement détermine et conduit la politique de la Nation.

Il dispose de l'administration et de la force armée.

Il est responsable devant le Parlement dans les conditions et suivant les procédures prévues aux articles 49 et 50.

ART. 21. Le Premier ministre dirige l'action du gouvernement. Il est responsable de la défense nationale. Il assure l'exécution des lois.Sous réserve des dispositions de l'article 13, il exerce le pouvoir réglementaire et nomme aux emplois civils et militaires.

Il peut déléguer certains de ses pouvoirs aux ministres.

Il supplée, le cas échéant, le président de la République dans la présidence des conseils et comités prévus à l'article 15.

Il peut, à titre exceptionnel, le suppléer pour la présidence d'un Conseil des ministres en vertu d'une délégation expresse et pour un ordre du jour déterminé.

TITRE IV
LE PARLEMENT

Art. 24. Le Parlement comprend l'Assemblée nationale et le Sénat.

Les députés à l'Assemblée nationale sont élus au suffrage direct.

Le Sénat est élu au suffrage indirect. Il assure la représentation des collectivités territoriales de la République. Les Français établis hors de la France sont représentés au Sénat.

Art. 25. Une loi organique fixe la durée des pouvoirs de chaque Assemblée, le nombre de ses membres, leur indemnité, les conditions d'éligibilité, le régime des inéligibilités et des incompatibilités.

Elle fixe également les conditions dans lesquelles sont élues les personnes appelées à assurer, en cas de vacance du siège, le remplacement des députés ou des sénateurs jusqu'au renouvellement général ou partiel de l'Assemblée à laquelle ils appartenaient.

Art. 26. Aucun membre du Parlement ne peut être poursuivi, recherché, arrêté, détenu ou jugé à l'occasion des opinions ou votes émis par lui dans l'exercice de ses fonctions.

Aucun membre du Parlement ne peut, pendant la durée de sessions, être poursuivi ou arrêté en matière criminelle ou correctionnelle qu'avec l'autorisation de l'Assemblée dont il fait partie, sauf le cas de flagrant délit.

Aucun membre du Parlement ne peut, hors session, être arrêté qu'avec l'autorisation du bureau de l'Assemblée dont il fait partie, sauf le cas de flagrant délit, de poursuite autorisées ou de condamnation définitive.

La détention ou la poursuite d'un membre du Parlement est suspendue si l'Assemblée dont il fait partie le requiert.

TITRE V

DES RAPPORTS ENTRE LE PARLEMENT ET LE GOUVERNEMENT

Art. 34. La loi est votée par le Parlement. (...)

Art. 40. Les propositions et amendements formulés par les membres du Parlement ne sont pas recevables lorsque leur adoption aurait pour conséquence soit une diminution des ressources publiques, soit la création ou l'aggravation d'une charge publique.

Art. 41. S'il apparaît au cours de la procédure législative qu'une proposition ou un amendement n'est pas du domaine de la loi ou est contraire à une délégation accordée en vertu de l'article 38, le gouvernement peut opposer l'irrecevabilité.

En cas de désaccord entre le gouvernement et le président de l'Assemblée intéressée, le Conseil constitutionnel, à la demande de l'un ou de l'autre, statue dans un délai de huit jours.

Art. 42. La discussion des projets de loi porte, devant la première Assemblée saisie, sur le texte présenté par le gouvernement.

Une Assemblée saisie d'un texte voté par l'autre Assemblée délibère sur le texte qui lui est transmis.

Art. 43. Les projets et propositions pour lesquels une telle demande n'a pas été faite sont envoyés à l'une des commissions permanentes dont le nombre est limité à six dans chaque Assemblée.

Art. 44. Les membres du Parlement et le gouvernement ont le droit d'amendement. Après l'ouverture du débat, le gouvernement peut s'opposer à l'examen de tout amendement qui n'a pas été antérieurement soumis à la commission.

Si le gouvernement le demande, l'Assemblée saisie se prononce par un seul vote sur tout ou partie du texte en discussion en ne retenant que les amendements proposés ou acceptés par le gouvernement.

Art. 45. Tout projet ou proposition de loi est examiné successivement dans les deux Assemblées du Parlement en vue de l'adoption d'un texte identique.

Lorsque, par suite d'un désaccord entre les deux Assemblées, un projet ou une proposition de loi n'a pu être adopté après deux lectures par chaque Assemblée ou si le gouvernement a déclaré l'urgence, après une seule lecture par chacune d'elles, le Premier ministre a la faculté de provoquer la réunion d'une commission mixte paritaire chargée de proposer un texte sur les dispositions restant en discussion.

Le texte élaboré par la commission mixte peut être soumis par le gouvernement pour approbation aux deux Assemblées. Aucun amendement n'est recevable sauf accord du gouvernement.

Si la commission mixte ne parvient pas à l'adoption d'un texte commun ou si ce texte n'est pas adopté dans les conditions prévues à l'aliéna précédent, le gouvernement peut, après une nouvelle lecture par l'Assemblée nationale et par le Sénat, demander à l'Assemblée nationale de statuer définitivement. En ce cas, l'Assemblée nationale peut reprendre soit le texte élaboré par la commission mixte, soit le dernier texte voté par elle, modifié le cas échéant par un ou plusieurs des amendements adoptés par le Sénat.

Art. 49. Le Premier ministre, après délibération du Conseil des ministres, engage devant l'Assemblée nationale la responsabilité du gouvernement sur son programme ou éventuellement sur une déclaration de politique générale.

L'Assemblée nationale met en cause la responsabilité du gouvernement par le vote d'une motion de censure. Une telle motion n'est recevable que si elle est signée par un dixième au moins des membres de l'Assemblée nationale. Le vote ne peut avoir lieu que quarante-huit heures après son dépôt. Seuls sont recensés les votes favorables à la motion de censure qui ne peut être adoptée qu'à la majorité des membres composant l'Assemblée. Si la motion de censure est rejetée, ses signataires ne peuvent en proposer une nouvelle au cours de la même session, sauf dans le cas prévu à l'alinéa ci-dessous.

Le Premier ministre peut, après délibération du Conseil des ministres, engager la responsabilité du gouvernement devant l'Assemblée nationale sur le vote d'un texte. Dans ce cas, ce texte est considéré comme adopté, sauf si une motion de censure, déposée dans les vingt-quatre heures qui suivent, est votée dans les conditions prévues à l'alinéa précédent.

Le Premier Ministre a la faculté de demander au Sénat l'approbation d'une déclaration de politique générale.

TITRE VII
LE CONSEIL CONSTITUTIONNEL

Art. 56. Le Conseil constitutionnel comprend neuf membres, dont le mandat dure neuf ans et n'est pas renouvelable. Le Conseil constitutionnel se renouvelle par tiers tous les trois ans. Trois des membres sont nommés par le président de la République, trois par le président de l'Assemblée nationale, trois par le président du Sénat.

En sus des neuf membres prévus ci-dessus, font de droit partie à vie du Conseil constitutionnel les anciens présidents de la République.

Le président est nommé par le président de la République. Il a voix prépondérante en cas de partage.

Art. 61. Les lois organiques, avant leur promulgation, et les règlements des Assemblées parlementaires, avant leur mise en application, doivent être soumis au Conseil constitutionnel qui se prononce sur leur conformité à la Constitution.

Aux mêmes fins, les lois peuvent être déférées au Conseil constitutionnel, avant leur promulgation, par le président de la République, le Premier ministre, le président de l'Assemblée nationale, le président du Sénat ou soixante députés ou soixante sénateurs.

Dans le cas prévus aux deux alinéas précédents, le Conseil constitutionnel doit statuer dans le délai d'un mois. Toutefois, à la demande du gouvernement, s'il y a urgence, ce délai est ramené à huit jours.

Dans ces mêmes cas, la saisine du Conseil constitutionnel suspend le délai de promulgation.

Art. 62. Une disposition déclarée inconstitutionnelle ne peut être promulguée ni mise en application.

Les décisions du Conseil constitutionnel ne sont susceptibles d'aucun recours. Elles s'imposent aux pouvoirs publics et à toutes les autorités administratives et juridictionnelles.

TITRE XIV
DE LA REVISION

Art. 89. L'initiative de la révision de la Constitution appartient concurremment au président de la République sur proposition du Premier ministre et aux membres du Parlement.

Le projet ou la proposition de révision doit être voté par les deux Assemblées en termes identiques. La révision est définitive après avoir été approuvée par référendum.

Question

Faites une analyse comparative de la Constitution française de 1958 et de la Constitution américaine.

II. L'AIDE SOCIALE

Que veut-on dire par aide sociale?

La notion d'assistance aux personnes nécessiteuses est fort ancienne. Du Moyen Age jusqu'à la fin du 19e siècle s'est instituée une conception répressive de l'aide aux déshérités, motivée par un souhait de se préserver "des pauvres" : les mesures prises à leur encontre s'exprimaient au travers de lois de police ou de sûreté.

Il faut attendre la fin du 19e siècle pour voir poindre l'idée de Solidarité Nationale, idée qui, lors du Congrès International d'Assistance publique tenu à Paris en 1889, se traduit dans les termes suivants : "L'assistance publique est une preuve de solidarité nationale. Elle doit s'exercer non seulement de la société à l'individu, mais de groupe à groupe, les communes riches venant au secours des communes pauvres...".

Le développement, depuis la seconde guerre mondiale, de la protection sociale obligatoire (sécurité sociale) aurait pu laisser croire à la disparition de l'assistance sociale. C'était sans compter sur la persistance, voire l'émergence de certaines sous-populations échappant au système de protection sociale ou étant dans l'incapacité de survivre avec les seules prestations qui leur étaient versées. Dès lors, on assista à un développement simultané des prestations de sécurité sociale et de l'assistance sociale.

Les mesures prises en faveur des personnes défavorisées se sont inscrites dans un cadre cohérent en 1953 , grâce au décret du 19 novembre qui remplace le terme d'assistance sociale par celui d'aide sociale. "L'aide sociale est l'aide apportée par les collectivités publiques aux personnes dont les ressources sont insuffisantes : elle relève directement d'une idée d'assistance et ne fait aucune place aux mécanismes de l'assurance. Elle exprime un devoir de solidarité à l'égard des plus déshérités de ses membres".

Données sociales, © INSEE, 1984 p. 215.

Quelques définitions :
Aide sociale: L'aide sociale est un système de prestations, financées par l'impôt, destinées aux personnes dans le besoin qui résident en France. Elle comprend une aide sociale légale organisée par le code de la famille et de l'aide sociale et transférée pour l'essentiel au département ainsi qu'une aide sociale facultative à l'initiative des collectivités publiques.

La Sécurité Sociale : Les prestations sont financées par des cotisations, ne sont pas destinées par principe aux seules personnes dans le besoin.

Question

A l'aide des éléments que vous avez recueillis dans les diverses interviews, comparez les systèmes de protection sociale français et américain.

Bibliographie

P. Ardant, Les Institutions de la Ve République, Paris, Hachette, 1991.

F. Erwald, L'Etat providence, Paris, Grasset, 1980.

C. Debbasch, J-M. Pontier, Les Constitutions de la France, Paris, Dalloz, 1989.

Y. Lemoine, La Loi, le Citoyen, le Juge, Paris, Flammarion, 1990.

P. Rosanvallon, L'Etat en France de 1789 à nos jours, Paris, Seuil, 1990.

L'Etat de la France 1992, Paris, La découverte.

Annexe

La constitution d'une société traduit un certain équilibre entre l'autorité détenue par le pouvoir et la liberté des citoyens. Le nombre très élevé des constitutions françaises depuis 1789 traduit cette recherche fiévreuse d'une solution satisfaisante à l'antinomie entre pouvoir et liberté. Peu de pays développés ont connu autant de constitutions que la France (Constitution de 1791, de 1793, de 1795, de l'AN VIII, de 1848, de 1852, de 1946, de 1958). Certaines n'ont duré que quelques semaines (Acte additionnel de 1815, constitution de 1870), d'autres, bien qu'ayant été élaborées, n'ont jamais été votées ("constitution girondine", projet de constitution du gouvernement de Vichy) d'autres enfin ont été emportées avant même d'avoir été entièrement rédigées (constitution sénatoriale de 1814). Depuis 1789, la France cherche à établir un équilibre entre le pouvoir exécutif et le pouvoir législatif. Elle connaît une évolution heurtée, marquée tantôt par la prédominance des Assemblées, tantôt par la domination de l'exécutif. L'élection du Président de la République au suffrage universel depuis 1962 paraît avoir enraciné le système constitutionnel de la Ve République. Mais, cette stabilité paraît surtout due à un phénomène politique: l'existence d'une majorité à l'Assemblée Nationale favorable au chef de l'Etat. La "pérénnité" de la constitution de 1958 dépend beaucoup plus de cette situation que de recettes constitutionnelles.
Les constitutions de la France, Paris, Dallloz, p. 3-4.

Les protecteurs des libertés aux yeux des Français
Aujourd'hui en France, quelles sont les professions ou catégories qui, à votre avis, protègent le mieux les libertés individuelles des citoyens?

Les avocats	26%	(rang 1)
Les gendarmes	23%	(rang 2)
Les journalistes	22%	(rang 3)
Les policiers	19%	(rang 4)
Les artistes	15%	(rang 5)
Les magistrats	15%	(rang 6)
Les intellectuels	14%	(rang 7)
Les élus	10%	(rang 8)
Aucun	18%	
Sans opinion	5%	

Source: Sondage SOFRES, 22-24 avril 1991.

Chapitre 2

L'antiaméricanisme en France

Michel Winock *est professeur d'Histoire à l'Institut d'Etudes Politiques à Paris. On lui doit plusieurs études sur l'antiaméricanisme et notamment celle qui a été reprise dans* <u>Nationalisme, Antisémitisme et Fascisme en France</u> *(Seuil, 1990). Il se rend souvent à l'Institut d'Etudes Françaises de New York University.*

Comment comprendre que cette Amérique qui fascine les Français les exaspère aussi? Michel Winock analyse les réactions antiaméricaines chez les Français et en trouve les sources dans l'histoire de nos deux nations. Ce faisant, il aborde les systèmes de valeurs autour des idées de culture et de nation qui sous-tendent certaines images antiaméricaines. Son discours se veut essentiellement explicatif.

<u>*Argument*</u>
L'Amérique obsède les Français qui tiennent souvent des propos antiaméricanistes. Elle est emblématique d'une société dont certaines caractéristiques leur font peur : société de consommation, culture de masse. Cependant, selon Michel Winock, ce type de société tient plus de notre modernité que de l'Amérique elle-même. Les Français doivent donc cesser de montrer du doigt l'Amérique.

Interview

Nous avons effectué un certain nombre d'interviews sur l'Amérique auprès de jeunes. Ils sont quasiment unanimes: " Les Américains n'ont pas de culture". D'où provient cette réflexion à votre avis?

Michel Winock : D'un certain nombre de stéréotypes mais aussi d'un fait qui est lui-même devenu un stéréotype à savoir que les Etats-Unis ont une courte histoire. Elle commence véritablement avec l'Indépendance pour les Français. Avant, l'Amérique est une colonie anglaise qui n'a pas vraiment de singularité. Les Américains sont par conséquent des immigrants, des immigrés qui ont eu un énorme travail de défrichement[1], d'installation. Ils n'avaient pas cet héritage multiple dont nous disposons en Europe et en Asie. L'Amérique est un pays neuf. Evidemment, un pays neuf, croit-on, n'a pas de culture. L'Amérique avait tout à inventer, elle est allée vite. Ses tâches ont été avant tout matérielles, politiques, faiblement culturelles. La culture n'est venue que plus tard. La première idée exprimée par cette réflexion est donc celle d'un contraste qui existe entre une histoire longue et une histoire brève. C'est une réalité. Dans tout le XIXe siècle par exemple, une énorme littérature sur les Américains insiste beaucoup sur le côté pratique et fonctionnel de l'Américain moyen ou de la classe dirigeante peu portée sur[2] les Beaux Arts ou sur les Belles Lettres. L'Américain est considéré comme un type très habile, fort, adroit, courageux, possédant des vertus quasiment rousseauistes* mais pas très raffiné parce qu'il répond à une urgence, à un 'primum vivere'. Ce stéréotype du XIXe existe encore. Nous en avons hérité même si, entre temps, il y a eu Faulkner... Voici pour la première idée.

La deuxième idée, à mon avis, c'est que la civilisation de l'Amérique est complètement assimilée au capitalisme. Le capitalisme, c'est l'Amérique et l'Amérique, c'est le capitalisme. Il y a dans la plupart des esprits français une sorte de contradiction entre capitalisme et culture. La culture capitaliste ne peut être

---

1 **défrichement** n.m. : action de rendre propre à la culture une terre en détruisant la végétation spontanée.

2 **peu portée sur** : peu intéressée par.

qu'une culture de masse, une culture utilitariste avec aujourd'hui évidemment son expression favorite, celle de la télévision, des médias de masse. Les feuilletons[1] nous prouvent, à longueur de semaine, qu'elle est anticulturelle. C'est vraiment de la 'soupe', comme on dit!

Voilà en gros[2] à la fois les origines et ce qui se passe aujourd'hui mais à travers une vision qui est, à mon avis, une vision très économiste des choses.

Autre réflexion des jeunes: les Américains sont matérialistes. Comment le cliché persiste-t-il alors que les Français ont eux-mêmes largement opté pour la société de consommation?

Il y a deux puissances traditionnellement considérées matérialistes : les ex-soviétiques et les Américains. Ils constituaient les deux grands états, hyper militarisés, équipés, avec des projets qui paraissent très économiques, industriels. Il s'agit toujours pour eux de faire plus, de fabriquer plus, de gagner plus d'argent. En Union Soviétique, c'étaient les grands travaux. L'Europe s'en tire[3] délicieusement parce qu'il existe cette image d'un continent qui a été façonné à travers les âges par les moines, les Lumières*, la Révolution, toute une sédimentation culturelle qui fait que nous sommes le continent des idéaux soit chrétiens soit révolutionnaires. L'Amérique est matérialiste parce qu'elle ne parle que d'argent, que de production. Cette image est liée à la précédente.

Tout cela est cependant fort[4] étonnant car s'il y a un peuple idéaliste, les historiens le savent, c'est bien le peuple américain qui est parfois même trop idéaliste. Quand on connaît les Etats-Unis, on voit qu'il y a une sorte de volonté récurrente, même après les orgies de matérialisme, d'en revenir à une sorte de pureté originelle qui les fait tomber dans d'autres erreurs. Prenons, par exemple, la prohibition. Qu'est-ce que c'est sinon le fantasme d'un peuple idéaliste? Ce serait inimaginable en France où l'on a l'esprit beaucoup plus terre à terre, beaucoup plus prosaïque, cynique.

---

[1] **feuilleton** n.m. : histoire fragmentée (télévision, radio).

[2] **en gros :** dans l'ensemble et de manière approximative.

[3] **se tirer de** : réussir à sortir d'une mauvaise situation.

[4] **fort** : très.

Je vois, dans cette réflexion des jeunes, une contradiction. En effet, ceux-là mêmes qui se plaignent[1] du matérialisme américain trouvent insupportable[2] que ces gens-là se réfèrent sans arrêt à Dieu, fassent des prières publiques. Ils trouvent cela complètement ringard[3]. Il faudrait qu'ils s'expliquent : ou bien les Américains sont matérialistes ou bien ils sont trop religieux. On ne peut pas être les deux à la fois.

Les jeunes sont surpris par les inégalités qui règnent dans le pays de la démocratie et de la liberté. Comment comprenez-vous leur surprise?

Ils confondent[4] la liberté et l'égalité. Les Etats-Unis ont un idéal de liberté qui est supérieur à l'idéal d'égalité alors que chez nous, en France, c'est le contraire. Tocqueville* disait que les Français se sont beaucoup plus passionnés pour l'égalité que pour la liberté. Il est très difficile de tenir ensemble les deux. Si l'on pousse la logique des deux concepts, nous sommes en pleine contradiction. La liberté au maximum, c'est l'inégalité la plus totale puisque c'est la liberté des forts qui l'emporte sur les faibles. Inversement, l'égalité poussée à la limite se fait au détriment[5] de la liberté puisqu'on va empêcher non seulement les forts, mais ceux qui auraient des idées personnelles, des idées originales. On va le leur interdire, tel dans le cas soviétique, au nom de l'égalité. Aucun pays n'a résolu[6] le problème. Je crois que les Européens, pas seulement les Français, ont su trouver un équilibre du point de vue social que les Américains n'ont pas trouvé. Cet équilibre entre liberté - égalité s'exprime en Europe par l'idée qu'il existe un Etat providence* de sécurité sociale, aide au chômeur, etc. Ceci me paraît bon, bien que pouvant aussi avoir des effets pervers.

---

[1] **se plaindre de** : protester.

[2] **insupportable** adj. : intolérable.

[3] **ringard** adj. : démodé.

[4] **confondre** : prendre une chose pour une autre.

[5] **au détriment de** : en faisant tort à, au préjudice de.

[6] **résoudre** : trouver la solution d'une question.

Que pensez-vous de la remarque fréquente chez les intellectuels qui consiste à dire que les Etats-Unis détruisent par leur culture de masse toutes les particularités culturelles qui peuvent exister en France? Ils jugent cette situation d'autant plus dangereuse qu'il n'y a plus de répondant idéologique et politique aux Etats-Unis dans le monde.

Je crois qu'il y a une grande confusion entre ce que l'on appelle 'l'américanisation' et la société de masse, la société démocratique comme disait Tocqueville. On appelle 'américanisation' un certain nombre de phénomènes qui sont le propre[1] du XXe siècle finissant et qui ne sont pas spécifiquement américains. Simplement, les Américains étant souvent en avance sur les phénomènes de la vie quotidienne[2], on leur attribue tout et n'importe quoi. Autrement dit, je ne pense pas que ce soit les Etats-Unis qui soient responsables de la transformation des mœurs, de nos goûts, de nos habitudes culturelles mais ils représentent la société emblématique, repoussoir[3], contre laquelle nous voudrions défendre un certain patrimoine spirituel et culturel.

Dans le cas des intellectuels, il y a un fait que j'ai souvent observé: l'élitisme. L'intellectuel - j'en sais quelque chose puisque je travaille aussi dans une maison d'édition- est souvent peiné[4] de voir la dégradation de son statut. Il y a encore vingt ou trente ans, les intellectuels de niveaux divers avaient le sentiment de compter dans une société comme la France. Aujourd'hui, ils ont au contraire le sentiment d'être à la périphérie des choses, ce qui est le cas aux Etats-Unis. Nous avons, dans notre histoire, une sorte de centralité du rôle de l'esprit. Cela a d'abord été religieux par les clercs, les théologiens, les moines[5] dont je parlais tout à l'heure. Ensuite, cela a été les humanistes et les philosophes au XVIIIe siècle puis au XIXe siècle, encore les philosophes et les historiens. Au XXe, entre les deux guerres, les écrivains. Au point qu'en France, les gazettes demandent encore

---

1 **le propre de quelque chose** : ce qui le différencie d'autres choses.

2 **quotidien** adj. : journalier.

3 **repoussoir** n.m. : chose qui en fait valoir une autre par opposition.

4 **peiner** : attrister.

5 **moine** n.m. : membre d'une communauté religieuse d'homme.

aujourd'hui à des intellectuels leur avis[1] sur n'importe quoi, sur la politique par exemple, alors qu'ils ne sont pas plus compétents que d'autres. Dans l'esprit des intellectuels, cette habitude a fortifié leur importance à leurs propres yeux. Dans la société d'aujourd'hui, encore plus que dans l'Amérique, ils détestent précisément que cette centralité n'existe plus du fait que nous sommes dans une société de masse qui a été fort bien décrite à partir de la société américaine par Tocqueville.

Historiquement, les Américains sont en avance dans les mutations. Ils n'avaient pas d'aristocratie, ils n'avaient pas d'église catholique. Ces deux sources produisaient en France l'esprit de cour et l'esprit religieux qui ont contribué aux grands débats intellectuels, qui ont placé les intellectuels religieux, catholiques ou au contraire anticatholiques au centre même de la vie publique et politique. Tocqueville disait qu'un jour viendrait où les grands thèmes seraient dépassés par des appétits prosaïques et vulgaires de la part d'une société dominante formée par la classe moyenne. Or[2], la société d'aujourd'hui, c'est celle des classes moyennes. Ces classes, que demandent-elles? Elles demandent, en gros, ce qu'on leur sert à la télévision. Elles demandent, quand elles lisent, des livres de qualité médiocre, des magazines à sensation. On arrive à tout ce que Tocqueville avait remarquablement vu en 1840 mais encore une fois, pas parce que les Etats-Unis ont connu cette société-là avant nous dans les années 50 avec les débuts de la télévision, les Disneyland et compagnie, avec toutes ces choses qui sont pour les intellectuels français détestables. Nous savons nous aussi, faire à la française et à l'européenne des choses aussi vulgaires et aussi prosaïques. Je crois qu'il y a vraiment une confusion entre les Etats-Unis et la société industrielle ou post-industrielle, la société démocratique dans le sens de Tocqueville. Ceci pour deux raisons. D'abord, la société américaine a été la première à avoir été démocratique au sens social. Ensuite, la puissance-même des Etats-Unis en fait une puissance exportatrice de modèles. A mon avis, il y a donc un doute, une inquiétude de la part des intellectuels en face de la société de masse qui les relativise, qui les périphérise.

Il faut toutefois aborder[3] la dimension politique. En France, il y a un

---

1 **avis** n.m. : opinion.

2 **or** : conjonction de coordination qui marque une transition entre deux idées.

3 **aborder :** parler de.

antiaméricanisme politique qui est relativement récent. Il date surtout de la guerre froide. Certains intellectuels se sont engagés soit dans le camp communiste soit dans le camp Atlantique ou américain. Mais la plupart ne se sont engagés ni dans l'un ni dans l'autre, voulant rester neutres. Cependant, la tendance était de donner tort aux Américains sur un certain nombre de choses et de dire que les Soviétiques, même s'ils étaient affreux, même si leurs procès étaient iniques[1] et leurs camps condamnables, allaient dans la bonne direction car le jour viendrait où on aurait éliminé toutes ces scories[2]. Tandis que la société américaine était peut-être plus libre mais en fait elle allait à leurs yeux dans la mauvaise direction parce que c'était la société de l'asservissement, de l'exploitation de l'homme par l'homme, la société de classe, la société raciste. Rappelez-vous qu'à cette époque, les lois civiles n'avaient pas encore été votées. Pour toutes ces raisons, les intellectuels français étaient antiaméricains. Sartre* représente certainement le modèle de l'intellectuel de gauche antiaméricain mais il y en a bien d'autres. Quand on lit, comme je l'ai fait, les journaux de gauche des années 50, on s'aperçoit que l'antiaméricanisme est vraiment un cliché qui ne se discute même pas. Les Américains, c'est à cette époque la puissance capitaliste qui veut défendre ses intérêts à travers le monde et au besoin contre ses propres idéaux en défendant des dictatures infâmes, en intervenant militairement pour empêcher les révolutions légitimes de se faire en Amérique latine et ailleurs. C'est une image complètement négative que celle des Etats-Unis. Je le dis, naturellement, pour les intellectuels antiaméricains qui sont quand même nombreux. Cependant, il ne faut pas oublier qu'il y a eu, dans notre tradition, dans notre littérature, dans notre culture et dans nos revues politiques, un proaméricanisme. Mais, en politique, les proaméricains, c'était la droite, les conservateurs, des gens peu sympathiques aux yeux des intellectuels de gauche ce qui n'arrangeait[3] pas l'image de l'Amérique. Je crois donc pour résumer que l'aspect culturel et l'aspect politique ont joué d'une manière conjuguée et conjointe dans le développement d'un esprit antiaméricain.

---

[1] **inique** adj. : injuste.

[2] **scorie** n.f. : partie médiocre ou mauvaise.

[3] **arranger** : rendre meilleur.

Les Français sont souvent surpris de découvrir, en Amérique, un peuple qui donne une grande importance à ses symboles nationaux (le drapeau, le 4 juillet). Ils semblent aussi penser que les Etats-Unis font preuve de nationalisme fermé aux autres nations. Comment expliquez-vous cela?

La grande question est de savoir ce qu'est une nation. Y a-t-il une nation américaine? C'est douteux en raison de la relative jeunesse du peuple américain qui est fait de toutes les nations du monde bien qu'inégalement représentées. Comment les Américains ont-ils fait pour créer une communauté historique, une communauté nationale? Ils l'on fait tout d'abord sur la base du juridisme à savoir[1] l'adhésion au principe même de la démocratie américaine, à sa constitution. Ceci est absolument fondamental. Il y a un pacte social, comme on disait au XVIIIe siècle: être américain, c'est accepter de vivre sous un certain régime constitutionnel. L'histoire de l'Amérique ne peut pas faire des nationaux aussi bien que chez nous parce que nous, nous nous référons sans arrêt à l'histoire qui dure depuis mille ans. Par conséquent, la nation française d'aujourd'hui a beaucoup moins besoin de drapeaux, de symboles qu'elle n'en avait besoin il y a cent ans. Songez[2] qu'au début de la IIIe République*, les symboles, les drapeaux, les hymnes marchaient[3] aussi vaillamment[4] en France qu'aux Etats-Unis. Les Américains ont besoin, aujourd'hui encore de tout cela tout simplement pour se sentir faire partie d'une communauté qui n'est pas évidente.

Vos interlocuteurs vous ont dit que les Etats-Unis étaient fermés? Lorsque je vais aux Etats-Unis, ce qui me frappe[5] au contraire, c'est l'extraordinaire variété des populations, des ethnies, des langues, des cultures qui coexistent plus ou moins bien car souvent, ce sont elles qui sont un peu fermées sur elles-mêmes. Si le 'melting pot' ne fonctionne pas aussi bien qu'en France jusqu'à maintenant, c'est que nous avons eu en France, les instruments pour nationaliser tous ces gens

---

[1] **à savoir** : expression utilisée lorsque l'on va établir une liste.

[2] **songer** : penser.

[3] **marcher** : (familier) prospérer.

[4] **vaillamment** adv. : avec vigueur.

[5] **frapper** : noter avec étonnement.

à travers la langue, l'école, le service militaire. Le but[1] de l'Etat français, qu'il soit de gauche ou de droite a toujours été de faire une République "une et indivisible". J'ai l'impression que les Américains ne sont pas du tout indivisibles. Ainsi, ils ont toujours besoin d'affirmer leur unité dans la mesure[2] où il y a des forces tellement hétérogènes : la différence entre les Blancs et les Noirs, les Mexicains, et avant cela, le problème de l'intégration des Irlandais, des Allemands. Dire que c'est un pays qui est fermé est faux. C'est le contraire. Encore une fois, si on insiste aux Etats-Unis sur le côté nationaliste, c'est que cela répond à une nécessité.

L'Amérique, c'est le pays le plus contrasté qui puisse exister et qui n'a jamais été soumis[3] par une monarchie ou une religion unique. Nous, nous avons eu monarchie et catholicisme qui nous ont sacrément[4] unifiés. Nous avons un Etat centralisé depuis toujours, depuis les Capétiens*. Nous avons eu une église catholique que l'on a fait sauter pour la remplacer par un Etat napoléonien* encore plus centralisé avec des préfets dans tous les départements, des programmes scolaires qui sont les mêmes partout. Nous sommes un pays incroyablement intégrationniste. Que les Français disent par conséquent que nous avons un nationalisme plus souple que celui des Américains est assez paradoxal!

La presse abonde d'articles de tous genres sur l'Amérique. Quelles sont selon vous les opinions que la presse reflète et tente de faire passer en matière de société d'une part, en matière politique d'autre part?

Deux faits me viennent à l'esprit. Les Etats-Unis sont devenus la dernière super puissance. Il y en aura d'autres probablement un jour avec la Chine peut-être. Pour l'instant, avec la dislocation de l'Empire russe, il ne reste plus qu'une seule super-puissance. D'où le souci d'un certain nombre de journalistes et d'hommes politiques par rapport à un nouvel empire mondial qui sera complètement dirigé, surveillé, manipulé par le suprême gendarme : les Etats-Unis. La guerre du Golfe,

---

[1] **but** n.m. : objectif, intention.

[2] **dans la mesure où** : dans la proportion où.

[3] **soumettre** : mettre dans un état de dépendance.

[4] **sacrément** : (familier) très.

de ce point de vue, a montré le rapport des forces de manière écrasante. C'était bien l'ONU qui en principe avait lancé et décidé l'intervention. Sur le terrain, c'était une super armée avec de petites armées autour. Il y a là un grand souci qui appelle une réponse qui est souvent formulée de la façon suivante : il faut que l'Europe existe. La France en tant que telle n'est plus une grande puissance, l'Angleterre non plus, l'Allemagne est une puissance économique mais pas politique. Bref[1], il faut qu'il y ait en face des Etats-Unis une Europe unifiée qui puisse non pas être hostile mais qui interdise le leadership exclusif américain. A mon avis, c'est le premier souci d'aujourd'hui qui vient des affaires toutes récentes.

Le deuxième souci est d'ordre social. L'ouverture d'Euro Disney inquiète certains. D'autres déclarent qu'il ne faut pas avoir peur de l'Amérique. Je crois, pour reprendre ce que j'ai dit plus haut, que l'Amérique est emblématique d'une société qui nous fait peur mais qui n'est pas nécessairement américaine. La menace est en nous, comme toujours d'ailleurs. Les boucs émissaires[2] ont toujours existé dans l'Histoire. C'est trop facile de dire "C'est eux!". Non, c'est nous!

Nous devons nous protéger contre ce qu'on appelle l'américanisation c'est-à-dire contre la société de masse et la société vulgaire par des antidotes, par tout ce que nous pouvons défendre en matière de patrimoine[3] culturel, d'inventions. Ceci exige des moyens, parfois politiques, pour engager la création. Si je me permets une parenthèse, ce qui me gêne dans le ministère Lang* c'est qu'il y a un flou[4] 'artistique' (c'est le cas de le dire!), lorsqu'il parle de culture. Défendre le rap ou défendre les jeunes peintres de la Nouvelle Ecole, ce n'est pas tout à fait la même chose. Défendre les taguers d'un côté et de l'autre défendre le cinéma français, ce n'est pas la même chose du tout. Je crois qu'il y a un phénomène irrépressible qui est la société de masse. Nous n'y pouvons rien . Mais elle a ses bons côtés: les gens ont aujourd'hui une espérance de vie sans comparaison avec leurs arrière-grands-parents. C'est aussi la médecine de masse, le tourisme de masse, les loisirs, toutes sortes de choses qui sont quand même bénéfiques. Il ne faut pas

---

[1] **bref** : en un mot.

[2] **bouc émissaire** : celui qui est donné comme responsable de toutes les fautes.

[3] **patrimoine** n.m. : bien commun d'un groupe considéré comme héritage.

[4] **flou** n.m. : quelque chose de vague.

être obsédé par Disneyland et les fast food. Mais il y a aussi des effets pervers. Tocqueville disait à propos de la littérature que, dans une société aristocratique, il y a peu d'auteurs, peu de lecteurs mais d'excellent niveau[1]. Dans une société démocratique, il y a beaucoup de lecteurs, beaucoup d'auteurs, mais le niveau baisse. C'est un phénomène quasi obligé. Pour ne pas tomber dans cette vulgarité généralisée, il faut défendre la création, l'originalité, l'invention. Jadis[2], il y avait des mécènes[3]. Il y en a encore quelques uns, quelques grandes sociétés, mais l'Etat a une responsabilité. C'est là où on se heurterait[4] aux Etats-Unis. Dans ce domaine me semble-t-il, les Américains ont en effet toujours considéré les phénomènes culturels comme des phénomènes privés qui appartiennent à la société civile et non pas à la société politique. Nous voyons différemment car, encore une fois, notre histoire est là. Toutes nos richesses du passé, nous les devons aux commanditaires[5] qui étaient d'abord l'Eglise, ensuite l'Etat. Les mécènes privés ont été très rares en France. Il y a une responsabilité de l'Etat pour défendre la création.

Selon vous, quelles images les Américains ont-ils de la France?

La plupart du temps, aucune, sauf à New York. Quand je me promène dans le Middle West, la France n'existe pas. Quand on lit la presse américaine et que l'on cherche des évènements français, il n'y en a pas. Dans les grandes villes, c'est un peu différent et cela dépend des couches[6] sociales. Les milieux universitaires que je fréquente ne sont pas représentatifs. Ils ont une idée de la France sympathique mais un peu méprisante[7] car notre prestige se limite souvent à la gastronomie, à la mode et à quelques œuvres anciennes. Malheureusement aujourd'hui, la littérature française n'a aucun crédit aux Etats-Unis. Le dernier livre dont on parle doit être

---

[1] **niveau** n.m. : valeur.

[2] **jadis** : autrefois.

[3] **mécène** n.m. : personnage riche protecteur des arts et des sciences.

[4] **se heurter à** : s'opposer à.

[5] **commanditaire** n.m. : personne qui finance une entreprise, un sponsor.

[6] **couche** n.f. : catégorie, classe.

[7] **méprisant** adj. : fier, dédaigneux.

celui de Michel Butor* ou de Robbe-Grillet*. On parle encore du Nouveau Roman*! Le cinéma français est totalement inconnu aux Etats-Unis sauf des films déplorables[1] comme <u>Cousin Cousine</u>. Cette image de la France n'est pas flatteuse. Evidemment, lorsque l'on se trouve dans les sections de français des universités, on a une toute autre version. Là au contraire, on a affaire à des gens qui aiment la France, qui aiment les auteurs.

Ce qui me frappe, et ce serait peut-être un mot de conclusion, c'est que les Américains présentent une image qui est, à juste titre, redoutable[2] du point de vue culturel, à savoir le cloisonnement[3], la séparation qui existe entre le monde des lettrés, des universitaires et la grande masse. C'est une image qui nous menace, là encore, pas à cause des Américains mais à cause de l'évolution de notre société. La société française d'il y a cinquante ans était une société où l'immense majorité des Français ne lisaient pas de livres, ne voyaient pas Eric Rohmer* etc. Cependant, il y avait encore une culture traditionnelle, une culture populaire liée à l'économie rurale. Cette masse de culture non savante produisait, par le système scolaire, des élites : l'instituteur repérait le petit gars[4] qui marchait pas mal et qui entrait au lycée. Le renouvellement de l'élite se faisait grâce au système que l'on a appelé la "méritocratie républicaine". Il existait donc un mouvement ascensionnel qui faisait que beaucoup de gens appartenant à l'élite culturelle venaient de familles très modestes. Il n'y avait pas de cloisonnement absolu puisque l'école servant d'intermédiaire entre la culture savante et la culture populaire permettait aux meilleurs d'accéder. Aujourd'hui, je crains[5] le cloisonnement. Avec l'urbanisation des années 60, il n'y a plus de paysans, il n'y a plus de culture populaire au sens traditionnel, de présence de l'église catholique qui entretenait un autre ferment[6] culturel. Il reste des masses urbaines et de banlieues[7] qui ont pour tout besoin la télévision et le cinéma du genre Rambo. Dans les grandes universités françaises,

---

[1] **déplorable** adj. : mauvais, lamentable.

[2] **redoutable** adj. : dangereux.

[3] **cloisonnement** n.m. : séparation.

[4] **gars** n.m. : (familier) garçon, jeune homme.

[5] **craindre** : avoir peur de.

[6] **ferment** n.m. : ce qui fait naître un sentiment, une idée, ce qui détermine un changement interne.

[7] **banlieue** n.f. : ensemble d'habitations situées autour d'une ville.

les étudiants ne lisent pas, ils ne sont plus des étudiants comme nous, nous pouvions l'être parce que nous avions des modèles culturels qui aujourd'hui sont complètement brouillés[1]. Je suis professeur à l'Institut d'Etudes Politiques de Paris. Or c'est un milieu très choisi, sélectif avec concours[2] d'entrée. Je me trouve donc avec des gens qui appartiennent déjà à une catégorie élitaire. Il faut lutter contre ce type de cloisonnement qui nous menace non pas à cause des Etats-Unis mais simplement du fait des pressions exercées par les logiques commerciales, les logiques de masse. La consommation de masse peut être considérée comme un progrès mais en même temps, elle nous fait perdre la qualité du rare.

Alors, que l'on cesse de montrer du doigt l'Amérique! L'Amérique s'est engagée avant nous dans la société de consommation et c'est pourquoi elle nous obsède mais ce n'est pas elle qui est intrinsèquement, ontologiquement, diabolique!

Questions

1. Langue : Trouvez les mots qui permettent d'articuler une explication.

2. Michel Winock a expliqué l'origine des stéréotypes français au sujet des Américains. Quels sont les stéréotypes américains au sujet des Français et comment les expliquez-vous?

3. Comparez la place des intellectuels en France telle que Michel Winock l'a décrite et la place des intellectuels en Amérique.

4. "L'histoire de l'Amérique ne peut pas faire des nationaux aussi bien que chez nous parce que nous, nous nous référons sans arrêt à l'histoire qui dure depuis mille ans". Etes-vous d'accord avec Michel Winock?

5. Selon Michel Winock, quels sont les éléments qui ont unifié la France? Quels sont les éléments qui selon vous unifient les Etats-Unis?

6. "Dans une société aristocratique, il y a peu d'auteurs, peu de lecteurs mais d'excellent niveau. Dans une société démocratique, il y a beaucoup de lecteurs, beaucoup d'auteurs, mais le niveau baisse." (...) Pour ne pas tomber dans cette vulgarité généralisée, il faut défendre la création, l'originalité, l'invention... l'Etat a une responsabilité" (Michel Winock). Qu'en pensez-vous?

---

[1] **brouiller** : rendre pas clair.

[2] **concours** n.m. : examen.

Idées à développer

I. SUR L'IDEE DE CULTURE

A. *Voici une définition du terme culture, donnée par Michel de Certeau dans La Culture au pluriel.*

"Le terme de culture intervient dans "diffusion de la culture", "culture de masse", "politique de la culture", etc. On peut en distinguer divers emplois, caractéristiques d'approches différentes. Il désignera ainsi:

a. les traits de l'homme "cultivé", c'est-à-dire conforme au modèle élaboré dans les sociétés stratifiées par une catégorie qui a introduit ses normes là où elle imposait son pouvoir.

b. un patrimoine des "œuvres" à préserver, à répandre ou par rapport auquel se situer (par exemple, la culture classique, humaniste, italienne ou anglaise etc.). A l'idée d' "œuvres" à diffuser, s'ajoute celle de "créations" et de "créateurs" à favoriser, en vue d'un renouvellement du patrimoine.

c. l'image, la perception ou la compréhension du monde propre à un milieu (rural, urbain, indien, etc) ou à un temps (médiéval, contemporain, etc.) : la *Weltanschauung* de Marx Weber, l'*Unit Idea* de A.O. Lovejoy, etc. De cette conception qui accorde à des "idées" tacites le rôle d'organiser l'expérience, on peut rapprocher l'esthétique sociale de Malraux, substitut des visions du monde religieuses ou philosophiques.

d. les comportements, institutions, idéologies et mythes qui composent des cadres de référence et dont l'ensemble, cohérent ou non, caractérise une société à la différence des autres...

e. l'acquis, en tant qu'il se distingue de l'inné. La culture est ici du côté de la création, de l'artifice, de l'opération, dans une dialectique qui l'oppose et la combine à la nature.

f. un système de communication, conçu d'après les modèles élaborés par les théories du langage verbal."

La Culture au pluriel, © Christian Bourgeois Editeur, Paris, 1980, pp.189-190.

Questions

1. En vous aidant de ce passage, relevez dans le texte de Michel Winock les divers sens qu'il donne au mot 'culture'. Pourrait-on aborder cette critique française de la culture américaine différemment en faisant appel à d'autres sens et valeurs de ce même mot?

2. Michel Serres propose une définition plus large de ce même terme dans Le Tiers-instruit:

"Qu'est-ce que la culture enfin? La résurrection irrégulière et régulière de ceux qui ont bravé la mort pour créer, qui reviennent pour coudre la tradition d'hier à la vivacité d'aujourd'hui. Sans eux, pas de continuité, pas d'immortalité de l'espèce humaine, sans leur renaissance, pas d'histoire". (Ed. François Bourin, 1991, p. 172.)

- Commentez ce passage. Pour vous, "qu'est-ce que la culture?"

II. SUR LE NATIONALISME

Henri Lefebvre, sociologue, propose, dans cet extrait de son ouvrage Le nationalisme contre les nations, une réflexion sur la psychosociologie du sentiment national:

Le sentiment national est devenu si répandu et si familier qu'on ne songe guère à en rechercher les motivations. On n'en remarque même plus les paradoxes.

Il est d'invention très récente puisqu'il date d'un siècle et demi à peine : de la Révolution* française. Jamais avant cette époque on n'aurait exigé de l'homme et du citoyen ce que seuls exigeaient les despotes - le sacrifice des biens et de la vie - mais pour des raisons intérieures, consenties librement. Car c'est là l'ironie terrible de la liberté et de l'individualisme modernes. L'homme libre de l'antiquité se savait et se sentait lié au sort d'une réalité proche, immédiate : sa cité. Le bourgeois du Moyen Age s'insérait dans la vie sensible de sa corporation et de sa commune. Les rapports du paysan féodal avec la terre, du sujet avec le suzerain et le roi, furent des rapports personnels et immédiats. Seul un abus de mots, rendu possible par le classicisme abstrait et le manque de sens historique, a permis de nommer "patriotisme" des loyalismes si différents et de les identifier avec les rapports du citoyen moderne et de sa nation.

Celle-ci n'est pas une chose visible, comme la pierre d'une cité ou le sol qu'un paysan laboure. Elle doit être symbolisée. Elle n'est pas une personne, comme le roi. Là même où un "chef" apparaît comme la figure centrale de la nation, où l'on tente de reconstituer autour de lui le loyalisme des vassaux, ce Führer n'apparaît que comme l'expression ou l'émanation de l' "âme nationale", et non comme la nation elle-même. Celle-ci est lointaine et proche à la fois. Elle est vaste, et en même temps intérieure. On peut se la représenter comme une personne; mais on sent en même temps que ce n'est là qu'un symbole. Cet éloignement, cet anonymat ou cette impersonnalité dont il faudra chercher le sens, permettent beaucoup de duperies. Mais la nation n'est pas non plus une abstraction, puisqu'elle semble à l'individu plus réelle que lui, et cela en lui-même. Singulière passion vraiment, pour un "être" si difficilement représentable. Car, enfin, nous ne nous figurons aisément que des personnes ou des abstractions. La nation n'est ni l'un ni l'autre.

Peu d'analystes ont essayé de déterminer avec précision cet étrange objet d'un sentiment qui n'est pas seulement un désir, mais la certitude intime -vraie ou fausse- d'une possession; et qui cependant reste prompt, vif, susceptible, comme s'il était encore chargé de désirs et inassouvi.

Cette passion a exigé les plus grands holocaustes de l'histoire, et elle les a obtenus. Elle s'est révélée plus forte que l'amour de la famille, de la cité; et même souvent plus forte qu'un sentiment des plus puissants: la solidarité entre les opprimés, le sentiment de classe. Comme l'observe Hayes (Essays on Nationalism, New York, 1926), les individus donnent rarement leur vie, en toute connaissance de cause, pour un gain économique; ils l'ont donnée par millions, ou ont cru la donner pour leur nation.

Et sur une passion si puissante, si proche de nous, la pensée reste à tel point incertaine que les jugements sont très exactement contradictoires. Pour certains, le sentiment national est un délire et n'est jamais que cela; son objet est une fiction. Ces observateurs remarquent tout ce qu'il y a de publicitaire et de factice dans le nationalisme; ils en tirent une condamnation de tout sentiment national comme fidélité absurde à des survivances, à des symboles de haine, à une indéfinissable entité dont s'emparent aisément les premiers politiciens venus. Les nationalistes (dont Déroulède* fut le type burlesque), compromettent ainsi par leurs outrances le sentiment national; pour eux, en effet, ce sentiment s'adresse tout simplement à la forme terrestre de la divinité.

Henri Lefebvre, Le nationalisme contre les nations, © Méridiens Klincksieck, Paris, 1988, p. 28-29.

Questions

1. Résumez ce passage d'Henri Lefebvre.
2. Comment le sentiment national américain se manifeste-t-il?

Bibliographie

Jean Baudrillard, La Société de consommation, ses structures, ses mythes, Paris, Gallimard, 1970.

H. Le Bras, Les trois France, Paris, Ed. Odile Jacob/Seuil, 1986.

C. Fauré et T. Bishop, L'Amérique des Français, Hachette, 1986.

Marie-France Toinet, Denis Lacorne et Jacques Tupnik, L'Amérique dans les têtes: un siècle de fascinations et d'aversions, Paris, Hachette, 1986.

Michel Winock, Nationalisme, antisémitisme et fascisme en France, Paris, Seuil, 1982.

"L'Amérique au figuré" dans L'Evénement du Jeudi - 4 au 10 Juillet 1991.

Annexe

Etrangers en France selon la nationalité depuis 1921					
Nationalités	1921	1931	1954	1975	1982
Ensemble des nationalités d'Europe	**93,7**	**90,5**	**81,1**	**61,1**	**47,8**
Italiens	29,4	29,8	28,8	13,4	9,1
Belges	22,8	9,3	6,0	1,6	1,4
Espagnols	16,6	13,0	16,4	14,4	8,7
Allemands	4,9	2,6	3,0	1,2	1,2
Polonais	3,0	18,7	15,3	2,7	1,8
Portugais	0,7	1,8	12,1	22,0	20,8
Yougoslaves	0,3	1,2	1,0	2,0	1,8
Ensemble des nationalités d'Afrique	**2,5**	**3,9**	**13,0**	**34,6**	**42,8**
Algériens			12,0	20,6	21,6
Marocains	}2,4	}3,2	0,6	7,6	11,7
Tunisiens			0,3	4,1	5,1
Nationalités d'Afrique noire ex-française et Madagascar	...	0,6	1	2,0	3,8
Ensemble des nationalités d'Asie	**1,9**	**2,3**	**2,3**	**3,0**	**8,0**
Turcs	0,3	1,3	0,3	1,5	3,4
Ensemble des nationalités d'Amérique	**1,5**	**1,2**	**2,6**	**1,2**	**1,4**
Source : INSEE Recensement de la population					

Code de la nationalité

Les Français sont très partagés à propos d'une éventuelle restriction de l'accès à la nationalité française:
- 45% sont d'accord pour accorder plus facilement la nationalité française aux étrangers régulièrement installés en France, contre 42% qui ne le souhaitent pas.
- 59% (contre 18%) se prononcent contre la suppression de l'octroi de la nationalité française à 18 ans aux enfants d'immigrés nés sur le territoire national.
-66% approuveraient l'instauration d'un serment patriotique, sur le modèle de la cérémonie qui a cours aux Etats-Unis. Cette exigence apparaît plus symbolique que restrictive.
23-27 août 1991, Le Figaro Magazine.

Chapitre 3

Aperçu des relations franco-américaines depuis 1944

Jacques Chaban-Delmas *est maire* de Bordeaux* depuis 1945. Il a été Premier Ministre sous le Président Pompidou de 1969 à 1972 et Président de l'Assemblée nationale* à plusieurs reprises : de 1958 à 1969, de 1978 à 1981 et enfin de 1986 à 1988.*

L'interview suivante est un témoignage important en ce qu'elle souligne le rapport étroit entre les valeurs d'un peuple et l'Histoire qu'il a vécue. Jacques Chaban-Delmas rappelle des distinctions essentielles pour la bonne compréhension de certains événements historiques de nos deux peuples.

Argument :
Jacques Chaban-Delmas, en évoquant quelques moments de l'Histoire, montre son grand respect pour la nation et le peuple américain.

Interview

Pourriez-vous nous dire quelles perceptions de l'Amérique vous aviez avant la seconde guerre mondiale (à travers les voyages que vous avez pu faire, vos lectures, les personnes que vous avez rencontrées).

Jacques Chaban-Delmas : Je suis né pendant la première guerre mondiale. J'ai été élevé par des femmes en deuil[1], des hommes généralement décorés et souvent mutilés. Dès mon plus jeune âge, j'ai appris que sans les Américains nous aurions perdu la première guerre mondiale et que par conséquent, ils nous avaient sauvés et avaient sauvé l'Europe. Pour moi, il fallait les respecter et les aimer.

En tant que résistant, quels ont été vos contacts avec les Américains?

Au cours des premières années, aucun parce que je faisais du renseignement[2]. Par contre[3], la dernière année de l'occupation, j'ai été versé[4] dans l'action militaire directe. J'ai eu des contacts avec l'O.S.S[5]. C'est là que se sont nouées[6] des relations avec Allan Dallas. Après la guerre, ces relations se sont amplifiées.

Comment les Américains percevaient-ils la Résistance ?

Les Américains,... lesquels? Einsenhower, sous les ordres desquels j'étais, et avec lequel je suis devenu bon ami après la guerre, m'a dit - et a dit publiquement -

---

[1] **deuil** n.m. : douleur, tristesse que l'on ressent à la mort de quelqu'un.

[2] **renseignement** n.m : faire du renseignement : rechercher des informations sur l'ennemi.

[3] **par contre** : au contraire, en revanche.

[4] **être versé dans** : être mis sur un poste pour un certain travail.

[5] **O.S.S.** : Office of Strategic Service.

[6] **nouer (des relations)** : créer des liens avec qq.

que la Résistance, à partir du débarquement[1], avait correspondu environ à douze divisions[2]. Quand on se rappelle comment les choses se sont passées, comment l'armada[3] qu'il dirigeait a été bloquée pendant plusieurs semaines, on peut penser que s'il avait eu l'équivalent de douze divisions en moins, finalement, le débarquement aurait raté[4]. Voilà l'opinion d'un Américain qui était particulièrement qualifié pour dire ce qu'il en pensait.

A la Libération, les Américains ont-ils été fêté sans ambivalence ?

Oh... Ça a été un enthousiasme formidable! Je me rappelle Paris, puisque je me suis occupé à ce moment-là de la Libération de Paris. Oui... c'était formidable. Je n'ai pas fait d'études universitaires là-dessus, mais mon expérience personnelle était claire. C'était une grande lame[5] de bonheur, de gratitude, une lame de fond.

Alors que la France faisait encore partie de l'OTAN, quels étaient les sentiments des Français face aux Américains présents sur le territoire ?

Je crois que dans l'ensemble cela se passait plutôt bien. Personnellement, je n'ai pas été très mêlé à tout cela. Je sais par exemple qu'à Bordeaux*, en Gironde*, les choses se passaient convenablement[6].

Vous avez bien connu le général de Gaulle*. En dehors de toute question politique, quelle était son opinion sur l'Amérique ?

---

[1] **débarquement** n.m. : 6 juin 1944 lorsque les Alliés mirent à terre des soldats sur les plages de Normandie.

[2] **division** n.f. : unité militaire réunissant des troupes d'armes différentes.

[3] **armada** n.f. : mot espagnol 'armée navale'.

[4] **rater** : échouer, ne pas réussir.

[5] **lame** n.f. : sens figuré: mouvement, phénomène violent et soudain.

[6] **convenablement** : correctement.

Son opinion, c'est que les Américains, l'Amérique, étaient évidemment le pilier[1] principal sans lequel rien, face à l'Union soviétique, ne pouvait s'engager sérieusement. Il avait le souci[2] de garder tout à fait les mains libres en ce qui concernait la politique extérieure de la France. A un certain moment, il a jugé que le fait pour nos armées d'appartenir à l'OTAN et le fait que sur notre territoire il y ait cette organisation de l'OTAN pesait[3] sur cette action. J'ajoute que le fait atomique français avait été très contrarié[4] par les Etats-Unis parce que jugé contrariant[5], et que l'appartenance à l'OTAN ne permettait pas précisément de tirer tous les effets de la puissance nucléaire française en matière militaire. Par la suite, tous les membres de l'OTAN, les Etats-Unis en tête, ont reconnu que ce fait nucléaire français apportait un élément de plus à la force de l'OTAN. Mais il a fallu des années pour arriver à cette conclusion. Enfin, il n'y avait, de la part du général de Gaulle, rien de contraire aux Etats-Unis. Il avait tout tourné précisément vers l'indépendance nationale de la France. Jamais il n'a été question pour le général de Gaulle de ne pas se conduire en allié fidèle[6].

Vous avez rencontré le Président Kennedy. Quelles images en avez-vous gardées?

Entre le Président Kennedy et moi, il s'est produit un phénomène assez rare de sympathie réciproque si forte qu'il m'a pris par les épaules et m'a dit : "Nous sommes les mêmes, nous avons le même idéal, nous avons fait la même guerre, il faut que nous nous parlions comme si nous nous connaissions depuis que nous sommes adolescents". J'étais dans son cabinet, à la Maison Blanche, envoyé par le général de Gaulle dans les semaines qui ont suivi l'arrivée de Kennedy au pouvoir, le Général m'ayant dit : "Allez voir qui est ce jeune homme". Nous avons donc eu une conversation prolongée, approfondie, et noué des relations durables.

---

1 **pilier** n.m. : ce qui assure la stabilité, la solidité.

2 **avoir le souci de** : soin que l'on prend lorsque l'on forme un projet.

3 **peser sur** : influencer sur.

4 **contrarier** : combattre, résister à.

5 **contrariant** : ennuyeux, fâcheux.

6 **fidèle** adj. : loyal.

Sur un point, il y avait divergence[1]. J'étais venu de la part du général de Gaulle (c'était aussi mon opinion, mais mon opinion avait peu d'importance) pour le mettre en garde[2] contre l'engagement au Vietnam en lui disant que l'Amérique y laisserait ses forces, qu'il ne serait pas question d'utiliser la bombe atomique, et que la nature même du pays et de ses habitants, résistants, ferait que cette guerre serait perdue. Lorsque Kennedy est venu à Paris quelques mois plus tard, le général de Gaulle lui a tenu le même langage mais... cela se comprenait d'ailleurs, quand on était la puissante Amérique, par rapport à la France qui avait montré sa faiblesse en Indochine, on pouvait logiquement se dire que ce qui avait été vrai pour la France ne le serait pas pour les Etats-Unis. Les choses se sont passées ainsi.

Je vous disais que dans l'esprit du Général, il n'avait jamais été question que la France ne fut pas une alliée fidèle. Si vous vous reportez à la crise de Cuba, le premier pays, le premier chef d'état qui instantanément ait dit à John Kennedy, "nous sommes là", a été la France et de Gaulle.

J'ai conservé de John Kennedy... Il m'avait dit on m'appelle "Jack", ça faisait deux "Jack"! J'ai conservé un souvenir lumineux, lumineux et triste, parce que sa mort, son assassinat, sont des choses que je n'ai toujours pas acceptées.

Comment se situe le parti politique auquel vous appartenez par rapport aux Etats-Unis d'aujourd'hui?

Vous savez, il se situe dans la ligne générale qui était celle du général de Gaulle, en terme d'allié. La France doit consacrer beaucoup de ses forces à la construction de l'Europe. Il faut aboutir à un système commun, notamment en matière de défense et de sécurité. C'est ce que nous sommes en train de rechercher et que, moi-même, je recherche activement à la tête du Comité d'Action pour l'Europe.

Quelles relations la ville de Bordeaux entretient-elle avec les Etats-Unis, tant du point de vue économique, que du point de vue culturel?

---

[1] **divergence** n.f : désaccord, différence.

[2] **mettre en garde** : avertir, expliquer à qq. les dangers d'une situation.

La relation la plus directe est avec Los Angeles, puisque nous sommes jumelés à cette ville depuis plus de vingt ans. Nous avons nos commerçants, notamment nos négociants en vin qui ont évidemment beaucoup de relations avec les Etats-Unis. Nous avons également des relations avec la NASA à cause de notre bassin aérospatial. Des échanges se produisent aussi dans le domaine culturel et artistique.

Moi-même, je vais à peu près chaque année aux Etats-Unis pour travailler plus précisément avec le gouvernement américain, avec les membres du Congrès, et quelques grands industriels. Je ne conçois[1] pas la France et l'Europe sans les Etats-Unis. Je pense que les Etats-Unis ne doivent pas se concevoir eux-mêmes tout à fait sans l'Europe et la France. Nous aurions tort de nous écarter les uns des autres car en face du Japon et des puissances asiatiques montantes, je crois que nous ne serons pas trop de deux et plus pour faire face.

Y a-t-il un personnage Américain, historique, politique ou autre que vous admirez tout particulièrement ?

Et bien... Probablement le Président Roosevelt, bien qu'il se soit mépris[2] pendant plusieurs années sur la France Libre, sur le général de Gaulle et qu'il ait tout fait pour faire écarter le Général, car il considérait que ce général était un général d'aventure qui représentait une menace fascisante. Sans doute était-il mal conseillé[3]. Ce n'est finalement que fort[4] tard que le gouvernement américain a reconnu le gouvernement provisoire de la République après la Libération de Paris. Mais, à cela près, il n'est pas douteux que le président Roosevelt a été un homme formidable. Aux Etats-Unis, le New Deal, le redressement après la grande dépression, c'était déjà en soi remarquable. Pour en juger par rapport à la France, à l'Europe, il a compris très, très vite, ce qu'était réellement Hitler et le nazisme, et que cette lèpre[5] pouvait ronger[6] le monde. Par conséquent, il fallait aider ceux qui

---

[1] **envisager** : imaginer, se représenter, concevoir.

[2] **se méprendre** : se tromper.

[3] **conseiller** : donner des recommandations, des suggestions.

[4] **fort** : très.

[5] **lèpre** n.f. : maladie contagieuse et infectieuse. Sens figuré: tout mal qui s'étend.

[6] **ronger** : attaquer.

luttaient contre Hitler. Cela lui était très difficile car n'oublions pas qu'il a été réélu à la présidence des Etats-Unis en 1940 sur l'engagement cent fois répété que pas un seul "boy" ne traverserait l'Atlantique pour prendre part à la guerre qui se déroulait en Europe. Il a fallu, par conséquent, une très grande fermeté d'âme, une très grande habileté aussi, pour faire progressivement basculer l'opinion américaine. N'oubliez pas le pré-bail sur les cinquante destroyers dès 1940 à l'Angleterre sans lesquelles les relations maritimes auraient été interrompues par les U-Boat, les sous-marins allemands. Il est vrai que les Japonais l'ont aidé à faire basculer l'opinion Américaine, parce que Pearl Harbor a été un événement bouleversant[1]. Mais le Président Roosevelt avait choisi son cap et n'en a pas démordu[2].

Il était un homme exceptionnel. Il avait vraiment une vision générale des choses. Si il a été abusé par Staline, c'est en très grande partie parce qu'il était proche de la mort. Il était terriblement diminué à Yalta.

Pour moi, le Président Roosevelt est une sorte de figure emblématique. Il se trouve que je ne l'ai pas connu mais il n'était pas besoin de le rencontrer pour comprendre quel a été son rôle immense.

Questions

1. Chaban-Delmas est un homme politique. En comparant le style de son interview avec par exemple l'interview de Maire-France Toinet, quelles remarques pouvez-vous faire tant sur le contenu que sur la forme?

2. Etes-vous surpris par le fait que Jacques Chaban-Delmas admire le Président Roosevelt?

3. Y a-t-il un personnage politique ou historique français que vous admirez? Expliquez pourquoi?

---

[1] **bouleversant** : émouvant, troublant.

[2] **démordre** : renoncer à qch.

Idées à développer

I. JACQUES CHABAN-DELMAS RENCONTRE
JOHN KENNEDY

Jacques Chaban-Delmas décrit sa rencontre avec Kennedy. On y sent son soutien pour les idées du général de Gaulle, à l'époque président de la République française et une certaine réserve face à la politique extérieure des Etats-Unis :

Les Français conservent l'image lumineuse de John Kennedy, éternel jeune homme au sourire confiant à la mâchoire volontaire, aux yeux si clairs et au front obstiné. L'univers retint son souffle en le voyant paraître. Il introduisait, dans son monde aux passions recuites et aux masques affaissés, le visage lisse de la jeunesse et son enthousiasme. Je puis attester qu'il était aussi un politique puissant. Sa chaleur amicale était tissée de vigilance, d'habileté, de détermination, du sentiment de la grandeur de son pays et de l'importance de la mission qu'il lui attribuait, avec, brochant sur le tout, cette capacité d'aller à l'essentiel, sœur de l'esprit de décision.

Pour moi aussi, il s'agissait d'entrer dans le vif sans perdre un instant. Avant même qu'il eût pris place dans son siège à bascule, je lui dis tout à trac : "Vous êtes le président des Etats-Unis, la nation la plus puissante du monde. Je ne suis que le président d'une Assemblée d'un pays beaucoup moins considérable. Mais ce pays entend rester maître de ses destinées, à sa tête est un personnage comme il ne s'en rencontre pas une fois par siècle. Vous et moi avons eu des formations comparables, nous sommes tous deux amoureux de notre patrie, nous avons accompli des parcours voisins et notamment fait la guerre. Je vous propose d'en user comme si nous nous connaissions depuis l'enfance. Nous pourrons aller au fond des choses et notre conversation aura des effets réels et durables dans l'intérêt commun."

D'abord surpris, Kennedy sourit puis éclata de rire. Il me passa le bras sur les épaules, puis m'envoya une bourrade :
- O.K.! Allons-y! On m'appelle Jack.
- Moi aussi, répondis-je.
Ce qui le fit sourire de nouveau.

La sympathie mutuelle que nous ressentions nous permit d'être tout uniment au cœur des problèmes. L'agrément de la conversation ne nous masqua pas les difficultés du lendemain. Le président des Etats-Unis s'entendait confirmer que la France du général de Gaulle n'accepterait pas d'enregistrer les décisions américaines sur les affaires du monde et de les tenir pour impératives. Et moi, je voyais figurer dans le regard comme dans les propos de cet Apollon la conviction que les Etats-Unis, avec la puissance, avaient reçu du Seigneur mission de défendre le bien contre le mal dans l'univers entier. Le général de Gaulle pouvait songer à un directoire restreint de quatre pays d'Occident pour débattre des sujets principaux et tendre vers des décisions communes : respecteux du grand homme qui le fascinait, sans l'éblouir, Kennedy accepterait d'en étudier le principe, mais il était clair que l'application tiendrait davantage de la mise en scène que de la mise en œuvre.

Dès cet instant, je sus que ce directoire ne verrait pas le jour, et aperçus en un éclair les traverses inévitables qu'allaient rencontrer en chemin la France et les Etats-Unis, au cours des années suivantes.

Jacques Chaban-Delmas, L'ardeur, © Stock, Paris 1975.

Question

Montrez dans ce passage la distinction faite par Chaban-Delmas entre John Kennedy l'homme et John Kennedy le président avec qui des tensions existent dès 1957 autour de la politique de décolonisation en Indochine .

Bibliographie

Patrick et Philippe Chastenat, Chaban, Seuil, Paris,1991.
Charles de Gaulle, Discours et messages, Plon, Paris,1970.

288

Pourquoi pas?

Photographie © Eva Sanz

Conclusion

Conclure sur l'impossibilité de conclure c'est dire que le dialogue établi dans ce recueil de textes reste un dialogue ouvert entre la France et les Etats-Unis, entre étudiants américains mais aussi, entre Français puisqu'ils ont exprimé ici des opinions diverses et parfois contradictoires.

Tout en parlant de l'Amérique, les Français ont beaucoup parlé d'eux-mêmes. La tentation, une fois cet ouvrage terminé, est d'en entreprendre un autre en interviewant les Français sur la France. Au fond, leurs propos ne seraient sans doute pas bien différents... au lieu de critiquer les Etats-Unis, ils se critiqueraient eux-mêmes, la critique étant leur sport favori! Au mois de mars 1992, un numéro spécial de L'Evénement du Jeudi a fait paraître plusieurs analyses du "mal français" par 24 intellectuels. Citons quelques uns d'entre eux :

- Alain Touraine (sociologue) "Ce dont souffre la société française, c'est d'être tenue trop serrée par l'Etat. Il faut libérer l'initiative des acteurs sociaux..."
- Pascal Bruckner (écrivain) : "Le mal français? C'est cette combinaison unique d'arrogance et de haine de soi qui nous conduit à accuser les autres, les Etats-Unis, l'Allemagne... de tous nos maux."
- Olivier Mongin (directeur de la revue Esprit) : "Ce pays oscille toujours entre la passion publique et l'individualisme radical. Il faudra retrouver le fil d'Ariane du politique. Le souci du vivre ensemble".
- Cornelius Castoriadis (philosophe) : "Depuis quarante ans, la société tourne à

vide. Effondrement des idéologies pseudo-révolutionnaires, gesticulations des imposteurs sur la scène des idées...”

- Paul Yonnet (sociologue) : “Parce que la France ne se résigne pas à admettre une perte de puissance qui remonte, en fait, au XVIIe siècle, la recherche d'un “mal français” est devenu constitutive du caractère national...”

- Michel Winock (historien) : “La passion de l'égalité et une certaine disposition à l'autorité sont les deux mamelles de la France depuis la Révolution française. Et si nous étions “inaptes” à la démocratie?”

- Dominique Schnapper (sociologue) “ Les Français sont des enfants gâtés”

-Antoine de Baecque (historien) : “Les intellectuels n'ont pas fait leur boulot... Le mal intellectuel français s'apparente plus à un déficit d'érudition qu'à un manque d'idées ou qu'à un effondrement idéologique.”

- Danièle Sallenave (écrivain) : “Par peur d'être taxé de conservatisme, le Français accepte le “nouveau” comme valeur en soi. Paradoxe : cela l'empêche de progresser sur la voie du débat démocratique. Et du changement!

- Alain Finkielkraut (philosophe) : “L'une des formes majeures du mal français est la conjonction d'un discours humanitaire et d'une politique étrangère cynique...”

Terminons en souhaitant que le dialogue ouvert dans vos salles de classe continue en rappelant les mots de Michel Serres qui prône à juste titre le métissage culturel : “métissage ne signifie pas abdication mais coexistence”.

Le passage

Photographie © Eva Sanz

Index culturel

*Académie française : la plus ancienne des sociétés savantes ou lettrées reconnues et réglementées par l'Etat. Elle est l'œuvre de Richelieu qui a entrevu, en 1635, la nécessité d'un groupe chargé de l'observation et de la surveillance du langage. C'est l'une des cinq académies qui constituent l'Institut de France.

*Allocations familiales : consistent en une somme d'argent versée tous les mois par l'Etat français à toutes les familles ayant des enfants de moins de dix-huit ans. Cette somme est versée indépendamment des revenus des familles et varie seulement selon le nombre d'enfants.

*Amants du Pont neuf (les) : film (1991). Réalisateur, Leos Carax. Un jeune clochard claudiquant sur une avenue croise une fille en dérive chargée d'un carton à dessins... Superbe ouvrage d'amour.

*Ariane : lanceur de fusée réalisé et développé par l'agence spatiale européenne ESA. Opérationnel depuis 1982. Les états européens ont confié à Arianespace la responsabilité de la commercialisation, de la fabrication et du lancement de la fusée Ariane dans ses versions 1,2, 3 et 4.

*Assemblée nationale : selon la Constitution du 4 octobre 1958, le Parlement est composé de l'Assemblée nationale et du Sénat. Les députés sont élus à l'Assemblée nationale au suffrage universel direct pour un mandat de cinq ans. L'Assemblée nationale partage le pouvoir législatif avec le Sénat et, en cas de désaccord avec ce dernier, ne peut statuer définitivement qu'avec l'accord du gouvernement. L'Assemblée nationale peut à tout moment (sauf dans l'année suivant des élections générales provoquées par une précédente dissolution) être dissoute par le président de la République après consultation du Premier ministre et des présidents des deux Chambres.

*Auvergne : région du Massif central français, s'étendant sur les départements du Cantal et du Puy-de-Dôme, et sur une partie de la Haute-Loire, de l'Allier et de l'Aveyron. Cette région vit essentiellement d'agriculture et d'élevage. Les montagnes, notamment la chaîne volcanique des Puys, offrent un intérêt touristique. Les eaux thermales (Vichy par exemple) attirent de nombreux curistes.

*Avignon : à 677km de Paris, sur le Rhône, ville de 76 000 habitants. Entourée de remparts du XIIe et XIVe siècle, qui subsistent dans leur majeure partie, Avignon est une des villes d'art citées parmi les plus belles et les plus pittoresques. Le Palais des Papes est l'un des plus beaux ensembles d'architecture civile gothique. Construit par les successeurs de Clément V pour abriter le gouvernement pontifical, il s'ordonne autour de deux cours, celle du Palais Vieux (Benoît XII, 1334-1342), celle du Palais Neuf (Clément VI, 1342-1352). Avignon était réunie à Villeneuve par le célèbre pont Saint-Bénezet (XIIe siècle) dont l'usage cessa au XVIIe siècle car il ne reste au pont que trois arches.

*Baccalauréat : dès le Moyen Age, le titre de bachelier était, avant la licence et le doctorat, le premier des grades conférés par les universités; à partir du XVIe Siècle, on donna le nom de baccalauréat au diplôme de bachelier. La réforme napoléonienne de l'université (1808) fait du baccalauréat l'examen qui marque la fin des études secondaires (lycée) et qui permet l'entrée à l'université et aux grandes écoles. Il se compose d'épreuves écrites et orales. Nombre de candidats en 1991, 356 737. Nombre d'admis: 74,7%.

*Balzac (Honoré de) (1799-1850) : écrivain français auteur de la Comédie humaine, qui, à partir de 1842, rassembla plusieurs séries de romans formant une véritable fresque de la société française de la Révolution à la fin de la monarchie de juillet. Plus de 2000 personnages composent une société hantée par le pouvoir de l'argent, livrée à des passions dévorantes, et que décrivent 90 romans achevés et classés en Etudes de mœurs, Etudes philosophiques et Etudes analytiques.

*Bataille Georges (1897-1962) : longtemps tenu pour un écrivain maudit, Georges Bataille reste encore relativement méconnu. Il a marqué son oeuvre de son anxiété de dénuder la vie et la pensée jusqu'à ce qu'il nomme "l'évanouissement du réel discursif".

*Baudelaire Charles (1821-1867) : poète français. Malgré son admiration pour certains romantiques, tout particulièrement pour un peintre lyrique comme Delacroix, et son adhésion à la théorie de "l'art pour l'art", il dépasse l'esthétique de son temps et annonce les symbolistes. L'essentiel de l'oeuvre de Baudelaire se trouve rassemblée dans le recueil poétique des Fleurs du mal (1857). D'autres poèmes apparaissent aussi sous le titre du Spleen de Paris (1864) et de Petits Poèmes en prose.

*Beaubourg : Centre National d'Art et de la Culture Georges Pompidou (CNAC). Créé en 1969. Architectes : Renzo Piano et Richard Rogers. Il comprend une bibliothèque publique et d'information, le Musée National d'Art Moderne, un Institut de Recherche et de Coordination Acoustique Musique (IRCAM) dirigé par Pierre Boulez, des salles de cinéma, des espaces d'expositions, de concerts, de débats.

*Beaumarchais (Pierre Augustin Caron de) (1732-1799) : écrivain français. Sa gloire littéraire repose sur son talent d'auteur dramatique. Il fait une critique hardie et spirituelle de la société française dans le Barbier de Séville (1775) et le Mariage de Figaro (1784). Beaumarchais a symbolisé, aux approches de la Révolution, la révolte nationale contre le Régime.

*de Beauvoir Simone (1908-1986) : depuis le succès de son premier roman (1943) L'Invitée, elle a occupé une grande place dans l'actualité. Le public a apprécié en elle la romancière, l'autobiographe, l'essayiste. Son livre Le Deuxième sexe (1949) n'a trouvé son véritable public qu'après 1970, en même temps qu'il consacrait de Beauvoir comme théoricienne quasi incontestée et militante exemplaire des mouvements féministes. Bien qu'elle se soit souvent exaspérée d'être définie comme la compagne de Jean-Paul Sartre, il est impossible de ne pas évoquer leur association.

*Berri Claude (1934) : réalisateur de films notamment de Chao Pantin (1986), Jean de Florette et Manon des Sources (1986), Uranus (1990).

*Besson Luc (1959) : réalisateur de films et notamment de Subway (1985), Le Grand bleu (1988), Nikita (1990).

*Blum Léon (1872-1950) : homme politique et écrivain français. Chef du parti socialiste S.F.I.O., il constitua un gouvernement dit "de Front populaire" (1936) qui institua la semaine de travail de quarante heures et les congés payés. Il fut arrêté en 1940 sur l'ordre du gouvernement de Vichy. Il inspira, de sa prison, les socialistes résistants pendant la guerre et entretint une correspondance d'une grande élévation d'esprit avec le Général de Gaulle. Il fut déporté en Allemagne (1943) puis libéré en 1945 par les troupes alliées. De 1946 à 1947, il présida un gouvernement socialiste homogène qui assura la mise en place des organismes constitutionnels de la IVe République.

*Bordeaux : à 585 km. de Paris, ville portuaire sur la Garonne, chef-lieu du département de la Gironde. Métropole dès l'époque romaine, Bordeaux connut une grande prospérité sous la domination anglaise (1154-1453), puis au XVIIIe siècle (traite des esclaves). C'est au XVIIIe siècle que la ville prendra sa physionomie actuelle grâce aux grands travaux d'urbanisme. L'agglomération bordelaise compte plus de 600 000 habitants. Bordeaux a été temporairement choisi comme siège des organismes gouvernementaiux lors des trois dernières guerres franco allemandes (1870, 1914, 1940) en raison de sa distance avec la frontière du Rhin. Commerce de vins bordelais, raffinage de pétrole.

*Bresson Robert (1907) : réalisateur de films et notamment des Anges du péché (1943), Le Journal d'un curé de campagne (1951), Le procès de Jeanne d'Arc, une Une Femme douce, Lancelot du Lac, L'argent (1983).

*Brest : ville de Bretagne à 583 km de Paris. Environ 200 000 habitants. De 1940, à 1944, Brest a été complètement détruit par les bombardements .

*Bretagne : région géographique de l'ouest de la France. Histoire : l'Armorique (devenue "Bretagne" après les invasions du Ve siècle) se rendit pratiquement indépendante des Carolingiens. A la fin du Xe siècle, le comte de Rennes Conan Ier prit en main le duché de Bretagne, à qui fut imposé en 1213 un prince capétien, Pierre Mauclerc. Le duché connut son apogée au XVe. En 1492, la duchesse Anne dut épouser le roi de France Charles VIII. En 1532, les états de Bretagne votèrent l'union de la Bretagne à la France.

*Brive : ville de Corrèze. 40 000 habitants.

*Brunetière Ferdinand (1849-1906) : critique littéraire français, il s'opposa à l'école naturaliste. Membre de l'Académie française.

*Capétiens : dynastie de rois qui régnèrent sur la France de 987 à 1328.

*Cerdan Marcel : champion de boxe français.

*Cézanne (1839-1906) : peintre français situé au confluent du figuratif du XIXe siècle et de l'abstrait du XXe. Son art opère la synthèse des plus hautes vertus de l'un et de l'autre. En même temps, il réconcilie les tendances antagonistes du romantisme et du classicisme en alliant à la vigueur et au colorisme du premier la sobriété et la linéarité du second. Les fauves puis les cubistes se réclameront de lui.

*Chateaubriand (François René Comte de) (1768-1848) : écrivain français. Son influence a été immense. Il domine toute la littérature de son temps auquel il a enseigné le secret d'une prose qu'avaient pressentie J.J. Rousseau et Bernadin de Saint-Pierre. Son Génie du christianisme a orienté l'inspiration vers le spiritualisme chrétien qui nourrira le romantisme, du moins dans ses débuts. Son René enseigne aux jeunes générations la mélancolie, dont naîtra le "mal du siècle". Sa tombe, en face de Saint-Malo (Bretagne) dans l'îlot du Grand-Bé, est restée un lieu de pèlerinage poétique.

*Cité des Sciences à la Vilette : musée des sciences et de l'industrie. Expositions permanentes. Ouvert en 1986.

*Clermont Ferrand : chef-lieu du Puy-de-Dôme, en Auvergne à 382 km au sud de Paris, environ 200 000 habitants. Cathédrale gothique. Grand centre français de l'industrie des pneumatiques. Patrie de Pascal.

*CNRS : Centre National de la Recherche Scientifique créé en 1939. Etablissement public national à caractère scientifique et technique doté de la personnalité morale et de l'autonomie financière. Couvre l'ensemble de la recherche fondamentale.

*Code civil : ouvrage réunissant l'ensemble des dispositions législatives relatives à l'état et à la capacité des personnes, à la famille, au patrimoine, à la transmission des biens, aux contrats et obligations. Le mérite du Code civil de 1804, souvent appelé Code Napoléon, est d'avoir défini les règles juridiques traduisant le mieux l'évolution individualiste et libérale de la société française pendant et après la Révolution.

*Commune : circonscription administrative française de base, dirigée par un maire et un conseil municipal. La commune constitue à la fois un cadre géographique pour les services administratifs de l'Etat et une collectivité autonome avec ses autorités, ses biens et ses services propres. Les conseillers municipaux sont élus pour six ans.

*Concorde : avion supersonique. Air France possède 7 Concordes dont 4 volent régulièrement, British Airways les 7 autres.

*Conseil municipal : élu pour 6 ans par tous les électeurs de la commune, il dirige avec le maire la commune.

*Conseil des Prud'hommes : conseil composé de patrons et d'ouvriers. Elu tous les cinq ans par les salariés et les employeurs. Ces conseils sont chargés de régler les disputes entre employeurs et salariés.

*Corrèze : département du Massif central, en bordure du bassin d'Aquitaine.

*Côte d'Azur : nom donné à la partie des côtes françaises de la Méditerranée comprise entre la frontière italienne et la station balnéaire la plus proche de Marseille, Cassis. C'est à la douceur de son climat que la Côte d'Azur doit sa popularité. Importante région touristique française. ***CREDOC** : Centre de Recherche d'Etudes et de Documentations sur la Consommation.

*Cyrano de Bergerac : film réalisé en 1990 par Jean-Paul Rappeneau avec Gérard Depardieu d'après la pièce d'Edmond Rostand.

*Défense, la : ensemble architectural à Paris construit sur l'emplacement érigé en 1883 en commémoration de la défense de Paris en 1870 -71. Il repose sur une dalle en béton de 125 ha., une des plus vaste du monde.

*Deneuve Catherine (1943) : actrice de cinéma. Elle a joué notamment dans Les parapluies de Cherbourg , Les Demoiselles de Rochefort, Hôtel des Amériques.

*Depardieu Gérard (1948) : acteur de cinéma. Il a joué dans Mon oncle d'Amérique, Le Dernier métro, Le Retour de Martin Guerre, Danton, Les Compères, Jean de Florette, Sous le soleil de Satan, Camille Claudel, Trop belle pour toi, Cyrano de Bergerac, Green Card, Christophe Colomb.

*Déroulède Paul (1846-1914) : dirigeant de la Ligue des Patriotes, condamné pour avoir concerté et arrêté en 1898 et 1899 avec une ou plusieurs personnes un complot ayant pour but de détruire ou changer la forme du gouvernement (IIIe République).

*Derrida (1930) : Depuis les années 60, la presque totalité de ce que Derrida a écrit consiste en "lectures" des textes philosophiques et littéraires de la tradition plutôt que dans un système de thèses qui lui seraient propres. Il a forcé ces textes à dire tout autre chose que ce qu'ils avaient semblé toujours dire, énonçant à tout moment des thèses et hypothèses sur la totalité de ce qu'il appelle "la métaphysique occidentale". Définir son œuvre comme théorie de l'écriture et de la "déconstruction" risque de négliger ses travaux des dernières années sur le nationalisme, la tradition juive, la possibilité de l'enseignement de la philosophie, les fondements du droit. De la Grammatologie(1967), La Dissémination (1972), Pshyché (1987), Limited Inc. (1990), L'autre cap (1991), Points de suspension. Entretiens (1992).

*Droits de l'homme et du citoyen (Déclaration) : 1789, déclaration composée de 17 articles et précédée d'un préambule, dont le texte fut discuté et voté par les membres de l'Assemblée constituante du 17 au 26 août 1789. Elle servit de préface à la Constitution de 1791.

*Duhamel Georges (1884-1966) : écrivain français, auteur d'essais, de récits et de cycles romanesques : Vie et aventures de Salavin (1884-1966), Chronique des Pasquier (1933-1945) où il retrace toute l'histoire d'une famille française.

*Duras Marguerite (1914) : un principe unique détermine ses romans, son théâtre et ses films: la recherche d'une écriture qui, tout en respectant ses propres lois, accueillerait aussi la parole et l'image. L'objet de la fiction est chez Duras l'image, toujours manquante, impossible ou interdite. Son œuvre toute entière trouve sa place dans l'écart de la parole et de l'image. L'écriture serait cet écart. Alain Resnais a fait avec elle un film "Hiroshima mon amour" (1959).

*EDF : Electricité de France. Nationalisée en 1846. EDF a le monopole de la distribution de l'électricité en France mais non celui de la production.

*Education nationale (Ministère de l') : l'administration centrale comprend le cabinet du ministre, l'Inspection générale, la Direction générale de l'organisation et des programmes scolaires. La France est d'autre part divisée en dix-neuf circonscriptions universitaires, appelées académies. Chacune d'elles est administrée par un recteur, représentant du ministre.

*Ellul Jacques (1912) : historien, philosophe. Auteur de : Histoire des institutions, La parole humiliée (1981). Personnalité protestante.

*Ferry Jules (1832-1892) : homme d'Etat français. Positiviste et anticlérical, il attacha son nom aux lois scolaires qu'il élabora à l'aide de Ferdinand Buisson, et qui instituèrent l'enseignement laïque, enlevant à l'enseignement privé la collation des grades universitaires (1880), proclamant la gratuité (1881), la laïcité et l'obligation (1882) de l'enseignement primaire, étendant aux jeunes filles le bénéfice de l'enseignement secondaire d'Etat, créant des lycées et collèges de jeunes filles, une Ecole normale supérieure féminine, à Sèvres, et une agrégation féminine.

*Flaubert Gustave (1821-1880) : Flaubert est un des plus grands écrivains du XIXe siècle. Sa poétique romanesque a transformé radicalement les exigences stylistiques et les techniques narratives du genre. Sa conception absolue du métier d'écrivain ont marqué un tournant dans le sens et la portée que notre modernité attribue à la création littéraire en général. Parmi ses romans : Madame Bovary (1857), Salambô (1862), L'Education sentimentale (1869), La Tentation de Saint Antoine (1874), Trois Contes (1877), Bouvard et Pécuchet (1881)

*Fonction publique : ensemble des personnes ayant un poste permanent dans une administration publique de l'Etat. Les fonctionnaires sont sous un droit spécial, modifiable selon les besoins du service de l'Etat. Les fonctionnaires sont choisis par concours.

*Fontainebleau : chef-lieu de Seine-et-Marne à 60 km de Paris. 30 000 habitants. Magnifique forêt et château (de François Ier).

*Foucault Michel (1926-1984) : philosophe et aussi historien, Michel Foucault fut, à partir des années 60, l'une des figures les plus influentes du paysage culturel français. Il ne veut être expressément ni historien des idées, ni un historien des sciences au sens classique. Il se dit archéologue voué à la reconstitution de ce qui en profondeur rend compte d'une culture. Les Mots et les choses (1966), L'Archéologie du savoir (1969).

*de Funès, Louis (1914-83) : acteur français ayant joué dans de nombreux films comiques

*de Gaulle (Charles) (1890-1970) : général et chef d'Etat français. Commandant une division cuirassée à la fin de la campagne de France, il prit à Londres, lors de l'armistice de 1940, la tête de la résistance française à l'Allemagne. Chef du Gouvernement provisoire à Alger, puis à Paris (1944-1946), il abandonna le pouvoir, fonda le Rassemblement du peuple français

(1947), puis se retira de la vie politique (1953). Elu au pouvoir à la suite des événements d'Algérie (1958), il fit approuver par référendum une nouvelle Constitution et devint président de la République en 1959. Il a démissionné en avril 1969, au lendemain du référendum qui a rejeté un projet de régionalisation et une réforme du Sénat.

*Gironde : département (la France est divisée administrativement en 95 départements) du Bassin Aquitain. Ville la plus importante en Gironde : Bordeaux.

*Giscard d'Estaing (Valéry) : homme d'Etat français. Président de la République de 1974 à 1981. Appartenance politique au groupe R.P.R. (Rassemblement Pour la République).

*Guibert Hervé : (1955-1991) Ecrivain, journaliste et photographe.

*Havre, le : chef-lieu de la Seine-Maritime, à l'embouchure de la Seine, à 211 km de Paris. 200 000 habitants. Port.

*Gracq Julien (1910) : écrivain français marqué par le mouvement surréaliste. Auteur de Au château d'Argol (1938), Le rivage des Sytes (1951).

*HLM : habitations à loyers modérés. Les loyers sont d'environ inférieurs à 40% à des loyers du secteur libre. Les logements sont attribués par un organisme d'HLM à des personnes de revenus modestes. Cet organisme bénéficie de prêts de l'Etat.

*Lalonde Brice : Ministre de l'environnement dans le gouvernement de Michel Rocard (1988-92), appartient au parti Génération Ecologie.

*Lang Jack : Ministre de la Culture depuis 1988, puis Ministre de la Culture et de l'Education depuis 1992 et jusqu'en 1993.

*Languedoc : région de France, au sud de la Guyenne et au nord du Roussillon. Capitale: Toulouse. Il tire son nom de la langue de ses habitants (langue d'oc). Sur le plan administratif, le Languedoc désigne une région regroupant l'Aude, le Gard, l'Hérault, la Lozère et les Pyrénées-Orientales.

*Lévi Strauss, Claude (1908) : ethnologue français, il est l'un des promoteurs du structuralisme dans l'explication ethnologique et dans l'analyse des mythes. Levi Strauss s'est inspiré de la linguistique structurale pour élaborer de nouveaux modèles anthropologiques qui visent moins à schématiser la réalité sociale et culturelle qu'à découvrir les ressorts mentaux qui lui donnent forme. Membre de l'Académie française depuis 1973. Parmi ses œuvres : Les Structures élémentaires de la parenté (1949), Tristes Tropiques (1955), La Pensée sauvage (1962), Le Cru et le cuit (1964), L'Homme nu (1971), Anthropologie structurale 2 (1973).

*Libération : période pendant laquelle les Alliés et les patriotes insurgés chassèrent d'Europe occidentale l'armée allemande d'occupation (1943-1945).

*Licence : diplôme universitaire (que l'on peut obtenir par divers examens au bout de trois ans d'études universitaires).

*Louis XIV (1638-1715) : roi de France (1643-1715). Son règne a associé une incontestable gloire à de très lourds malheurs pour la nation. Il a été extrêmement loué ou critiqué. Son règne s'étend de 1661 à 1715. Ses décisions avaient force de loi, elles étaient la loi, en vertu de l'absolutisme royal. Il a peu résisté à la tentation de la guerre. Il a vécu à la cour de Versailless à partir de 1682.

*Lumières les : c'est ainsi que l'on nomme souvent le XVIIIe siècle: siècle des lumières.

*Lyon : chef-lieu du département du Rhône, à 476 km de Paris. 600 000 habitants. Lyon est aujourd'hui un grand centre universitaire, commercial et industriel.

*Maigret : célèbre héros de quelques 80 romans de Georges Simenon (1903-1989). Ce personnage est un commissaire de police. Les enquêtes du commissaire Maigret ont été reprises en films pour la télévision et le cinéma.

*Maire : représentant de la commune, il assure l'exécution des décisions du conseil municipal. Il est élu par le conseil municipal parmi ses membres. Il occupe son poste pendant toute la durée du conseil municipal qui l'a élu.

*Mallarmé Stéphane (1842-1898) : poète français. Son œuvre apparaît aujourd'hui comme une de celles qui ont déterminé l'évolution de la littérature au cours du XXe siècle. Parmi ses poèmes Le Parnasse contemporain (1876), L'après-midi d'un faune (1876), Un coup de dés jamais n'abolira le hasard forment le premier mouvement de son projet de "Livre" absolu.

*Marseille : chef-lieu du département des Bouches-du-Rhône à 797 km au sud de Paris. 1 000 000 d'habitants. Vestiges romains. C'est le principal port français de commerce.

*Merleau-Ponty, Maurice (1908-1961) : philosophe français. Dans ses premières œuvres, il expose une philosophie apparentée au courant phénoménologique issu de l'existentialisme de Jean-Paul Sartre avec qui il anime, à partir de 1945, la revue Les Temps modernes. Il se sépare de Sartre en 1953. Phénoménologie de la perception (1945), Signes (1961).

*Mitterrand François : en 1970, secrétaire général du Parti Socialiste. Depuis 1981, président de la République française.

*Molière (Jean-Baptiste Poquelin) (1622-1673) : auteur comique français. Il créa, avec des amis, les Béjart, l'Illustre-Théâtre (1643), qui échoua. Il dirigea alors pendant quinze ans une troupe de comédiens ambulants. A partir de 1659, installé à Paris, protégé de Louis XIV, il donna pour les divertissements de la Cour ou pour le public parisien de nombreuses comédies. Il était directeur de troupe mais aussi acteur. Parmi ses principales comédies: Les Précieuses ridicules (1659), Le Misanthrope, Le Médecin malgré lui (1666), L'Avare (1668), Le Tartuffe (1669), Le Bourgeois gentilhomme (1670), Les Femmes savantes (1672), Le Malade imaginaire (1673). Molière mourut lors de la quatrième représentation de cette dernière pièce.

*Monde, le : quotidien parisien fondé en 1944 par Hubert Beuve-Méry

*Mousquetaires, les trois : héros de Cape et d'Epée du roman d'Alexandre Dumas (1844) - Aramis , Athos, Porthos.

*Nice : chef-lieu du département des Alpes-Maritimes, sur la Côte d'Azur, à 933 km au sud de Paris. Grande station touristique. 400 000 habitants.

*Normandie : province de l'ancienne France. Elle est formée de cinq départements: Calvados, Manche, Orne, Eure et Seine-Maritime. Durant la guerre de Cent Ans, la Normandie fut disputée entre Français et Anglais, en 1420, ces derniers étaient entièrement maîtres du duché, que la France reconquit de 1436 à 1450. En 1468, la Normandie fut déclarée solidaire du domaine royal. Pendant la deuxième guerre mondiale, le 6 juin 1944, les alliés débarquèrent sur ses plages. Maupassant (écrivain français, 1850-1893) évoque souvent dans ses nouvelles et romans la vie des paysans normands.

*Nouveau Roman : désigne un certain type de roman qui s'est construit, dans les années 50, contre la tradition. L'intérêt que les œuvres du Nouveau Roman ont suscité en France comme à l'étranger, les recherches et commentaires qu'elles ont inspirés, l'immense "relance" linguistique et théorique qu'elles ont opérées, les "fonctionnements" textuels qu'elles ont rendus lisibles, les ruptures idéologiques qu'elles ont illustrées suffisent à montrer que les œuvres ont marqué d'une manière décisive la littérature française du milieu du siècle. Ont contribué au Nouveau Roman : Michel Butor (1926), Claude Olier (1923), Robert Pinget (1919), Alain Robbe-Grillet (1922), Nathalie Sarraute (1902), Claude Simon (1913).

*Nouvelle Vague : pendant les années 1950, on a appelé Nouvelle Vague un mouvement du cinéma français qui a ouvert de nouvelles voies, devenant l'emblème d'une révolution à la fois critique et économique. Renoir, Rossellini, Bresson engagent une réflexion sur le cinéma. Il veulent prouver qu'à travers les pires contraintes de l'individu, du commerce, un homme parvient à s'exprimer. Des œuvres comme Le Beau Serge (1958 - Chabrol), Les 400 coups (1959 - Truffaut), A bout de souffle (1960 - Godard) sont réalisés avec des budgets dérisoires. En 1968, l'unité de la Nouvelle Vague éclate avec d'un côté Truffaut, Resnais, Chabrol, fidèles à la notion du spectacle et de l'autre, Godard, Jean Eustache, Philippe Garrel.

*Ormesson (Jean d') (1925) : écrivain, philosophe, auteur de nombreux récits et essais parmi lesquels La Gloire de l'Empire (1971), Au plaisir de Dieu (1974), Histoire du Juif errant (1991). Elu à l'Académie française en 1973.

*Palais-Royal : ensemble de bâtiments et de jardins à Paris. En 1633 fut construit le Palais-Cardinal, aménagé pour le cardinal Richelieu. En 1643, il devient Palais-Royal car Anne d'Autriche et Louis XIV enfant s'y installent. Aujourd'hui, on y trouve le Conseil d'Etat, le Conseil constitutionnel et divers services de l'administration des Beaux Arts.

*Parlement : il comprend l'Assemblée nationale et le Sénat. Voir Constitution, (Titre IV, p. 254).

*Pascal (Blaise) (1623-1662) : mathématicien, physicien, philosophe et écrivain français. En 1646, il entre en relation avec les jansénistes. Son œuvre a largement contribué, sur le plan littéraire, à faire de la prose française un moyen d'expression souple, clair et puissant et sur le plan moral à orienter la pensée de son siècle vers l'étude des imperfections et des vices de l'âme et de la raison humaine. De ces deux points de vue, Pascal prépare le classicisme. Il mourut avant d'avoir achevé une Apologie de la religion chrétienne, dont les fragments ont été publiés sous le titre de Pensées.

*Pasteur Louis (1822-1895) : chimiste et biologiste français. Le vaccin contre la rage lui valut la gloire (1886). Ses travaux furent couronnés par la création de l'Institut Pasteur (1888) destiné à poursuivre l'œuvre immense de la microbiologie qu'il avait créée.

*Pétain Philippe (1856-1951) : Maréchal de France. Vainqueur à Verdun (1916). Il devint en juin 1940 chef du gouvernement et conclut l'armistice. Chef de l'Etat français, installé à Vichy pendant l'occupation allemande, il fut condamné à mort en 1945, mais sa peine fut changée en détention perpétuelle à l'île d'Yeu.

*Pleiade, la : par allusion à la légende des sept filles d'Atlas, on a donné le nom de pléiade à un groupe de sept poètes contemporains unis par les liens de l'amitié ou par la communauté du génie ou des travaux. La pléiade la plus célèbre est celle de la Renaissance française : dès 1553, Ronsard pense à désigner lui-même parmi ses compagnons de la "brigade" les sept poètes les plus éminents. En 1556, la composition est la suivante: Pierre de Ronsard (1524-85), Joachim Du Bellay (1522-60), Jean-Antoine de Baïf (1532-89), Pontus de Tyard (1521-1605), Etienne Jodelle (1532-73), Rémi Belleau (1526-77), Jacques Peletier du Mans (1617-82).

*Polytechnique (Ecole) : établissement d'enseignement supérieur technique, relevant du ministère des Armées et destiné à donner aux futurs ingénieurs des corps de l'Etat, ainsi qu'à un certain nombre d'officiers des armes spécialisées, une très haute culture scientifique. C'est essentiellement une école de culture générale, dont l'enseignement doit obligatoirement être complété par celui des écoles d'application particulière à chacun des corps qui s'y recrutent.

*Pompidou Georges (1911-1974) : homme d'Etat français. Président de la République française de 1969 à sa mort.

*Préfecture : chef-lieu (capitale administrative) d'un département (la France est divisée administrativement en 95 départements). La Préfecture est aussi l'immeuble dans lequel sont installés les services de l'administration préfectorale.

*Pyrénées : chaîne de montagne qui s'étend sur 430 km, du golfe de Gascogne au golfe du Lion. Le côté nord appartient à la France, le côté sud à l'Espagne.

*Quatorze juillet : jour de la fête nationale française. Célèbre la prise de la Bastille, prison d'Etat à partir de Richelieu , symbole de l'arbitraire royal, le 14 juillet 1789.

*Racine Jean (1639-1699) : poète dramatique français. Après avoir tenté de concilier ses aspirations littéraires avec la carrière ecclésiastique, il se consacre tout entier au théâtre. Parmi ses pièces : Britannicus (1669), Bérénice (1670), Iphigénie (1674), Phèdre (1677). Il devient historiographe du roi et renonce alors au théâtre.

*RATP : Régie Autonome des Transports Parisien. Etablissement public à caractère économique et commercial doté du monopole des transports souterrains et des transports routiers en surface dans la région parisienne (1948).

*République (Troisième) : régime de la France du 4 septembre 1870 au 10 juillet 194O.Gouvernement provisoire de 12 membres députés de Paris. Fonctionne sans l'assistance du pouvoir législatif et rend les décrets ayant force de loi. Assemblée Nationale en 71 qui gouvernera jusqu'en 1875 siégeant à Bordeaux puis à Versailles, se déclarant dépositaire de l'unité souveraine, elle nomme en 1871 Thiers chef du pouvoir exécutif de la République Française. Celui-ci exerce ses fonctions sous l'autorité de l'Assemblée avec ses ministres. La déchéance de Napoléon III et de sa dynastie est proclamée en 1871. Une loi donne à Thiers le titre de président de la République, responsable devant l'Assemblée.

*République (Cinquième): nom donné au régime né de la crise du 13 mai 1958 à Alger, et du rappel au pouvoir du général de Gaulle. La Ve République a officiellement succédé à la IVe le 5 octobre 1958, jour de la publication au Journal Officiel de la nouvelle Constitution approuvée par référendum le 28 septembre. Présidents: 1959 le Général Charles de Gaulle; 1969 Georges Pompidou (Premier Ministre, Jacques Chaban-Delmas); 1974 Valérie Giscard D'Estaing (Premier Ministre, Jacques Chirac); 1981, François Mitterrrand (Premiers Ministres Pierre Maurois, 1884, Laurent Fabius; 1986 Jacques Chirac, 1988 Michel Rocard, 1991 Edith Cresson, 1992 Pierre Beregovoy, 1993 Edouard Balladur)

*Révolution française (1789-1799) et **révolution occidentale**: on désigne ainsi l'ensemble des mouvements révolutionnaires qui, inspirés en partie de la Révolution américaine, ont pris toute leur ampleur lors de la Révolution française.

*Rocambole : personnage du roman Les Drames de Paris, 1884. (Pierre Person du Terrail 1829-1871). Aventurier d'une habileté géniale. Le mot rocambolesque est passé dans la langue française.

*Rocard Michel (1930) : homme politique français. Parti socialiste. Premier ministre de 1988 à 1991.

*Rohmer Eric (1920) : réalisateur de films, notamment La Collectionneuse (1965), La Nuit chez Maud (1969), Le Genou de Claire (1970), La Marquise d'O, Pauline à la plage (1986), Conte de printemps (1990), Conte d'hiver (1992).

*Ronsard (Pierre de) (1524-1585) : poète français. Il se propose, avec ses amis de la Pléiade, de renouveler l'inspiration et la forme de la poésie française. Parmi ses poèmes, on trouve les Odes (1550-1552), les Amours (1552-1555), les Hymnes (1555-1556). Poète de la cour de Charles IX.

*Rousseau Jean-Jacques (1712-1778): en plein siècle des lumières, Rousseau élève une véhémente protestation contre le progrès des sciences et l'accumulation des richesses, contre une société oppressive et des institutions arbitraires. Il propose tour à tour de réformer l'éducation, les mœurs, les institutions politiques et sociales, le droit et même la religion. Dans chacun de ses ouvrages, Rousseau propose un remède à la corruption de la société. Dans L'Emile(1762), il repense l'éducation, dans Julie ou la Nouvelle Héloïse (1761), il imagine la vie idéale d'une microsociété, dans Le Contrat social (1762), il pose les fondements d'un Etat juste et légitime. Les Confessions et les Rêveries du promeneur solitaire ne paraissent qu'après sa mort.

*Sand Georges (Aurore Dupin, dite George) (1804-1876) : femme de lettres française. Parmi ses romans : La Mare au diable (1846), La Petite Fadette (1849); Mes Maîtres sonneurs (1853). Elle a toujours considéré l'œuvre littéraire comme l'expression directe de ses sentiments et de ses idées. Sa vie est jalonnée d'aventures tapageuses, moins par goût du scandale que par souci d'affirmer les droits de la femme à l'indépendance.

*Sartre Jean-Paul (1905-1980) : philosophe et écrivain français. Il est révélé par son roman La Nausée (1938) et son recueil de nouvelles Le Mur (1939) puis il expose dans l'Etre et le Néant (1943) les principes de sa philosophie existentialiste. Il est également l'auteur d'essais (Situations), de drames (Les Mouches, 1943; Huis Clos 1944), d'un essai autobiographique (Les Mots) et d'une étude sur Flaubert (L'Idiot de la famille). Il fonde la revue Les Temps modernes en 1946. Il est sans doute le premier et le principal des phénoménologues et des existentialistes français. Engagé socialement et politiquement, il n'a cessé entre 45 et 80 d'occuper l'actualité. Il a dit de son œuvre: "ce que j'ai cherché : c'est l'événement qui doit être écrit littérairement et qui, en même temps, doit donner un sens philosophique. La totalité de mon œuvre, ce sera ça: une œuvre littéraire qui a un sens philosophique".

*Serres Michel (1930) : Marin, philosophe et mathématicien, Michel Serres a une double influence sur la recherche la plus aride d'une part et sur le vaste public que ses interventions médiatiques atteignent d'autre part. Il part d'une philosophie historique puis accompagne ses thèmes par un travail sur le thème-même. Parmi ses sujets de réflexion : le système, la communication, l'esthétique, l'incommunication, l'éducation. Hermes I à V (1960-1980), Les Cinq sens (1985),

Statues (1987), Le Tiers-Instruit, (1991).

*Sécurité sociale : ensemble des mesures collectives qui ont pour objet de créer, au profit des individus et de leur famille "un ensemble de garanties à travers un certain nombre d'éventualités soit de réduire ou de supprimer leur activité, soit de leur imposer des charges supplémentaires".

*Seine : région située de part et d'autre de la Seine, ensemble du bassin parisien.

*SOFRES : Société Française d'Etudes par Sondages, créée en 1962.

*Sorbonne : établissement public d'enseignement supérieur, à Paris, aujourd'hui partagé en plusieurs universités. Elle a pris le nom de son fondateur, Robert de Sorbon, dont le but avait été de créer un établissement spécial pour faciliter aux écoliers pauvres les études théologiques (1257). Dès 1554, la Sorbonne devint le lieu des délibérations générales de la faculté de théologie. Hostile aux jésuites au XVIe siècle, elle condamna les jansénistes au XVIIe. La Sorbonne fut reconstruite par Richelieu (1626 -1642). La chapelle contient le tombeau de Richelieu.

*Stendhal (Henri Beyle, dit) (1783-1842) : avant d'être romancier, il a été essayiste. Il proposa, avant Baudelaire, la modernité de l'œuvre comme garantie du vrai. De là sa définition du romantisme : "Le romantisme est l'art de présenter aux peuples les œuvres littéraires qui, dans l'état actuel de leurs habitudes et de leurs croyances, sont susceptibles de leur donner le plus de plaisir possible". Ceci marque la volonté de considérer l'œuvre littéraire comme témoignage vivant de civilisation. Il voulait toujours être maître de l'effet à produire sur le lecteur. Il cherchait à lui offrir loyalement les données d'un raisonnement, d'un récit, du développement d'un caractère.

*Strasbourg : capitale de l'Alsace, à 447 km à l'est de Paris. 300 000 habitants. Siège du Conseil de l'Europe. Ville libre d'Empire dès 1201, Strasbourg fut réunie à la France par Louis XIV en 1681. Prise par les Allemands après un long siège en 1870, libérée par la victoire de 1918, puis par celle des troupes de Leclerc en 1944 après une nouvelle occupation de quatre ans.

*Tati Jacques (1908-1982) : réalisateur de films notamment Les vacances de M. Hulot (1953), Mon oncle (1958), Traffic (1971), Parade (1974).

*Tocqueville Alexis (1805-1859) : écrivain politique français auteur de De la démocratie en Amérique (1835) et de L'Ancien Régime et la Révolution (1850). Membre de l'Académie française.

*Toulouse : chef-lieu du département de la Haute Garonne. A 681 km au sud de Paris. 500 000 habitants. Centre commercial et industriel (constructions aéronautiques)

*Vichy : chef-lieu de l'Allier. 40 000 habitants. Grande station thermale pour les maladies du foie, du tube digestif et des maladies métaboliques.

Gouvernement de Vichy : nom donné au pouvoir exécutif de l'Etat français dont le chef (Pétain) résidait à Vichy (juillet 1940-aôut 1944).

*Zola Emile (1840-1902) : écrivain français. Chef de l'école naturaliste, il voulut appliquer à la description des faits humains et sociaux la rigueur scientifique. Il entreprit une grande œuvre cyclique reposant sur son expérience vécue, Les Rougon-Macquart, histoire naturelle et sociale d'une famille sous le second Empire (1871-1893). Il prit violemment parti dans les luttes politiques : J'accuse, 1898. Il est également l'auteur d'importants ouvrages de critique d'art (Edouard Manet, 1867) et de critique littéraire (Le Roman expérimental, 1880).